北京师范大学中国近现代史研究丛书

北京师范大学中国近现代史研究丛书

张双智 著

近现代中国维护
西藏主权史鉴

社会科学文献出版社
SOCIAL SCIENCES ACADEMIC PRESS(CHINA)

出版说明

在北京师范大学的百余年发展历程中，历史学科始终占有重要地位。如今，北师大历史学院已成为史学研究的重镇，是国家"211"和"985"工程重点建设单位，首批博士学位一级学科授予权单位。拥有国家重点学科、博士后流动站、教育部人文社会科学重点研究基地等一系列学术平台。科研实力颇为雄厚，在学术界声誉卓著。

在北师大历史学科中，中国近现代史学科举足轻重。作为新中国建立后全国高校最早设立的学科点之一，在几代人的辛勤耕耘、不懈努力下，学术成果不断涌现，学科建设长足进步，成为中国近现代史研究的一方重镇。该学科点是国内最早具有硕士学位授予权和博士学位授予权并招收博士后研究人员的单位之一，也是北京师范大学设立的首批校级重点学科之一。

近年来，北师大中国近现代史学科的教师们潜心学术，以探索精神攻关，陆续完成了一批具有原创性的成果，始终处在学科前沿。为了集中展示这些成果，繁荣中国近现代史学术园地，在社会科学文献出版社的大力支持下，我们组编了这套"北京师范大学中国近现代史研究丛书"，希冀在促进北师大历史学科更好发展的同时，为学术界和全社会贡献一批真正立得住的学术力作。这些作品或为专题著作，或为论文结集，但内在的探索精神始终如一。

当然，学术探索无止境，作为探索旅程中的专业研究成果，不成熟乃至疏漏之处在所难免，还望学界同仁不吝赐教。

北京师范大学中国近现代史研究丛书编辑委员会

2011 年 3 月

前　言

　　中国自古就是统一的多民族国家。古老的中华文明是各民族人民共同创造的。边疆民族问题对于国家的盛衰、王朝的兴亡都有着重大影响。历代王朝都制定了一系列边疆民族政策，来维护国家的稳定。到了近代，帝国主义大规模入侵造成中华民族空前危机，处于反对外来侵略前沿的蒙古、西藏、新疆等边疆民族地区关系到国家根本利益，已经成为国人的共识。中国国民党和中国共产党都采取了一系列安边治藏的方针政策。

　　从清末开始，英国制造了"西藏独立"问题。在英国的侵略下，西藏地方也产生了激进民族主义，造成了与中央政府政治关系的困境。中华民国成立后，中央政府要维护西藏地方的稳定与统一。孙中山积极提倡民族平等与团结，倡导五族共和，在当时发挥了积极作用。1924年，孙中山又倡导新三民主义，呼吁建立包括藏族在内的统一的中华民族共同体，共同反对帝国主义，并提出扶助弱小民族，允许民族自决的具体方针。五族共和的中华民族主义理论成为应对西藏激进民族主义的较佳选择，展现了民族主义建构民族国家的一面。同时，孙中山也拟订了在西藏地区修建铁路、开发农牧、矿产资源，进行移民垦荒的规划，以巩固国防，发展西藏地方经济。这些都为南京国民政府所继承。

　　在南京国民政府时期，蒋介石多次呼吁国内各民族团结平等，阐释了"中华民族"的思想内涵，强调国内各民族都是中华民族共同体的成员，以之为团结藏族同胞所倡导和坚持的指导方针。南京国民政府为修复、改善中央政府与西藏地方的关系，采取了一些措施。蒋介石多次致函十三世达赖表示中央的诚意。国民政府任命谢国梁为中央特派员进入拉萨与西藏地方当局洽商西藏问题。1930年中原大战期间，蒋介石在河南归德前线指挥部接见了十三世达赖代表贡党仲尼，就中央政府与西藏地方当局恢复和改善关系进行了商谈。十三世达赖派代表与南京国民政府联络，双方原则上同意九世班禅返藏。十三世达赖喇嘛圆寂后，英国反对中国政府派卫队护送班禅返藏。随着日本全面侵华危机日近，蒋介石不愿得罪英国，瞻前顾后，最终放弃了护卫班禅返藏的方针。

1942年，英国唆使噶厦拒修康印公路，擅设"外交局"，损害了中国主权和抗战大局。蒋介石启动了对藏军事计划，施压于西藏地方当局，并命令外交部与英国交涉。英国没有因为与中国是二战盟国，就放弃侵藏政策，而是变本加厉，干涉中国内政。1943年，丘吉尔首相在太平洋会议上更公然宣称"西藏是独立国"。蒋介石指示宋子文严正交涉，维护中国对西藏主权。国民政府始终坚持在统一的中央管辖下实行民族地方自治，反对隐有分裂之实的所谓"民族自治"、"民族自决"的主张。在抗日战争胜利后，国民政府计划解决西藏问题，拟承诺西藏地方自治，并制定了初步方案。面对英人的阻挠、威胁，蒙藏委员会驻藏办事处处长沈宗濂宣传中央的政策，力邀西藏噶厦派国大代表赴南京参会。噶厦以"慰问同盟国"的名义派代表团访问印度，于1946年4月抵达南京，提出九项要求。1946年的国民大会通过赋予西藏高度自治的宪章，核心是在中央统一的主权管辖下进行民族地方自治，以此整合民族自治、高度自治之说。1949年以前，国民党历次全国代表大会和中央全会有关蒙藏等边疆民族问题决议，都重申孙中山三民主义，三民主义成为国民党处理民族问题的决议的基本政治准则。国民党直至败退台湾前夕，都坚持了对西藏地区的主权管理。

中共中央早在中华人民共和国成立前夕就已经着手准备进军西藏，警告西藏地方当局停止分裂活动，制定了解放西藏的一系列方针政策，努力争取上层僧俗人物的配合，做好和平谈判及以军事战争促和平解放两手准备。周恩来是人民政府的第一任总理兼外交部部长，是党中央和毛泽东西藏和平解放战略决策的主要参与者和执行人，自始至终具体领导西藏和平谈判工作。周恩来贯彻和执行党中央的战略部署，坚决反对外国干涉，指挥外交部工作人员，与印度政府进行了有理、有利、有节的斗争，打赢了外交战，粉碎了西藏当局的幻想，促成西藏代表团赴北京谈判。1951年5月23日，《中央人民政府和西藏地方政府关于和平解放西藏办法的协议》正式签字生效。西藏和平解放是党的民族政策的胜利。

1949～1959 年，西藏上层分裂势力不甘心失败，一直进行分裂祖国的活动。代理摄政鲁康娃、洛桑扎西策划成立伪人民会议，叫嚣赶走人民解放军，反对成立军政委员会，反对改编藏军，反对成立西藏自治区。在噶厦上层分裂势力蓄谋已久、精心策划下，叛乱分子成立"四水六岗卫教军"，勾结外国反华势力，在西藏发动全面武装叛乱，最终遭到可耻的失败。

正是认识到西藏地方极其重要的政治地位，毛泽东高度重视西藏问题，制定了西藏工作的战略决策和一系列政策。从中央人民政府与西藏地方政府谈判和平解放开始，到 1959 年 3 月西藏上层分裂分子发动全面武装叛乱期间，毛泽东指示西藏工委尊重、团结达赖喇嘛。毛泽东多次致信十四世达赖喇嘛，亲切关怀，表达了良好的祝愿和期望；尊重达赖喇嘛在西藏地方的固有地位和权力；政治上团结争取达赖喇嘛；简略地阐明了中央对西藏的政策，是中央民族宗教政策和统战政策的生动范文。党中央争取以达赖喇嘛为首的上层分子拥护祖国统一和党中央决策，作为统战工作的首要任务，体现出了最大的诚意、宽容和忍耐。这有助于我们了解新中国成立初期党中央的政策及十四世达赖喇嘛的政治面目。1954 年，达赖、班禅赴京参加会议期间，毛泽东多次接见他们，重视宗教在西藏的特殊重要地位及其对社会各方面的深刻影响，尊重西藏各阶层的宗教信仰，尊重达赖、班禅的宗教领袖地位，鼓励他们向释迦牟尼、六祖慧能大师学习，推行佛教的革命，为受压迫的群众服务，做带领群众进步的领袖。他赞成西藏寺庙要发展经济，部分喇嘛参加生产，佛学研究要学术化，改革封建和落后的寺庙制度。佛教的革新要适应社会主义社会建设。在当时，党中央的西藏政策赢得了西藏各界的衷心拥护和称赞。

中国国民党和中国共产党处理西藏问题的这些经验、得失，都是珍贵的政治遗产，值得认真总结研究，作为思考和处理今天边疆民族事务的历史镜鉴。

目　　录

第一章　清末民初西藏问题

辛亥革命是千年未有之大变局，它使中国从传统的帝制国家变成近代意义的国家。中国国内各民族对突然的改朝换代，充满了欣喜、恐惧、猜疑、观望等情绪。偌大的清朝分崩离析，内部纷争不断，积蓄已久的边疆民族地区矛盾一触即发，新疆、西藏、蒙古分裂问题全部暴露出来。中央政府如何消弭民族矛盾，促其认同新生的五族共和的中华民族统一体和中华民国？具体到西藏问题，辛亥革命在中央与西藏地方关系史上都占有极其重要的地位。西藏民族对国家的认识、地方民族主义的兴起，都离不开这个转折时期。

中华民国建立后，孙中山高度重视岌岌可危的西藏形势，积极提倡民族平等与团结，倡导五族共和，团结广大心向祖国的藏族同胞，对缓和西藏紧张的局势发挥了积极作用。由于列强的步步侵略，以及俄国十月革命、中国共产党的影响，晚年孙中山的革命思想发生了质的飞跃，开始倡导新三民主义，呼吁建立包括藏族在内的统一的中华民族共同体，共同反对帝国主义，并提出扶助弱小民族、允许民族自决。这些主张也是解决西藏问题的根本之策。此外，孙中山拟订了在西藏地区修建铁路，开发农牧、矿产资源，进行移民垦荒的规划，以巩固国防，发展西藏地方经济，建设西藏。这些政策主张为南京国民政府所继承。

第一节　十三世达赖朝觐与清廷强化对藏主权管理

光绪三十年（1904），英国攻陷拉萨，十三世达赖喇嘛出走库伦，1908

年进京朝觐，1909 年 10 月 30 日抵达拉萨，次年逃至印度大吉岭，1912 年返回西藏，因驻藏川军军纪败坏，十三世达赖喇嘛与驻藏大臣发生矛盾。这些事都发生在 1904 年至 1913 年间国内外政局的急剧变化中。

一 达赖喇嘛认同国家的朝觐之路

鸦片战争后，英国在侵略中国东南沿海的同时，也将侵略的矛头直指西藏。光绪十四年，英国发动第一次侵藏战争。清廷则忙于对付列强对其他地区的入侵及内地民众的反抗，无暇也无力顾及西藏，从顺、康、雍、乾积极经营西藏的方针大幅度后退。而藏族爱国僧俗对英国的侵略充满愤慨，坚决抵抗。此时，达赖喇嘛奏请朝廷以乾隆五十九年（1794）所定边境（鄂博）为界，除光绪十六年中英签约规定亚东为商埠外，不准英人任意在江孜、帕里通商。[①] 清廷却阻挠全藏上下抗击英军，使得以十三世达赖为首的西藏上层僧俗集团大为失望。

出走期间，达赖喇嘛仍想依靠和求助于清廷，认为破坏全藏抗英努力的主要是驻藏大臣，若向皇帝直接禀报西藏的灾难，会取得皇帝的理解和支持，改变对藏政策。但是，清廷听信驻藏大臣有泰的片面之词，以擅自出走为名，将达赖喇嘛名号革除。[②] 此举大出达赖喇嘛意料，震惊了蒙藏僧俗，加深了对清廷的疑惧。但是，达赖仍对清中央表示服从和尊重，有赴京觐见皇帝的愿望和期盼。"达赖濒行，言拟赴北京吁请陛见，面陈西藏情形，恭请圣训，俾得有所遵循等语。达赖现驻西宁，商上等众议，令达赖就近吁恳陛见，乞据情代奏。如蒙俞允，即由西宁起程赴京。臣查达赖、班禅乾隆后久未入觐，致启强邻觊觎，得所借口。今天诉其衷，先后吁请陛见，则万国观瞻所系，主国名义愈见巩固。"[③] 从上述情形来看，达赖喇嘛进京朝觐的政治意义是明确的，在内忧外患的情况下，仍然代表全藏僧俗承认清中央政府的权威，致力于维护国家统一和领土完整，这是对英国侵略西藏的政治反抗。同时，达赖的另外一个目的是面陈藏事，期望获得

---

① 中国藏学研究中心等编《元以来西藏地方与中央政府关系档案史料汇编》第 4 册，中国藏学出版社，1994，第 1474 页。
② 《清德宗实录》卷五三三，光绪三十年七月壬辰。
③ 吴丰培编辑《清代藏事奏牍》下册，中国藏学出版社，1994，第 1330 页。

皇帝的支持，抗英保藏。

在达赖喇嘛流寓苦闷期间，清廷、英国、俄国三方加紧谈判。英军在光绪三十年从拉萨撤离后，仍占领西藏春丕和帕里地区。清廷希望英军尽快撤离，谈判中承认和接受了《拉萨条约》的大部分条款。光绪三十三年，英俄也正式签订了《西藏协定》，两国不派代表驻拉萨，都持"中立"政策。① 清廷获得英、俄的保证，作为中国的内政，清廷可以"自由"处置西藏问题。光绪三十四年，英国从春丕、帕里撤军。至此，由英军侵略引起的藏事纠纷告一段落。

英军撤离后，清廷诏谕达赖喇嘛进京朝觐。光绪三十四年八月二十七日，达赖喇嘛从五台山前往北京，开始朝觐之旅。清廷在正式做出允许达赖进京朝觐决定之时，已经确定了治藏及对待达赖喇嘛的方针，"将达赖、班禅优加封号，尊为藏中教主，所有内政外交以及一切新政，由国家简员经理"，② 筹藏改制正式进入朝廷议筹阶段，清廷将达赖喇嘛、班禅的权力限定在宗教领域。

达赖喇嘛第一次觐见是在光绪三十四年九月二十日，"是日，皇太后升仁寿殿，召御前大臣并御前侍卫等至仁寿殿内侍立。理藩部堂官分引达赖喇嘛并通事喇嘛一名、堪布喇嘛四名进仁寿殿左门，由纳陛左阶引达赖喇嘛纳陛上侧跪，通事喇嘛一名跪于达赖喇嘛之次，堪布喇嘛四名于纳陛下侧跪。达赖喇嘛敬谨跪递佛一尊，哈达一方，御前大臣接受。堪布喇嘛四名于原跪处敬谨跪递哈达，御前侍卫接受。达赖喇嘛跪请皇太后圣安，叩谢恩赏，跪听皇太后宣谕，御前大臣传旨，通事喇嘛递相转传。达赖喇嘛奏对，仍由通事喇嘛递相转答，御前大臣复奏，礼毕引出"。③ 十月初六日，达赖喇嘛在中南海紫光阁觐见光绪，并正式面陈藏事：现在有他国存心不良，妄想攫夺西藏土地，"为了西藏的政教和臣民，应帮助西藏进行抵抗外道国家的侵犯，保全西藏。显密二宗教律，为汉、蒙、藏三族人民所信奉，保教即安民护国，此为历代大皇帝所奉行不移之大政。请皇帝和皇太后仍旧贯彻前辈皇帝之仁政"。④ 此外，达赖喇嘛提出西藏事务由驻藏大臣转奏，

① 荣赫鹏：《英国侵略西藏史》，孙熙初译，商务印书馆，1934，第305页。
② 吴丰培编辑《清代藏事奏牍》下册，第1306页。
③ 《政治官报》第356号，光绪三十四年九月二十八日，中央民族大学图书馆藏。
④ 丹珠昂奔：《历辈达赖喇嘛与班禅额尔德尼年谱》，中央民族大学出版社，1998，第386页。

每多误事，应允许其直接或与驻藏大臣会衔具奏，光绪当面未予答复。达赖喇嘛要求朝廷恢复历朝皇帝恩待西藏的政策，尊重以其为教主的政教制度，并给予较大的政治权力。

慈禧逝世之前，赐达赖喇嘛"诚顺赞化西天大善自在佛"封号，每年赏廪饩银1万两，给予优隆周到的接待和封赏，体现对他的重视和关怀。另外，懿旨谕：达赖喇嘛"务当恪遵主国之典章，奉扬中朝之信义，所有事务，依例报明驻藏大臣随时转奏，恭候定夺"。① 坚持驻藏大臣主导藏政的既定政策。十一月初九日，宣统帝即位，达赖喇嘛进贺、祈祷，呈进贡品。十一月二十八日，达赖喇嘛离京，返回拉萨。

在西藏面临英军入侵之时，达赖喇嘛首先想到的是进京朝觐，承认中央政权的权威，维护国家的统一，希望获得清廷的支持，使清廷积极筹边保藏，共同抵抗外国的侵略，表明他认同自己的祖国。

事实上，达赖喇嘛在觐见、奏折等礼仪方面都尊称皇帝为天下之主，自为臣民。达赖喇嘛奏疏称"扶持佛法引导众生之达赖喇嘛合掌顿首谨奏天命至圣文殊师利大皇帝膝下"，或"文殊师利圣主敕封西天大善自在佛所领天下释教普通瓦赤喇恒达赖喇嘛望阙谨跪奏"。② 正如西藏三大寺奏疏所称："伏思卑唐古特自前明天启、崇祯之际，因其纲纪凌夷，断难托附，是以远道输诚，投归我曼殊师利菩萨太宗文皇帝，自是三百年来，渥荷列圣厚恩，御灾捍患，乃得乐业安居。……何敢不恭顺，何忍不恭顺。"③ 这是认同国家、拥护清朝的政治表态，也是达赖、班禅主动进京朝觐的根本原因。

二　清廷强化对藏主权管理

清廷在达赖喇嘛离京之时，就已经命令川军入藏，准备削夺达赖喇嘛的政治权力，在藏区推行新政，强化对西藏的主权管理。在达赖喇嘛离京返藏的路途中，川滇边务大臣赵尔丰推行的改土归流已经在康藏地区造成

---

① 中国第一历史档案馆、中国藏学研究中心编《清末十三世达赖喇嘛档案史料选编》，中国藏学出版社，2002，第169页。

② 中国藏学研究中心等编《元以来西藏地方与中央政府关系档案史料汇编》第4册，第1676、1677页。

③ 吴丰培编辑《清代藏事奏牍》上册，第623页。

恐慌，不断传入达赖喇嘛耳中。① 达赖喇嘛是在光绪三十四年十一月离开北京的，实际上在宣统元年（1909）八月初三才抵哈拉乌苏，二十五日抵热振寺，据拉萨仅三日路程却迟迟不回藏。② 显然，达赖喇嘛离京后一路观望清廷的态度，逡巡不前，犹疑不定，疑惧而恐慌。川军入藏的消息最终促使达赖喇嘛复致书于代理商上，起用前已革之噶布伦边觉夺吉等。川兵一千奉旨入藏，达赖喇嘛公然宣称拦阻汉兵，不使入藏。行事专拟反对汉人，商埠各事欲与英联系，夺我主权。③

英人记述，达赖喇嘛到达距拉萨半个月路程的纳楚加，1909 年 12 月 7 日遣人送电稿到江孜，托英国商务委员代发致英、俄等国公使："声言汉藏两族虽属一家，而近来驻藏汉官赵尔丰、联豫辈种种措施，大不利于藏人。藏人或向清廷声诉，若辈则从中颠倒是非，不以真情上达清宫，又派大批军队入藏，以消灭西藏之宗教，以此声请各国政府向清廷抗议要求撤退川军。"④ 从中可以看出，达赖喇嘛仍然称"汉藏一家"，所反对的是汉官赵尔丰、联豫"虐待"藏人，并没有反对清朝中央政府。

同时，达赖喇嘛请求驻藏大臣联豫勿派兵进拉萨。遭到拒绝后，达赖喇嘛派藏兵前往昌都阻止川军。在这种情况下，驻藏帮办大臣温宗尧承诺入藏军队不超过千人，不加害喇嘛或毁坏寺院，不减达赖之宗教权力，但达赖方面应担保不抗拒川军入藏，遣散集合的藏军，向清廷谢恩，并照常尊重驻藏大臣地位。⑤ "正月初二日午后，该已革达赖与帮办大臣温宗尧会晤，议立条约。"⑥

但是，清廷已经下定决心，一定要削弱达赖喇嘛的政治权力。"现在治藏之策，自以统握政权，不使旁落为要义。"⑦ 宣统二年正月初三，川军将抵拉萨，达赖喇嘛正在布达拉宫，闻讯当晚逃离拉萨城，并进入英印属地大吉岭。驻藏大臣联豫派道员罗长裿到大吉岭与达赖会晤，达赖的条件是"不能驻川军，不能设巡警，不能封闭造枪、造币两厂，不能惩办犯官犯

① 荣赫鹏：《英国侵略西藏史》，第 310 页。
② 中国第一历史档案馆、中国藏学研究中心编《清末十三世达赖喇嘛档案史料选编》，第 232 页。
③ 中国第一历史档案馆、中国藏学研究中心编《清末十三世达赖喇嘛档案史料选编》，第 235 页。
④ 荣赫鹏：《英国侵略西藏史》，第 309 页。
⑤ 荣赫鹏：《英国侵略西藏史》，第 311 页。
⑥ 中国第一历史档案馆、中国藏学研究中心编《清末十三世达赖喇嘛档案史料选编》，第 266 页。
⑦ 中国第一历史档案馆、中国藏学研究中心编《清末十三世达赖喇嘛档案史料选编》，第 269 页。

僧,不能平反第穆呼图克图冤狱",意在尽揽政权。① 此时的达赖喇嘛仍没
有表示要脱离清朝,反对的是川军入藏,要求恢复其本人的政治权力。

清廷采取了维护中央权威的措施:"1895 年达赖亲政以来,中间事事变
化纠纷无宁日,系达赖一手造成。英军 1904 年远征,系达赖阴谋破坏约章
结果,又不经许可擅自离职,清廷仍优礼有加,回藏后倒行逆施,居拉萨
50 日之内,拒绝与驻藏大臣会晤,并拒绝以友好态度商议一切,断绝驻藏
大臣及其扈从日常供应,及一切运送事宜。中国对达赖解释入藏川军系用
作警察以保护商埠,无改变内政或干涉宗教企图。而藏方阻挠川军入藏,
烧毁军需给养。早经严饬入藏不得滋生事端,所传杀伤藏人及削减权力各
节,殊难置信。驻藏帮办大臣,担保川军不过千名之事,中国政府无此命
令,帮办大臣不敢擅自向藏担保。报章所传驻藏大臣及赵尔丰建议该西藏
为行省之说,纯系捕风捉影之谈。中国绝无此意。中国有驻兵之权,保障
条约履行。达赖个人问题,中国有权衡,无谓扰乱西藏宗教或改变体制。"②
归结到一点,清廷是要加强对西藏的主权管理;而达赖喇嘛是想维持自己
的政治权力,避难于大吉岭,并不是无保留的投靠,不接受英人的供给,
仍与英国保持一定的距离,显然其对英军侵藏仍有警惕之心,也不愿意与
清中央政府彻底决裂。

第二节　清末西藏激进民族主义的产生

近代西方诞生的民族主义概念和理论具有复杂性,产生了多角度的认
识和解释。③ 今日学界主流所论中国近代民族主义内容以汉族政治社会思想
和活动为主,且侧重于对民族主义含义、思潮、运动的抽象总结和归纳,

---

① 吴丰培编辑《清代藏事奏牍》下册,第 1586 页。
② 荣赫鹏:《英国侵略西藏史》,第 320 页。
③ 民族主义一词最早出现在 15 世纪,1836 年首次收录在英国牛津词典中。1844 年,民族主
义的基本含义被解释为:"对一个民族的忠诚和奉献,特别是指一种特定的民族意识,即
认为自己的民族比其他民族优越,特别强调促进和提高本民族文化和本民族利益,以对抗
其他民族的文化利益。"参见徐迅《民族主义》,中国社会科学出版社,1998,第 40 页。
但是,民族主义至今尚没有一个统一的定义。国内外学者对民族主义的解释大致包括思想
观念和行动两个方面的内容。当今学界将民族主义作为一种诠释思想和活动的工具,广泛
应用于近现代政治和思想研究中。

以及对梁启超、孙中山等著名人物民族主义思想的研究。民族主义作为近代中国历史的主要推动力量之一，是与国家政治问题纠缠在一起的，结合具体问题分析民族主义，可以更全面地理解民族主义在现实中的作用。

　　由民族主义可以观察近代"西藏独立"问题。① 近代中国民族主义不仅包括汉族的民族主义，还应包括藏族、蒙古族、维吾尔族、满族等边疆民族的民族主义，内地与边疆是一个整体，离开边疆民族谈民族主义，仿佛车失轮毂，不能圆满。中国历史上的统一和分裂，往往与边疆民族问题直接关联，近代的蒙古、新疆、西藏等边疆民族地方的"独立"运动也直接影响中国国家的统一和建设，这既有外国侵略者挑拨的原因，也离不开民族主义情绪对政治社会的作用。探寻边疆民族的民族主义是一条接近现实和思考中华民族国家困境的路径。

　　近代中国民族主义类型区分较多，可以从不同的角度提出一些看法。根据民族主义反映的利益要求，可侧重谈中华民族主义与西藏激进民族主义。

　　近代中华民族主义的思想、活动可以概括为对中华民族国家的认同，维护多民族国家的统一和主权、领土完整，共同反抗帝国主义的民族主义，多由内地汉族知识分子、政治人物提倡。西藏激进民族主义是过分强调本民族利益，要求从多民族统一的中国分离出来，建立所谓的本民族国家的民族主义，在近代其代表人物是以十三世达赖喇嘛为主的西藏少数上层人士。所以，近代中华民族主义与西藏激进民族主义的利益诉求是大不相同的，甚至是截然对立的。中华民族主义可以诠释辛亥革命、中华民国成立之事件，但不能解释中华民国刚一成立，西藏、蒙古民族问题就瞬间爆发的问题。毋庸置疑，是英国的侵略引发了"西藏独立"问题，而西藏民族主义者所持主张则是西藏问题蔓延和紧张的内在原因。

---

① 对近代"西藏独立"问题的研究，国内是以藏学专家学者为主要力量，所取得的成果多以英国的侵略、中英交涉斗争，以及中国中央政府与西藏地方政府之间的关系为主，较少关注西藏地方内部的民族主义心理。2008 年西藏发生"3·14"打砸抢烧事件之后，汪晖在《东方主义、民族区域自治与尊严政治——关于"西藏问题"的一点思考》（《天涯》2008 年第 4 期）中谈到了当代民族主义与民族国家认同问题，侧重谈西方和中国对汉藏关系、民族—国家模式等问题的理解存在巨大的文化差异。近代内地产生的民族主义对西藏的影响，以及西藏内部的民族主义的产生，两者之间的关系，是思考近代中华民族国家建构和"西藏独立"问题的一个视角。

西藏激进民族主义产生于清末。西藏自古是中国领土不可分割的组成部分，但是，西藏地方上层人士和民众始终怀有与内地汉人不同的民族主义心理。在清前期，西藏的民族主义没有过多地展现出激进和破坏的一面，西藏地方民族利益和国家利益很好地结合在一起。清初，格鲁派宗教领袖五世达赖朝觐顺治，恭顺清廷。清廷则给予西藏地方首领和僧俗民众军事、政治、经济的支持和大力帮助，藏传佛教繁荣昌盛，藏族民族利益获得了最大限度的保护。清朝皇帝在全藏僧俗中赢得了很高的威望，在西藏地方实施有效的主权管理，获得了广大西藏人民的拥护。此时，西藏激进民族主义没有发展的市场和借口。

英国的入侵破坏了安定的一切。19世纪40年代，英国势力已经逼近西藏边境，而大清帝国正走向衰败，外辱不断和内乱削弱了其对边疆的控制能力。1876年，英国借马嘉理事件强迫清廷签订《烟台条约》，同意英人入藏游历、探路。1888年，英国发动第一次侵略西藏战争，迫使中国承认英国在锡金的特权，划定边界，开放亚东，扩大在藏治外法权。

在清朝，西藏僧俗民族主义情绪完全是反对西方的。正如英国人所说：西藏"山峦屏障阻拦着外国人入境，居民们也同山峦行动一致，竭力拒异国人于大门之外"。[①] 西藏僧俗对外国白种人有天然的不信任感，把"白种"民族视为根本不信仰宗教且要毁坏西藏宗教的民族。全藏坚决抗英，反对议和，拒绝履行中英所订的有关西藏地方的约章。1895年，十三世达赖喇嘛正式亲政。伴随着英国的侵略成长起来的达赖喇嘛耳闻目睹了英人侵藏及驻藏大臣对外妥协的劣迹，为了维护自己的政教利益和民族利益，开始对清廷不满。清廷在维护主权、应对英国侵略和西藏民族主义情绪的困境中，希图苟安，但妥协只能拖延矛盾的大爆发。新任英印总督寇松上台后，怂恿英国内阁发动第二次侵藏战争。1904年8月3日，英军侵入拉萨。达赖喇嘛出走库伦，流寓内地5年之久，开始了痛苦的彷徨和反思。

长达几十年的时间里，驻藏大臣压制西藏僧俗反英的民族主义情绪，给全藏留下极恶的印象，破坏了之前清廷所树立的威望。同时，西藏僧俗认为清廷已经没有能力保护西藏。少数上层人士为了自身的利益，放弃对

---

① 查尔斯·贝尔：《十三世达赖喇嘛传》，冯其友等译，西藏社会科学院西藏学汉文文献编辑室编印，1985，第7页。

统一国家的认同，试图将外国势力引入西藏，这是分裂的民族主义，是激进民族主义的萌发。

此时的内地舆论已经迸发出强烈的中华民族主义情绪。20 世纪初汉族知识分子接受了西方民族主义，维护主权国家利益，外抗强敌、内收西藏政权为舆论主导风向。内地各界已在大张挞伐，指出"若有心者驻藏夺喇嘛政权，固甚易易"。① "今欲谋保藏，必先收回政权。欲收回政权，非先镇压以兵力，改定官制，更换名目，假以重权，不足新藏人之耳目，而巩我主权。"② "我朝入藏之始，不改其政俗，不易其宗教，仅以一大臣为之监督，使之永为不侵不叛之藩封。故中国在藏只享主权之虚名，而喇嘛在藏则独获政权之实用，以致启人觊觎。癸卯冬，乃有外兵入藏一案，藏力不敌，遂为城下之盟，听客所为，几于为他人之保护国。至研究所订条约，中国几不能自认在西藏有丝毫之主权。""西藏改为行省一策，万不能坐失事机，再缓须臾。"③ "我中国并非利西藏土地财产，反为西藏糜费千数百万，以救我唐古特黄种同胞。""实念西藏百姓与中国血脉一线，如同胞兄弟一样。"④ 藏族为"黄种同胞"，"中华民族"的说法超越华夷之分的种族民族主义，汉族知识分子主张的筹藏改制、建立行省、收回管理权、维护国家利益成为中华民族主义首要之义。

饱受外辱的清廷也试图振作，接受内地民意，朝野在西藏问题上达成共识，从满汉之争转为一致力主对西藏挽回主权，确定了治藏新政，"将达赖、班禅优加封号，尊为藏中教主，所有内政外交以及一切新政，由国家简员经理"，⑤ 拟将达赖喇嘛、班禅的权力限定在宗教领域，明确从属地位。

内地朝野倡扬中华民族主义，暂时放弃满汉种族之见以维护国家统一和主权完整，却忽视了西藏独特的民族宗教情况。此时，已知内地之意的达赖喇嘛怀有二心，努力寻求外国的帮助，在京频繁与外国使节联系，多次派遣堪布前往各国使馆拜访，赠送礼品。在京 84 天中，达赖喇嘛在黄寺接待了美国、法国、日本、奥匈帝国、俄国、丹麦、荷兰、德国、瑞典、

① 袁仲:《西藏》，(东京)《大同报》第 2 号，1907 年 8 月 5 日。
② 吴丰培编辑《清代藏事奏牍》下册，第 1317 页。
③ 《拟改设西藏行省策》，《东方杂志》第 3 年第 2 期，光绪三十二年二月。
④ 吴丰培编辑《清代藏事奏牍》下册，第 1360、1335 页。
⑤ 吴丰培编辑《清代藏事奏牍》下册，第 1306 页。

葡萄牙、英国、比利时、意大利等国的公使，其借外援维护自己政治利益的心理暴露。

清廷则相继派张荫棠、联豫查办藏事，推行新政。张荫棠在西藏刊发《训俗浅言》和《藏俗改良》的小册子，试图以儒家的伦理来改易藏族风俗习惯，加强藏汉民族认同、文化认同。川滇边务大臣赵尔丰则在藏区改土归流，倡导土地、赋税、行政、宗教的改革，毁坏寺庙，将违法的喇嘛、土司斩首，为筹藏改制做准备。这触动了西藏政教体制，损害了贵族、喇嘛的根本利益，彻底激发出藏族上层人士和僧侣们的民族主义情绪。1908年2月，清廷任命赵尔丰为驻藏大臣，下定决心要削弱达赖喇嘛的政治权力。"现在治藏之策，自以统握政权，不使旁落为要义。"① 西藏上层集团得知赵尔丰为驻藏大臣，唯恐遭到与川边土司、喇嘛一样的命运，强烈反对，派兵阻止其入藏。驻藏大臣联豫指调钟颖率川军开往拉萨，以固威权。达赖喇嘛自1908年12月离开北京，一路风闻西藏改行省之议，心怀疑惧，在川军进入拉萨之际，逃往印度大吉岭。1910年2月25日，清廷再次革除达赖喇嘛封号，手段不可谓不严，决心不可谓不大。但是，清廷似乎没有认识到衰亡在即，内外局势皆不利于己，却强行推行新政，巩固多民族统一的国家，将西藏激进民族主义者推向了对立面，民族分裂分子遂有了表演的舞台。

在达赖喇嘛看来，筹藏改制、改土归流和川军入藏，清楚地表明了清廷统揽政权、改革政教制度的决心，直接损害了自己的根本利益，这是绝不能答应的事，遂改变了对中央政府和英国的态度。1909年12月7日，达赖喇嘛发电稿："一，声言汉藏两族虽属一家，而近来驻藏汉官赵尔丰、联豫辈种种措施，大不利于藏人。藏人或向清廷声诉，若辈则从中颠倒是非，不以真情上达清宫，又派大批军队入藏，以消灭西藏之宗教，以此声请各国政府向清廷抗议要求撤退川军。另一电稿，嘱于前电发出，未获复电时，再行拍发，谓前西藏汉官虐待藏人之程度，殆有弱肉强食之概。第三电系拍致中国边务当局，词意略同前电，诘责清政府不守信义，欺压藏人。"② 这是上层集团利益膨胀的产物，与外国人的煽惑挑唆分不开。

---

① 中国第一历史档案馆、中国藏学研究中心编《清末十三世达赖喇嘛档案史料选编》，第269页。

② 荣赫鹏：《英国侵略西藏史》，第309页。

在清朝的大部分时间里，西方民族主义并没有传入中国，但是满洲贵族仍很好地解决了一个国家内部多民族共存的问题。清末西藏等边疆局势的恶化促使满洲贵族、官僚以及汉族知识分子纷纷主张主权独立和国家政权统一，疾呼边疆与内地政治体制的统一，提倡对边疆民族强制同化。不管是否主观意识到，这都是建设现代中华民族国家的方法。只有建立一个主权独立和政治稳定的中央集权的统一国家，才能真正启动中国的近代化。清末内地社会出现的中华民族主义树立了一个以中华民族为中心的价值体系，时人想以此整合各种社会力量和民族群体，表现为以民族主义建构统一的中华民族国家的努力。

但是，中华民族主义轻视汉族与边疆民族的区别，内地朝野对外抗辱，对内以中华民族国家的认同强加于其他民族，靠的是政治专制力量，没有解决民族之间的问题，激化了民族矛盾。民族主义什么时候都是一把双刃剑，可以自卫，也可以自伤。民族主义能维护国家利益，也可以损害民族关系，甚至被一些持不同政见者加以利用，来作为反对国家的一种手段。中华民族主义、西藏激进民族主义并存，延续到中华民国时期，形成了多重架构的民族主义矛盾与冲突。

第三节　孙中山与西藏

孙中山（1866～1925）是伟大的革命先行者，一生致力于民主主义革命。早年立志救国，呼吁推翻清政府，建立资产阶级民主共和国。中华民国建立后，孙中山就任临时大总统，后由于形势所迫，于1912年4月1日正式辞职。袁世凯上台后，破坏共和。相继执政的北洋军阀，则争权混战，国家依旧内乱外侮、民不聊生。孙中山日睹现实，心怀忧愤，不断寻找救国的方法，晚年在苏俄和中国共产党的帮助下，提出新三民主义，全面阐述了他的革命主张和建国纲领。

在革命生涯中，孙中山对边疆问题也倾注了大量心血，面对严峻的边疆形势，他始终关心，反对外来侵略，维护国家统一，并积极筹划对策。早在1891年，他在《农功》中就指出："俄国移民开垦西北，其志不小。

我国与彼属毗连之地，亦亟宜造铁路，守以重兵，仿古人屯田之法。"① 针对中国西北边疆的形势，提出了相应对策。1894 年，他又上书李鸿章，呼吁政府"治我军实，保我藩邦"，② 希望政府保疆卫土，维护国家统一。为了警示国人，1899 年，孙中山又编写了反映当时我国疆域形势的《支那现势地图》，绘出疆界、铁路、山原等，"其已割之岩疆，已分之铁路，则用着色表明，以便览者触目警心云"。③ 在跋文中，他叙述了舆图的重要性，并在文中建议修筑通往西藏的铁路，以巩固国防。

一 倡导五族共和，为稳定西藏筹谋

西藏在 1904 年抗英战争失败后，陷入了更危险的境地。英国的势力在西藏进一步扩大，而清朝的统治在风雨飘摇中。英、俄、日等国深知清朝危在旦夕，遂加紧了对西藏、蒙古等地区的侵略。1907 年 8 月，英、俄签订《西藏协定》，沙俄承认英国在西藏地方的特殊利益，英国则默认沙俄在蒙古地方的特殊地位，这就使得西藏、蒙古地方处境更为艰险，为民国时期西藏、蒙古地方的一系列危机埋下了祸根。值此危难时刻，辛亥革命爆发，起义的烽火很快蔓延到西藏，驻藏川军先后"变乱"，清朝在西藏的统治崩溃，一时谣言纷传，人心惶恐，西藏局势顿趋紧张。英印当局则趁机策动西藏分裂分子搞"西藏独立"，近代以来西藏地方安全最艰险的时刻到来了，摆在孙中山及中华民国南京临时政府面前。

近代意义上的中华民族国家——中华民国的建立在很大程度上得益于民族主义。但是事实上，中华民族国家获得西藏、蒙古、新疆等边疆地方民族的认同又是何其难。西藏激进民族主义一旦被激发出来，要想扑灭它需要一个较长的过程及付出艰苦的努力。作为新政权，北洋政府和南京国民政府都面临着完成国家统一和建设的任务，都要利用民族主义来推动这一进程，自然而然，中华民族主义占据了主导地位，不管成效如何，这都是应对西藏激进民族主义必须坚持的较佳方法。

中华民国的建立是反满种族主义和中华民族主义共同作用的结果。汉

① 中国社会科学院近代史研究所等编《孙中山全集》第 1 卷，中华书局，1981，第 6 页。
② 中国社会科学院近代史研究所等编《孙中山全集》第 1 卷，第 15 页。
③ 中国社会科学院近代史研究所等编《孙中山全集》第 1 卷，第 188 页。

人大力宣传的种族民族主义，号称中国是汉人的中国，这只对汉人有效，达到了唤起汉人革命的目的。可是，清王朝垮台，蒙古、西藏在瞬间就爆发了动乱，直接威胁国家稳定。反满种族主义对藏族人、维吾尔族人、蒙古族人是有负面作用的。要知道，在古代，"中国"是汉族人认同的文化坐标，也是满、蒙、维、藏等民族称呼内地和汉人的代名词，殊不知内地汉人宣传"汉人的中国"越红火，藏、满、蒙、维等少数民族就越猜疑和恐惧，离心力就越大。

所幸，维护国家利益的政治人物和知识分子在目的达到之后，就迅速加强对中华民族主义的宣传。1912 年 1 月 1 日，孙中山就职中华民国临时大总统，发布宣言："国家之本，在于人民。合汉、满、蒙、回、藏诸地为一国，即合汉、满、蒙、回、藏诸族为一人。是曰民族之统一。武昌首义，十数行省先后独立。所谓独立，对于清廷为脱离，对于各省为联合。蒙古、西藏意亦同此。行动既一，决无歧趋，枢机成于中央，斯经纬周于四至。是曰领土之统一。"① 强调了民族平等和团结，明确指出中华民国是包括蒙古、西藏在内的多民族统一的国家。实际上，也提出了解决西藏问题所遵循的最基本原则，就是西藏是中华民国不可分割的重要组成部分。

孙中山、袁世凯在不同的场合皆反复宣讲五族共和，试图以五族共和构成的中华民族共同体唤醒蒙、藏等民族对中华民族国家的认同，使之接受新生的共和国，五族共和成为中华民国对藏族、满族、蒙古族、维吾尔族等宣传最得力的政治口号。这种五族共和式的新中华民族主义反映了建立一个主权独立、统一的中央集权国家，成为内地各阶层和政治团体的一致愿望和时代最强音。这仍需要西藏、蒙古等边疆地区民族上层人士的了解和接受。

但此时的西藏已经为激进民族主义情绪所笼罩。1911 年，内地革命的风雷传到了拉萨，驻藏川军趁机变乱，法纪荡然。1913 年 1 月，达赖喇嘛返回拉萨，在藏历新年发布《水牛年文告》，号称："西藏地方，那些以承认供施之名行极力想奴役藏民之实的人的美梦，如同地上的砂粒那样流散，天空的彩虹刹那间化为乌有，圣地众生开始重新享有佛法和富裕生活等幸

---

① 中国社会科学院近代史研究所等编《孙中山全集》第 2 卷，中华书局，1982，第 2 页。

福欢乐的吉祥日子。"①

继在临时大总统就职演说中正式宣布"五族共和"后,1912 年 1 月 28 日,孙中山在致贡桑诺尔布等蒙古各王公的电文中,又一次强调:"无分汉、满、蒙、回、藏,相与共享人类之自由。"② 宣传了民族平等,呼吁民族团结,邀请蒙古上层人士参与国家政治生活,共同建设国家,宣示了民国政府的民族政策。1912 年 2 月 18 日,孙中山又专门发布公告,号召各民族消融畛域,文称:"中华民国之建设,专为拥护亿兆国民之自由权利,合汉、满、蒙、回、藏为一家,相与和衷共济。"③ 在主政南京临时政府期间,孙中山也实行了一些具体措施。例如,批准成立蒙藏统一政治改良会和中华民族五族大同会,以化解民族矛盾,维护民族团结。同年 3 月又公布《临时约法》,规定:"中华民国领土为二十二行省、内外蒙古、西藏、青海。"以国家宪法的形式,规定西藏是中华民国不可分割的组成部分,表明了孙中山维护国家领土完整的决心。《临时约法》又规定:"中华民国人民一律平等,无种族、阶级、宗教之区别。""参议员每行省、内蒙古、外蒙古、西藏各选派五人,青海选派一人,其选派方法由各地方自定之。"④ 授予藏族与汉族相同的参政、议政的权利,共同管理国家,参与政治事务,以昭示共和之真意。此外,南京临时政府就清帝退位事宜,同意了清室代表袁世凯提出的若干条件,其中就有"待遇满、蒙、回、藏七条"等条例,包括"与汉人平等"、"满、蒙、回、藏原有之宗教,听其自由信仰"的主张。表明了孙中山对待包括藏族在内各民族的基本政策,就是维护民族平等团结,这些措施的施行在一定程度上改善了民族关系。而清帝退位诏告中"仍合满、汉、蒙、回、藏五族完全领土为一大中华民国"的宣示,承认了五族共和的中华民国,增进了西藏上层人士对民国政府的了解与认同,在当时产生了积极的影响。

此时西藏问题有继续恶化的趋势,在英国的唆使和支持下,西藏地方分裂活动猖獗。外蒙古在沙俄的策动下,形势日益险恶。蒙、藏两地在政

---

① 多杰才旦主编《元以来西藏地方与中央政府关系研究》下册,中国藏学出版社,2005,第858 页。
② 中国社会科学院近代史研究所等编《孙中山全集》第 2 卷,第 48 页。
③ 中国社会科学院近代史研究所等编《孙中山全集》第 2 卷,第 105 页。
④ 中国社会科学院近代史研究所等编《孙中山全集》第 2 卷,第 220～221 页。

治上相互影响，谣言纷传，使得西藏局势进一步趋向严峻。因此，解决西藏问题及与此相关的蒙古问题已是民国政府的当务之急。

值此边疆危难之时，孙中山为了维护国家政治稳定，于 1912 年 4 月 1 日正式辞去临时大总统一职。袁世凯成立北京政府，主持全国政务，如何处理蒙藏事务也是他面临的紧迫问题。袁世凯在就任临时大总统后，发表宣言，提倡五族共和、各民族平等团结，并采取一些措施，包括派四川都督尹昌衡兵进西藏，成立蒙藏事务局，等等。然西藏及外蒙古形势未见缓解。1912 年 8 月，袁世凯电邀孙中山进京共商国是，其中也包括讨论蒙藏问题。孙中山北上，于 8 月 24 日抵京后与袁世凯就蒙藏形势交换了意见。8 月 27 日，孙中山与袁世凯第三次谈话，讨论关于蒙、藏宣告"独立"、国势危急问题。孙中山认为："以此次蒙、藏离叛，达赖活佛实为祸首。若能广收人心，施以恩泽，一面以外交立国，倘徒以兵力从事蒙、藏，人民愚昧无知，势必反激其外向，牵连外交，前途益危，而事愈棘手矣。"① 在与袁世凯第五次谈话中，孙中山认为："蒙古不欲取消独立者，西藏为之臂助也。如欲使蒙古取消独立，必先平西藏，以为取消库伦独立之预备。西藏平，则蒙古之气焰息矣。西藏之向背，关乎蒙古之独立与否，蒙古不独立，则边警息矣。"② 在与袁世凯第七次谈话中，"袁氏问：西藏独立，近有主张以兵力从事者，先生以为然否？"孙中山说："余极力反对以兵力从事，一旦激起外响，牵动内地，关系至大。故余主张两事：一、速颁待遇西藏条例。二、加尹昌衡宣慰使衔，只身入藏，宣布政府德意，令其自行取消独立。"③ 9 月 5 日，在与袁世凯第十二次谈话中，孙中山又谈及："自尹司令进藏迄今数旬，虽无失利，然伤人耗财，究属得不偿失。且达赖背叛之原因，大半受外人之运动所致。故收拾西藏，亦须由运动着手，施以种种政策，如诱以爵位，饵以重币等类。若徒恃征伐，不惟无济，且恐坚其外向之心。"④

孙中山对解决西藏问题提出的政策，基本上为袁世凯所认同，对北京政府的西藏政策的制定、实施产生了重大影响，这主要表现在以下几方面。

① 王耿雄：《孙中山史事详录》，天津人民出版社，1986，第 359 页。
② 王耿雄：《孙中山史事详录》，第 375 页。
③ 王耿雄：《孙中山史事详录》，第 382 页。
④ 王耿雄：《孙中山史事详录》，第 395 页。

（1）孙中山主张在维护国家统一的情况下，优礼、团结西藏上层人物，主动派人去西藏宣传政府共和主旨，沟通中央与西藏地方关系。事实上，1912 年 9 月以后，北京政府也加大了宣传五族共和的力度，制定实施一些政策，宣传共和之真义，多方设法表达对达赖的慰问，沟通中央与西藏地方关系，争取以政治手段解决西藏问题。达赖本人也不希望看到西藏从祖国彻底分裂出去，在闻知北京政府颁布《蒙古待遇条例》，又于 1912 年 9 月正式颁令任命贡桑诺尔布为蒙藏事务局总裁后，达赖有所触动，立即致信贡桑诺尔布，表达内向的意愿，为政治解决西藏问题提供了契机。不久，北京政府又发布恢复十三世达赖喇嘛名号的命令，并派专员商办西藏事宜。这些措施使得西藏地方开始转变立场，并与中央直接接触，谋求问题的解决，西藏局势开始趋向缓和。

（2）孙中山强调西藏问题主要为外国所策动，注重外交交涉与解决问题。袁世凯就任临时大总统后，在举国呼吁情况下，于 1912 年 5 月派四川都督尹昌衡为西征军总司令，令其率兵赴藏，滇军蔡锷部出兵配合；同时，也认识到西藏问题主要为英国一手挑起，西藏问题的解决离不开英国的"配合"，袁世凯又令外交部接见英国驻华公使，交涉西藏事务，希望其不干涉中国内政。同年 9 月，川滇军做好入藏部署后，袁世凯仍希望与英国"外交"交涉。在英国威逼下，袁世凯出于个人目的，放弃西征，专志于"和平"解决西藏问题，失去了解决西藏问题的最佳时机，为以后英人设定的阴谋所左右。

（3）孙中山认识到藏、蒙问题相互关联，一方的变乱会影响另一方问题的解决。西藏、外蒙古的局势险恶异常。沙俄与外蒙古签订所谓的《俄蒙协约》，妄图把外蒙古彻底分割出去。必须对沙俄的侵略行为抗争到底，否则西藏必仿而效之，直接影响西藏问题的解决。他立即分别致电袁世凯、参议院，云：俄蒙之约万不能承认，"当出以最强硬之抗议"。"若我坚持，定生死力争，必可转圜。倘稍有退让，新疆、藏、满必继去，本部亦难保全，望诸公协助政府否认'俄蒙协约'，坚持到底。"① 1912 年 12 月 3 日，孙中山又发表全国通电呼吁政府及国民反抗俄国侵略。举国上下一时征俄征蒙言论沸腾，北京政府也宣布不承认《俄蒙协约》。

---

① 王耿雄：《孙中山史事详录》，第 480 ~ 481 页。

　　孙中山的这些主张，基本上符合西藏的客观形势，反映了当时的政治态度。袁世凯大体上赞同孙中山对西藏问题的主张，并采取了相应措施，争取以政治手段解决西藏争端。至于没有取得积极良好的效果，除了英国的阴谋阻挠外，则很大部分是因为袁世凯个人抱有政治目的，以致对内对外都不能采取强有力的措施，将上述政策贯彻到底。

　　为了利于西藏问题的处理，孙中山又主张北京政府宜对有关蒙、藏新闻进行管制，因为蒙藏情形传闻甚多，"若以误传刊登报章，引为事实，使人心恐慌，外人将必乘此时机直来谋我"，"故文主张此后蒙、藏消息，责成各该处办事长官日报告政府一次，由政府再分送各报登载，既免误传，且得真相"。① 其目的是为以政治手段解决西藏问题创造良好的社会舆论，避免民众情绪过激而影响问题的解决，便于政府筹划对策，解决西藏问题。

　　除了陈策解决西藏问题之外，孙中山还身体力行，抓住每一个机会，四处宣传民国政府的民族政策。针对民国肇始，"惟蒙、藏尚不尽知共和真理"，② 对民国政府颇有疑惧的心理，孙中山认为解决之策在于宣扬民族平等团结，以昭示共和之真义。所以，孙中山利用北上的机会，于1912年9月，广泛与各界群众见面会谈，发表演讲，反复强调五族共和，呼吁各族人民团结起来共建国家。1912年9月1日，孙中山出席北京蒙藏统一政治改良会欢迎会，发表演说："凡我蒙、藏同胞，首即当知共和国家异于专制国家之要点。……凡属蒙、藏、青海、回疆同胞，在昔之受压制于一部者，今皆得为国家主体，皆得为共和国之主人翁，即皆能取得国家参政权。……非如前清之于蒙、藏，部落视之……惟以蒙、藏同胞目前未知此理，日受外人挑弄，乃发生种种背谬之行为。吾辈丁此时艰，所当力为劝导，俾了解共和之真理。"③ 9月3日，他在北京五族共和合进会与西北协进会上称："今者五族一家，立于平等地位……所望者以后五大民族，同心协力，共策国家之进行。"④ 9月7日在张家口各界欢迎会上，孙中山又着重强调了五族共和，"族无分乎汉、满、蒙、回、藏，皆得享共和之权利，亦当尽共和之

　　① 王耿雄：《孙中山史事详录》，第360页。
　　② 中国社会科学院近代史研究所等编《孙中山全集》第2卷，第447页。
　　③ 中国社会科学院近代史研究所等编《孙中山全集》第2卷，第429、430页。
　　④ 中国社会科学院近代史研究所等编《孙中山全集》第2卷，第439页。

义务"。① 孙中山抓住出席各种欢迎会的机会，积极宣传以民族平等团结为核心的五族共和说，其中也包含了对藏族同胞的殷切期望，希望藏族群众了解共和之真理，欢迎藏族领袖参与国家政治生活，消除疑惧心理，增进西藏人士对民国政府的了解与认同。

从当时的社会舆论来看，孙中山倡导的五族共和说已为政界、知识界普遍接受，袁世凯的北京政府也大力宣传五族共和。从对藏实际效果来看，五族共和说首先为留京的西藏人士普遍欢迎。1913 年国会议员选举后，西藏旅京同乡会呈文北京政府蒙藏事务局，表示："已将大总统廑念西藏之德并五族共和之要旨，呈报达赖活佛及西藏同胞。……会员等亦应黾勉从公，竭力传播五族共和之大旨，解释从前西藏同胞之误会，同享五族共和之幸福。"② 这有利于达赖等西藏上层人物认知五族共和之真义，为北京政府民族政策的制定与实施创造了良好的条件，做好了舆论准备。事实上，五族共和说在民国时期也为达赖等西藏上层人物所接受，1920 年，达赖在与甘肃代表朱绣等人会面时谈道："余誓倾心内向，同谋五族共和。"③ 1930 年，西藏地方政府在给南京国民政府的信中指出："西藏为我五族之一，唇齿相依，荣辱相与，断无离异之理。"九世班禅大师在内地期间，也经常宣传五族共和，希望国内政局稳定，国家和平统一。这些都说明五族共和说在西藏地方政府中所产生的巨大影响。而南京国民政府在对藏人宣讲治藏政策时，也常常提及五族共和说，例如，1929 年 9 月蒋介石派员赴藏宣慰，致函中提及"兹特派棍却仲尼（即贡觉仲尼——引者注）赴藏慰问兴居，并开谕藏民咸知五族共和之真谛"。④ 可见，五族共和说在当时的作用和蕴含的价值，孙中山对此是功不可没的。

孙中山积极提倡民族平等团结，倡导五族共和，这是中国历史上处理西藏问题的一次重大变革，符合各族人民的根本利益。这有力地团结了广大心向祖国的藏族同胞，缓和了西藏地方的紧张局势，对维护西藏地方稳定和统一产生了积极作用。虽然以今天的眼光来看，五族共和的提法有不

---

① 中国社会科学院近代史研究所等编《孙中山全集》第 2 卷，第 451 页。
② 《藏文白话报》1913 年诸号。
③ 朱锦屏：《西藏六十年大事记》，1925 年 4 月铅印本，第 58 页。
④ 中国藏学研究中心等编《元以来西藏地方与中央政府关系档案史料汇编》第 6 册，第 2484 页。

足之处，但是依当时的边疆形势，除了五族共和，尚无其他更好的主张来团结藏族同胞。事实上，除了有正确的民族政策外，西藏问题的解决，最终应取决于国家的实力，以当时外侮内乱的现实，依靠任何个人力量都不可能根本解决西藏问题。民国时期西藏局势的发展也证明了这一点。

由五族共和构成的中华民族主义总体上释放的是平等、团结、友好的善意。西藏温和的民族主义者接受了"汉人"政府的诚意。以九世班禅为代表的亲汉派，始终坚持汉藏和好。1929 年 2 月 20 日，九世班禅宣布："西藏始终与中国合作，贯彻五族共和，共同抵制强邻之侵略。"① 这说明五族共和说在西藏仍产生了较大影响。事实上，五族共和说也为达赖喇嘛所了解。1920 年，达赖喇嘛与甘肃代表朱绣等人会面时谈道："余誓倾心内向，同谋五族共和。"②

二　倡导新三民主义，为国民政府治藏奠定理论基础

民国元年，袁世凯正式就任临时大总统后，西藏问题由北京政府全权处理。孙中山曾满怀希望，认为以后应努力实行民生主义，建设新国家。怎奈袁世凯心怀野心，一方面对英妥协，企图"和平"解决西藏问题，换取英国的支持；另一方面打击国民党人，破坏共和。孙中山被迫发动"二次革命"，又一次奔走于海内外，投身到民主革命中，不得不暂时放下对边疆问题的思考。袁世凯帝制失败以后，随之而来的是各派军阀混战，政治腐败黑暗，五族共和并未实现，包括西藏在内的边疆问题也未真正获得解决。面对现实，孙中山失望、愤慨，继续寻找彻底解决包括西藏在内的边疆问题的办法。

袁世凯垮台后，北洋军阀争权夺利。段祺瑞上台执政后，为一己之私，抛弃国会和《临时约法》，图谋个人独裁。1917 年，孙中山面对段祺瑞假共和的行为，举起"护法"旗帜，召集原国会议员在广州召开"非常国会"，护法运动开始。原西藏代表积极响应，南下参加会议，计有：参议院议员（后藏地区）傅谐、龚焕辰、巴达玛林沁；众议院议员（前藏地区）乌勒

---

① 中国藏学研究中心、中国第二历史档案馆编《九世班禅内地活动及返藏受阻档案选编》，中国藏学出版社，1992，第 8 页。

② 朱锦屏：《西藏六十年大事记》，第 58 页。

吉、王庆云，（后藏地区）江聪、石凤岐。① 西藏代表坚定支持孙中山，维护民主共和，反对北洋军阀，为护法运动做出了应有贡献。

由于各种原因，护法运动终归失败，孙中山又一次陷入痛苦之中，继续寻找救国的方法。1917 年以后，国内外政治形势发生了巨大变化，俄国十月革命、国内五四运动的爆发，中国共产党的成立，马列主义的传入，瓜分中国的巴黎和会等事件的发生，促使孙中山深刻反思和总结他的革命主张，最终形成以反帝反军阀为革命纲领的新三民主义。这对南京国民政府的治国政策有着重大而深远的影响，也是国民政府治藏政策的理论纲领。

晚年的孙中山认识到帝国主义是中国革命、中华民族独立自由的最大敌人，而要反对帝国主义，就必须团结国内各族人民共同斗争。因此，孙中山强调在国内要实现真正的民族平等和团结，各族人民在共同的敌人面前应团结起来形成一个不可分割的整体。这就与孙中山以前积极倡导的五族共和说发生了矛盾。五族共和说的不足，一是否认了其他民族的存在，二是没有树立统一的中华民族共同体意识。1919 年，孙中山认识到五族共和说的不足，转而批判之："现在说五族共和，实在这五族的名词很不切当。我们国内何止五族呢?"② 孙中山否定了五族共和说，但这并不意味着否认了各民族之间的平等与团结。其真实意图在于为实现完全意义上的民族平等与团结，为融国内各民族为一大中华民族主张的提出做准备。

所以，孙中山又说："我的意思，应该把我们中国所有各民族融成一个中华民族。"③ "汉族当牺牲其血统，历史与夫自尊自大之名称，而与满、蒙、回、藏之人民相见于诚，合为一炉而冶之，以成一中华民族主义。"④ 就藏族而言，孙中山认为"西藏亦几成英国底囊中物"，同蒙古人、满人一样，无自卫能力，"我们汉族应帮助他才是"。就是在民族主义上下功夫，使藏族同化于汉族，"成一大民族主义的国家"。⑤ 孙中山提出了建立中华民族共同体的主张，认识到只有建立统一的中华民族共同体，只有把国内各

---

① 刘寿林编《辛亥以后十七年职官年表》，中华书局，1966，第 512 页。
② 中国社会科学院近代史研究所等编《孙中山全集》第 5 卷，中华书局，1985，第 394 页。
③ 中国社会科学院近代史研究所等编《孙中山全集》第 5 卷，第 394 页。
④ 中国社会科学院近代史研究所等编《孙中山全集》第 5 卷，第 187 页。
⑤ 中国社会科学院近代史研究所等编《孙中山全集》第 5 卷，第 473~474 页。

民族自在的中华民族意识转变成自觉的中华民族意识,中华各民族才能实现真正意义上的民族平等,才能团结起来共同奋斗,反抗帝国主义侵略,实现国家统一。1921年4月,孙中山在广州与苏俄记者谈话时又强调指出:"中国人民再也不能容忍别人瓜分自己的国家,他们希望统一成为一个强大的和不可动摇的民族。"① 各族人民形成中华民族共同体,共同去奋斗,"无论我们民族处于什么地位,都可以恢复起来"。完全表达了渴望中华民族独立统一的强烈愿望,其中也包含了彻底解决西藏等边疆问题的愿望。1923年1月,孙中山发表《中国国民党宣言》,郑重宣布国民党之民族主义为"消极地除去民族间的不平等,积极地团结国内各民族实现一大中华民族",② 孙中山的民族主义思想趋向成熟。

1924年1月,中国国民党第一次全国代表大会在广州召开。这次大会有原国会议员、西藏籍党员代表乌勒吉参加,孙中山于1924年2月21日又任命乌勒吉为大本营咨议兼蒙文翻译官,③ 体现了孙中山对西藏问题的重视与关心。这次大会发布了极其重要的宣言,其中核心内容是:"一则中国民族自求解放;二则中国境内各民族一律平等。""承认中国以内各民族之自决权,于反对帝国主义及军阀之革命获得胜利以后,当组织自由统一的(各民族自由联合的)中华民国。"④ 新三民主义所蕴含的理论价值,对实现中华各民族完全意义上的民族平等与团结,树立统一的中华民族共同体自觉认同意识具有重大意义。事实证明,孙中山提出的建立融合藏族在内的统一的中华民族共同体,是高瞻远瞩,具有远见卓识的。近代以来,中华各族人民在反对帝国主义侵略过程中,已经形成了自在的中华民族共同体。藏族作为中华民族共同体的一个组成部分,是各族人民集体意志的体现,也是中华各民族历史发展的必然结果。

毋庸置疑,新三民主义的提出也表明孙中山晚年清醒地认识到欲解决西藏问题,就必须反对帝国主义侵略,维护国家统一;就必须在国内提倡完全意义上的民族平等,这是实现西藏地区持久稳定的根本之策。孙中山提出的上述主张,对南京国民政府的治藏政策产生了深远影响,成为国民

---

① 中国社会科学院近代史研究所等编《孙中山全集》第5卷,第528页。
② 中国社会科学院近代史研究所等编《孙中山全集》第7卷,中华书局,1985,第3页。
③ 中国社会科学院近代史研究所等编《孙中山全集》第9卷,中华书局,1986,第493页。
④ 中国社会科学院近代史研究所等编《孙中山全集》第9卷,第118~119页。

政府治藏政策的理论纲领。

孙中山逝世后，中国国民党有关西藏政策的指导原则基本上遵循新三民主义。1929 年 3 月 15～28 日，中国国民党在南京召开第三次全国代表大会，27 日会上通过"蒙藏与新疆"的决议案，郑重宣布："本党致力于国民革命，既以实现三民主义为唯一目的，则吾人对于蒙古、西藏及新疆边省，舍实行三民主义外，实无第二要求。……中国境内之民族，应以互相亲爱，一致团结于三民主义之下，为达到完全排除外来帝国主义目的之唯一途径。诚以本党之三民主义，于民族主义上，乃求汉，满，蒙，回，藏人民密切的团结，成一强固有力之国族，对外争国际平等之地位；于民权主义上，乃求增进国内诸民族自治之能力幸福，使人民能行使直接民权，参与国家之政治。""诚心扶植各民族经济、政治、教育之发达，务期同进于文明进步之域，造成自由统一的中华民国。"国民党人全面继承了孙中山三民主义主张，并在以后的涉藏政策中均秉承这次会议精神。1929 年 6 月 17 日，国民党三届二中全会通过关于蒙藏之决议案，提出要加紧对西藏的宣传，要点是："阐明蒙藏民族为整个的中华民族之一部，并释明三民主义为蒙藏民族唯一之救星。""说明蒙藏民族所处地位之危险，帝国主义者侵略阴谋之恶毒，及第三国际曲解民族自决之煽动宣传。"中央政府协助西藏地方政府进行交通、经济、教育建设，"惟军事、外交及国家行政，必须统一于中央，以整个的国家力量，谋蒙藏民族之解放。""督促蒙藏民族人民积极培养自治之能力，完成自治之组织。"① 国民党的上述决议基本上体现了孙中山的对藏主张，并成为国民政府的基本政策固定下来。随后，南京国民政府主动派人赴藏宣慰，恢复发展与西藏地方的友好关系，所秉持的对藏宣传的指导方针即是三民主义。1929 年 9 月 23 日，蒋介石在致达赖喇嘛函中讲道："自先总理领导革命，创立民国，一以力求中华民族自由平等为职志。政府秉承遗训，奠定寰区，对于藏卫人民，无时不思以至诚博爱之心为谋安定。"② 1930 年 9 月 18 日，蒋介石在复达赖喇嘛函中又谈道："中央政府誓遵总理扶植国内民族之遗教，以力谋藏民今后之福利。"③ 这表

① 熊耀文编《总理对于蒙藏之遗训及国民政府对于蒙藏之法令》，张羽新主编《民国藏事史料汇编》第 2 册，学苑出版社，2005，第 252～253 页。
② 中国藏学研究中心等编《元以来西藏地方与中央政府关系档案史料汇编》第 6 册，第 2483 页。
③ 中国藏学研究中心等编《元以来西藏地方与中央政府关系档案史料汇编》第 6 册，第 2499 页。

明，国民政府在统治期间，基本上是本着上述精神来指导对藏政策的。

需要着重指出的是，孙中山在国民党一大上，宣布了民族自决自治的内容，主要意思是：（1）中华民族对外自决，实现国家和中华民族的独立。（2）"承认中国以内各民族之自决权"，"对于国内之弱小民族，政府当扶植之，使之能自决自治"。① 对内提出中央政府应帮助国内各少数民族，用自治的办法来解决国内民族问题，允许国内各民族有自治的权利，但这并不意味着孙中山赞成藏族等少数民族从中国分离出去，各民族自治是在统一的中国内部实行的民族地方自治。南京国民政府所坚持的西藏自治，也是秉承孙中山之精神，指导方针是在中华民国内部，"外交、军事、政治均归中央办理"，"中央予西藏自治权"，② 这符合孙中山提出的民族自决自治的基本原则。至于民国时期少数西藏上层人士所主张的西藏自治，是妄图从中国分裂出去，与孙中山民族自决自治的主张、国民政府允许西藏适度自治的政策有本质的区别。

孙中山治藏的方针，在不同的历史阶段，前后有两个基本理论。如1931年赴藏考察的谭云山向行政院汇报观感时说："总合所说，不外一新一旧两个口号，旧者即五族共和，新者即三民主义（尤特别注重民族主义）。每先由五族共和说到三民主义，因藏内对于五族共和已有相当认识，对于三民主义则全未闻知。如是说法，听者无不欢迎。"所以，谭云山建议："我政府一面派人特别宣传，一面急应将三民主义及中央各种政策与设施译成藏义，分发藏内，使之明了。"③ 谭云山的陈述表明五族共和及新三民主义已成为国民政府对藏政策的理论指导。五族共和对团结广大心向祖国的藏族同胞产生了积极的影响，新三民主义则是南京国民政府治藏政策的指导纲领，有利于团结广大的藏族同胞，维护西藏的稳定和统一。

解决西藏问题之道，首要是国家统一。民国政府一直在做争取统一和建设中华民族国家的艰难努力，想把处于分散、分离状态的各种社会政治团体统合成一个统一的政治体系，实现国家良性有序运转，却没有成功，也就没有条件唤起边疆民族对中华民族的认同。胡适认为："民族主义有三

① 中国社会科学院近代史研究所等编《孙中山全集》第9卷，第127页。
② 中国藏学研究中心等编《元以来西藏地方与中央政府关系档案史料汇编》第6册，第2478页。
③ 中国藏学研究中心等编《元以来西藏地方与中央政府关系档案史料汇编》第6册，第2537~2538页。

个方面：最浅的是排外；其次是拥护本国固有的文化；最高又最难的是努力建设一个民族的国家。因为最后一步是最艰难的，所以一切民族主义运动往往容易先走上前面的两步。"① 近代的中国人在三个方面都着力了，也取得了很大的进步，但是在中华民国时期都没有完成，对藏族同胞来说，中华民族认同感仍有待被"唤起"。

国家或政治的统一是有可能实现民族多重认同的，文化是可以变迁的，那么民族认同也不是一成不变的，是可以重新解释和塑造的，在一个国家内，可以把文化上多元的民族统合到政治一体的国家架构中，凝成多民族复合的中华民族，用共同的语言、法律、政治象征，比如国旗、国庆、公共节日、宪法等凝合起来，建立对中华民族的认同、对中国国家的认同。在一个大家庭，汉藏等民族通过长时间的文化交流，彼此理解和帮助，信任和接受对方，建立对兄弟民族的认同，实现民族之间的多重认同与和谐共存，消解激进的民族主义冲突。

三 倡导修筑铁路、发展经济、建设西藏

孙中山在关注西藏政治问题的同时，还高度重视西藏地方的建设，设计了发展西藏的蓝图，也就是致力于实现他一直主张的民生主义。早在民国成立之前，孙中山即提出在西藏修筑铁路，1899 年 12 月 22 日，孙中山发表《支那现势地图》，在文中他提出在中国中部地区，以上海为起点，修建至江宁，到汉口，至成都的铁路线，"再向西经双流、新津、邛、名山、雅州、荣经、清溪、打箭炉、里塘、巴塘出西藏"。② 初步勾勒出在西藏修筑铁路的蓝图，其主要目的是通过修铁路，巩固边防，抵御帝国主义对西藏的侵略。但是，清廷腐败无能、丧权辱国的行径加剧了边疆危机，促使孙中山立志革命，以救中国。此后，孙中山长期流亡海内外，致力于反清斗争，无暇详细筹划边疆问题。民国成立以后，孙中山详细制订了在西藏地方修筑铁路、发展经济、建设西藏的规划。

---

① 胡适：《个人自由与社会进步——再谈五四》，《独立评论》第 150 号，1935 年 5 月 12 日。
② 王耿雄编《孙中山集外集》，上海人民出版社，1990，第 19 页。

(一) 修筑铁路，保卫西藏

西藏面临的首要问题是英国等国家的侵略。孙中山认为发展西藏就必须首先修建铁路。铁路修通后，既可以巩固国防，又可以发展经济、开发资源。因此，他一直重视对西藏的铁路建设。民国建立后，孙中山强调军事实力是解决西藏问题的必要保障。"现在以国防不固……英国在西藏进行。我国兵力若能保护边围，断无此等事实。"① 指出了我国军队无力保疆卫土的事实。他认为，中国并非缺乏兵力，保卫西藏，实因交通不便，以致不能及时运兵到西藏地区。"倘有铁道，则交通便利，可将内地之军队输于边疆，以保吾围。如蒙古，如西藏，皆由兵力薄弱，以致外侮侵凌，是皆交通不便之故。"② 故孙中山主张政府应尽早修筑铁路，铁路之修筑"实为目前唯一之急务，民国之生死存亡，系于此举"。③ 希望通过修筑铁路，达到巩固西藏边防、维护国家统一的目的。

基于这种考虑，孙中山于1912年间在众多场合反复陈述了修建铁路的重要性，并表示要专办全国铁路，争取10年时间修筑20万里铁路线。1912年6月，他曾建议修筑三条全国铁路线，其中的南路铁道线"起点于南海，由广东而广西、贵州，走云南、四川间，通入西藏，绕至天山之南"。④ 这条路线起于沿海城市，达于西藏地区，将对巩固西藏等地的边防发挥重要作用。由于西藏与蒙古问题密切相关，民国元年蒙藏形势一度呈现危势。孙中山认为"蒙藏风云日亟一日，若不赶筑铁路，后患不堪设想"，遂建议政府专门修建一条贯通蒙藏地区的拉萨至车臣的铁路。由拉萨起，经过新疆，直达蒙古车臣汗。再由拉萨筑一支线，"至四川成都，而与滇、蜀铁路相接，若此路一成，不惟蒙、藏交通上大有裨益，即军事上亦种种便利"。⑤ 如果不急将铁道修成，"则俄人必欲夺我之蒙古铁道路线……英人必欲夺我之西藏铁道路线。……铁道为人所夺，国即为人瓜分"。⑥ 列强如在蒙、藏边疆修筑铁路，则路权必为之所夺，路权丧失则沿

① 中国社会科学院近代史研究所等编《孙中山全集》第2卷，第433页。
② 中国社会科学院近代史研究所等编《孙中山全集》第2卷，第436页。
③ 中国社会科学院近代史研究所等编《孙中山全集》第2卷，第433页。
④ 中国社会科学院近代史研究所等编《孙中山全集》第2卷，第384页。
⑤ 王耿雄：《孙中山史事详录》，第514页。
⑥ 中国社会科学院近代史研究所等编《孙中山全集》第2卷，第435页。

线国土必沦为敌手。孙中山呼吁在蒙藏地区修筑铁路，反映了他对蒙藏形势的高度重视和深深忧虑。不过，从西藏修建通往蒙古、四川地区的铁路，虽可运兵御敌，巩固边疆，但从当时的政治环境、国家实力以及技术条件看，是不可能的。孙中山的建议，只能留待今天实现了。

（二）发展西藏地方经济

孙中山非常重视民生建设，意图通过发展实业实现国家富强。发展西藏地方的经济，自也是其考虑的重要内容。在《实业计划》中，孙中山拟有在西藏地区修筑铁路、开发农牧矿产资源、移民垦荒的规划，期望能发展西藏地区的经济。这在一定程度上会密切藏族与内地人民的各方面联系，有利于西藏地方的稳定与繁荣。

孙中山认为发展经济，当以交通为最重要；计划交通，又以铁路为先。对于西藏地方而言，也是如此。铁路在利于国防的同时，也是发展西藏经济的首要条件。所以，孙中山在《实业计划》中提出拟在全国修建中央、东北、西北、东南、西南、高原等铁路系统。修建通达西藏地区的铁路线主要是在高原铁路系统中，包括拉萨—兰州线、拉萨—成都线、拉萨—大理车里线、拉萨—提郎宗线、拉萨—亚东线、拉萨—来吉雅令及其支线、拉萨—诺和线、拉萨—于阗线。[1] 所拟定的通往西藏地区的铁路线具体详细，与内地的铁路线连接，通往各沿海地市，形成纵横交错、四通八达的全国铁路网。

铁路修好后，就可以开发西藏地区的资源。边疆铁路线所经之地，皆是资源丰富之地。"如满洲、蒙古、西藏、新疆、青海等处，皆物产殷富之区，徒以交通未便，运转不灵，事业难以振兴。"[2] 高原铁路系统可以开发西藏地区的矿产，因西藏地区蕴含丰富的矿产资源，"而中国人则目西藏为西方宝藏，盖因除金产丰富外，尚有他种金属，黄铜尤其特产"，故可以重点开发黄金、铜等矿产，"当世界贵金属行将用尽时，吾等可于此广大之矿域中求之"，[3] 必将对国家经济发展有利。但孙中山也认识到西藏地处高原，自然条件恶劣，铁路修建起来工程繁难，耗资巨大，只有待其他铁路线完

---

[1] 中国社会科学院近代史研究所等编《孙中山全集》第 6 卷，中华书局，1985，第 370 页。

[2] 王耿雄编《孙中山集外集》，第 57 页。

[3] 中国社会科学院近代史研究所等编《孙中山全集》第 6 卷，第 370 页。

成后，才能修筑。西藏地区的矿产可以留待最后开发。

在西藏修筑铁路的另一个重要的目的，是便于移民垦荒。孙中山在《实业计划》中拟有"移民于东三省、蒙古、新疆、青海、西藏"的规划，① 在谈及拉萨—兰州铁路线时，孙中山曾说："沿此线之起点与终点，现已有少数居民，将来可成为一大殖民地。"② 为了便于移民事业的进行，孙中山建议用科学系统的方法指导移民，"假能以科学上方法行吾人之殖民政策，则其收效，将无伦比"，"以特惠移民，而普利全国"。所提设想是土地由国家收买，设为农庄，长期贷给移民。移民之初，所需的资本、种子、器具、屋宇应由国家供给，"依实在所费本钱，现款取偿，或分年摊还"。③ 待一个地区的移民人口达到一定数量时，可以授以自治权，并对移民进行民主政治精神的训练，使其能经营个人事业。

孙中山的上述设想为部分西藏上层人士所了解，产生了一定的积极影响。1929 年 1 月，九世班禅大师驻京办事处正式成立，发表宣言："且藏、康、青海，地广人稀，芸畴万里，蕴藏丰富，若依中山先生之实业计划，则大有裨于国计民生。"赞同孙中山的实业计划，并在宣言中呼吁国人不仅要注重珠江、长江、黄河流域的开发，也要重视对西藏等边疆地区的开发。④ 这说明，孙中山开发西藏、建设西藏的主张已经引起了全国人民包括西藏人士的关注。南京国民政府成立后，在历届中央会议上，凡涉及治藏政策时，国民党皆强调要发展西藏地方经济，搞好西藏建设。只不过，由于抗日战争、内战等原因，中央政府无暇顾及西藏建设，有关发展西藏经济的政策多停留在文件上，基本上没有具体的行动，这也是国家内乱外侮现实的客观体现。

此外，在西藏发展文化教育事业也是建设西藏的一项重要内容，目前尚无材料表明孙中山对此直接提出过具体的建议，但是，孙中山高度重视文化教育事业是肯定的，民国刚一成立，孙中山就强调教育是国家富强的根本，对待落后的地区，要帮助它们发展教育。1912 年 4 月 1 日，南京临

① 中国社会科学院近代史研究所等编《孙中山全集》第 6 卷，第 252 页。
② 中国社会科学院近代史研究所等编《孙中山全集》第 6 卷，第 370 页。
③ 中国社会科学院近代史研究所等编《孙中山全集》第 6 卷，第 264 页。
④ 中国藏学研究中心等编《元以来西藏地方与中央政府关系档案史料汇编》第 7 册，第 3089 页。

时政府教育部公布对《中华民族大同会请拨款创设蒙、回、藏师范学校》呈文的批示："中华民国既合五大民族而成，自应施以同等教育。蒙回藏语文各异，尤应首先养成师资。"① 提倡培养藏族人才，发展民族教育事业。以后，北京政府、南京国民政府皆对此有所实施，在京组织蒙藏学校，培养藏族人才。这对密切各族人民之间的交流与联系，增进彼此的了解和感情，发挥着积极作用，也有利于西藏边疆地区的政治稳定。当然，由于当时条件所限，难以在西藏地方大力发展文化教育事业以及经济建设，这是由国家政治现实决定的。孙中山晚年也认识到了这一点，在国民党一大上宣布了反帝反军阀的奋斗目标，已指出解决西藏问题的根本之策。只有实现国家的独立统一，西藏地方的稳定以及经济、文化教育事业的全面发展才能得到根本的保证。今天的事实证明，孙中山关于实现各民族平等团结、发展西藏地方经济文化事业、修筑通往西藏铁路、增强藏族同胞自治能力的主张，在全国人民努力下，正在变成现实。

---

① 中国第二历史档案馆编《中华民国史档案资料汇编》第 2 辑，江苏人民出版社，1981，第479 页。

第二章 国民政府维护西藏主权的努力

国民政府面对棘手的西藏问题，也认真地考虑和应对，恢复与十三世达赖喇嘛的联系，支持亲中央的九世班禅，与西藏上层分裂分子做斗争，一定程度上维护了西藏主权，遏制了西藏分裂的势头，西藏仍是中华民国领土的一部分。

第一节 蒋介石致十三世达赖喇嘛信函解读

1912 年，达赖喇嘛返回拉萨后，编练新式藏军，改革噶厦机构，整饬宗教，创办实业，革新金融、税制，开办世俗教育，培养新式人才，英国认为民初是策动"西藏独立"的最佳机会，挑拨汉藏关系，加强对西藏地方政府的控制，援助军火，给予外交支持，培养西藏上层亲英分子，借此控制噶厦。对北洋政府，英国以外交承认和财团贷款为条件，要挟袁世凯同意参加西姆拉会议，旨在签订所谓的中英藏"三方条约"，正式分裂中国西藏。

1917～1918 年，在英国挑唆下，第二次康藏冲突爆发。在英国干涉我藏事背景下，北京政府确立"对藏不用兵"、"采取与达赖直接交涉"，宣抚和谈为主导的应对之策。但是，在英国的阻挠以及西藏亲英分子的破坏下，达赖心存犹疑。北京政府由于内部军阀混战，国家不统一，对英国谈判藏事的要求一再推脱，借故拖延。

1927 年 4 月 18 日，南京国民政府正式成立；1928 年 6 月 15 日，宣告完成统一大业；12 月 29 日，张学良宣布接受南京国民政府的领导。至此，南京国民政府完成了形式上的统一，这为汉藏关系恢复，以及蒋介石与达赖喇嘛的洽商提供了契机。

一 1929 年蒋介石致函达赖洽商藏事

英国怂恿西藏地方政府进攻康区，增加赋税，扶植亲英分子，鼓动擦绒搞军事政变。同时，英国控制了西藏地方的财政、贸易。达赖新政又搞得经济疲敝，僧俗贵族怨声载道。达赖喇嘛看到这一切，心里有了危机感，再依赖英国，结局将很难预料。

雍和宫成为达赖喇嘛联系中央政府的主要途径。1918 年 9 月，达赖喇嘛命拉萨三大寺（色拉寺、哲蚌寺、甘丹寺）恢复向雍和宫委派驻京堪布的旧例，派哲蚌寺罗桑巴桑、色拉寺罗桑策殿、甘丹寺罗桑仁增三人赴任。1918 年 9 月，罗桑巴桑等三人取道印度，次年 2 月 1 日抵北京，受到雍和宫僧众和西藏旅京同乡会的欢迎，即日向北京政府蒙藏院呈文报到备案。1924 年，达赖喇嘛又任命贡觉仲尼接替罗桑策殿。罗桑巴桑到五台山担任堪布。1928 年，达赖主动派遣五台山大堪布罗桑巴桑到南京拜谒蒋介石，试探蒋介石对西藏的态度。蒋介石统领国民政府之后，也非常重视西藏问题，闻知达赖代表罗桑巴桑前来，亲自接见罗桑巴桑。1929 年 1 月，蒋介石第一次致信达赖喇嘛，交罗桑巴桑携带到拉萨。

> 达赖大师法座：
> 民国成立，十有八年，徒因军阀专横，中原多故，共和真谛未克实施，而边远情形遂多隔阂。今寰区统一，军事告终，内外相维，励精图治，绥远、热河、察哈尔、青海、宁夏、西康各区，均已改建新省；西藏为我中华民族之一，政府现正督饬蒙藏委员会调查实际，用资建设。执事适派代表罗桑巴桑到京备述一切，藉悉法座高瞻远瞩，倾诚党国之决心，遥望西陲，致为佩慰。昔我总理创行三民主义，深有鉴于帝国主义者侵略吾国，非合全国之力一致奋斗，则不能与之争存；而民族主义之精神，即所以求中华民族自由平等之路也。藏卫接壤强邻，帝国主义者所压迫久矣。幸赖法座深明大义，内向清殷，此后愈当并力一心，修内政而御外侮，自不难相与造成民有、民治、民

享之中国，以屹立于中国，进而扶助弱小民族，跻于大同，普渡众生，实我佛之弘愿也。兹托大堪布罗桑巴桑君略布一二，统希亮照。顺颂

慧安

蒋①

信中，蒋介石简短阐明了中央政府的基本宗旨是实现国家统一，反抗帝国主义侵略，以期引起达赖的共鸣。主要表达的意思有：其一，内地历经 18 年战乱，国家统一了，西北边疆地区皆已经改建新省；其二，西藏是中华民族的一部分，中央成立蒙藏委员会，正专门筹措建设；其三，孙中山先生创行三民主义，号召国内各民族团结奋斗，共同反抗帝国主义侵略；其四，殷切希望西藏地方与中央政府同心协力，共御外侮，建设强大的国家。

蒋介石号召西藏反抗帝国主义，实则一针见血地指出西藏问题是帝国主义压迫的结果，只有反抗帝国主义取得胜利之后，才能建设民享、民有的新国家，这是中央政府与西藏地方政府共同努力的目标。蒋介石将孙中山的三民主义作为指导方针，着重运用民族主义来教导达赖。达赖喇嘛派罗桑巴桑前来，传达了心向国家的信号，无疑给国民政府造成了一种印象：解决西藏问题的前景是乐观的。中央政府与西藏地方政府正式取得联系之后，达赖决定派遣亲信高僧——雍和宫堪布贡觉仲尼担当与中央政府洽商的重任。贡觉仲尼在西藏的地位、影响以及与达赖喇嘛本人的关系都重于罗桑巴桑。

蒙藏委员会成立后，首要任务是与西藏地方建立正式的联络通道，洽商藏事。1929 年初，蒙藏委员会密派熟悉藏情，与达赖喇嘛和上层人物关系良好的专门委员谢国梁，作为首席代表到北平与贡觉仲尼联系，传达国民政府修复、改善与西藏地方当局关系的诚意，邀请贡觉仲尼到南京，参加孙中山先生奉安典礼。贡觉仲尼请示十三世达赖同意，表达了同样的愿望，愿意作为达赖喇嘛的代表到南京参加奉安典礼，并与国民政府商谈藏事。谢国梁当即函告蒙藏委员会委员长阎锡山。阎于 1929 年 5 月 25 日密呈国民政府主席蒋介石："顷据职会专门委员谢国梁自北平函称，在平晤达赖

---

① 中国藏学研究中心等编《元以来西藏地方与中央政府关系档案史料汇编》第 6 册，第 2487 ~ 2488 页。

代表棍却仲尼，该代表声称极愿代表达赖南下参加奉安大典，藉表敬意，并联络中藏感情，惟切须严守秘密，不宜登载报纸，恐惹英人质问，等情。据此，查达赖代表棍却仲尼既愿来京参加奉安典礼，届时似宜妥为招待，以资联络。除电复谢委员国梁即偕同棍代表来京参加典礼外，所有该代表来京后承商解决藏事，至关重要，应如何招待之处，理合备文，密呈钧府核示遵行。"① 蒋介石对此极为重视，当即指令有关部门妥为接待。后由于贡觉仲尼偶患疾病，未能立即成行。

谢国梁、贡觉仲尼开通了国民政府与西藏地方当局直接沟通、会商的渠道，大体了解对方的意愿。同年8月，贡觉仲尼接获十三世达赖喇嘛电函，令其与中央政府洽商。在谢国梁陪同下，贡觉仲尼先赴太原秘密会见蒙藏委员会委员长阎锡山，根据达赖喇嘛函示，向国民政府声明："（一）达赖并无亲英之事，其与英国发生关系，不过系因英（指英属印度）藏壤地毗连，不能不与之略事敷衍耳；（二）达赖仇华亦属误传，民六、民九、民十三，达赖均有派员来华，并发有护照，内中言明中藏亲睦，现有护照可证；（三）达赖、班禅感情素惬，其始之发生误会，系因班禅部下之人行为不法，达赖逮捕数人，班禅遂惧而出走，并非达赖所逼。"② 这三件事正是影响西藏地方当局与国民政府修复、改善关系的主要障碍。达赖方面就此公开表明态度，为贡觉仲尼赴南京与国民政府会商奠定了政治基础。贡觉仲尼在谢国梁陪同下到达南京，首先与蒙藏委员会副委员长赵戴文面谈。

9月10日，蒙藏委员会专门委员刘朴忱带领贡觉仲尼、楚称丹增以及翻译巫怀清拜见蒋介石，蒋介石首次接见贡觉仲尼等人。会谈中，贡觉仲尼着重声明："达赖不亲英人，不背中央，愿迎班禅回藏。"③ 这是国民政府所期望的。"主席谓此事自当实现，中央应本总理宽大之主义，许藏人完成自治。" 贡觉仲尼接着要求撤换蒙藏委员会委员诺那活佛、格桑泽仁两位藏族著名爱国人士。蒋介石并没有立即答应，指示蒙藏委员会派人与贡觉仲尼商谈具体解决办法。

---

① 中国藏学研究中心等编《元以来西藏地方与中央政府关系档案史料汇编》第6册，第2471页。

② 中国藏学研究中心等编《元以来西藏地方与中央政府关系档案史料汇编》第6册，第2473、2474页。

③ 中国藏学研究中心等编《元以来西藏地方与中央政府关系档案史料汇编》第6册，第2475页。

会后，刘朴忱与贡觉仲尼洽商藏事。12 日，赵戴文将洽商及解决西藏
问题的具体事项呈给蒋介石：（1）先决问题，诺那呼图克图与格桑泽仁两
委员之去留，拟调委相当地位，先避开藏事之关系。（2）派遣代表，拟先
派贡觉仲尼偕同我方派员到藏疏解，二次派江卜桃梅及中央大员入藏宣慰。
（3）达赖应否由中央加以封号。（4）中央派员时，除带正式公文函件外，
应带慰问之赠品。（5）派员人数确定后，预计一切经费。（6）民国十九年
三月开西藏会议之官民代表应使达赖如何办理。

达赖方面所提到的诺那是类乌齐金塘活佛十四世转生的呼图克图。1912
年，诺那活佛支持中央政府，配合驻扎类乌齐的彭日升部率兵抗击藏军，
为达赖喇嘛忌恨。1918 年 7 月，藏军俘虏活佛，押往拉萨，放入土牢 6 年。
诺那活佛神奇地逃了出来。1925 年 10 月，活佛到了北京，受到段祺瑞接
见。1926 年 12 月，受刘湘邀请，前往重庆。1928 年，刘湘送诺那活佛到南
京国民政府。1929 年 2 月，国民政府蒙藏委员会成立，任诺那活佛为蒙藏
委员会委员，赐封呼图克图，兼立法委员。1929 年 11 月，国民政府视诺那
为西康政教首领，批准设立驻京办事处。1929 年 12 月 1 日，诺那活佛宣布
本爱国护康宗旨，遵守国民政府命令，指导康民外抗帝国主义侵略、内促
五族共和实现，赢得了国人的敬重。

格桑泽仁（1904～1946），汉名王天华，生于四川雅州府巴安。青年格
桑泽仁跟随班禅下属僧官贡登扎西遍访西康。1928 年，南京国民政府筹备
蒙藏委员会，格桑泽仁来到南京后，贡登扎西推荐他到蒙藏委员会任藏语
翻译。戴季陶颇为赏识精通藏事、汉藏语文的格桑泽仁，1928 年 6 月，推
荐其为蒙藏委员会委员，任藏事处处长，同年格桑泽仁加入国民党。

13 日下午，蒋介石设宴招待贡觉仲尼等人，表示所有条呈办法可行，
关于诺那活佛、格桑泽仁的去留，班禅成立卫队两事须贡觉仲尼回藏之后，
在达赖确实派遣代表参加藏事会议之后才能决定。这反映了蒋介石娴熟的
政治手腕，诺那、格桑泽仁、班禅是藏族著名爱国人士，心向中央，多年
来为藏事奔走。这次，达赖借汉藏洽商，提出惩罚诺那等人的条件。蒋介
石洞察达赖之心，不愿轻易允诺，伤爱国爱藏人士之心，而藏事会议迟迟
不能召开，主要因为达赖拖延派遣代表赴京参加。蒋介石提出达赖正式派
遣代表出席藏事会议，也是在观察达赖的诚意。

在宴会中，贡觉仲尼告诉蒋介石，达赖欲输诚之内因有："一、藏人吃

茶全用中国品，中藏绝交，茶价贵至十倍；二、藏边驻兵不能购用中粮，边民困苦，时生怨言；三、班禅日思借兵报怨，现欲借俄以逞，若英俄相争，藏地糜烂；四、藏币重三钱余，英币重七钱余，惟藏币十四五元方能兑得英币一元，出口必用英币，经济损失太大；五、前者有廿余俄人潜入藏地，借名学佛，实则阴传赤化。藏预言者言，汉人来好，俄人来藏地大乱，此言藏人甚相信。"①

1928～1929 年，达赖主动派代表来京洽商，1929 年，十三世达赖喇嘛与九世班禅在南京分别设立办事处，汉藏关系朝着友好协商的方向迈进。1929 年 7 月，文官处古应芬致信达赖，交由文官处书记官刘曼卿携带赴藏，敦请达赖派出代表参加 12 月举行的蒙藏会议。

从贡觉仲尼等人所谈来看，达赖喇嘛愿意恢复清朝旧制，展现了很大的诚意，这就给蒙藏委员会造成达赖"输诚可信"的判断，拟定了尚不切实际的和平解决西藏问题具体办法，与贡觉仲尼等协商后，会呈蒋介石："一、西藏与中央关系恢复如前。二、达赖、班禅应加入中国国民党，并负责筹划西藏党务之进行。三、达赖、班禅加入本党后得为政府委员。四、外交、军事、政治均归中央办理。五、中央予西藏以充分自治权。六、班禅回藏由达赖派员欢迎，中央护送。七、达赖、班禅在西藏之政教权限一切如前。八、中央以达赖、班禅为西藏政教之首领。九、班禅归藏时，拟派国防军随同入藏，以资保护。十、达赖在京设立办公处，经费由政府发给。"② 从这可以看出，国民政府对解决西藏问题抱有乐观情绪，对噶厦内部政情并不了解，是从中央的角度思考，希冀"一步到位"地完全恢复与西藏地方的正常关系，所拟办法低估了实际困难。蒋介石看待此事更有政治眼光，又提出八个问题征询达赖喇嘛的意见："一，中央与西藏之关系应如何恢复？二，中央对西藏之统治权如何行使？三，西藏地方自治权如何规定？范围如何？四，达赖、班禅加入中国国民党。五，达赖、班禅在西藏政教上之地位与权限一律照旧？抑或另有规定？六，班禅回藏，达赖如何欢迎？中央如何护送？七，达赖是否在京设立办公处以便随时接洽？至于经费，

① 中国藏学研究中心等编《元以来西藏地方与中央政府关系档案史料汇编》第 6 册，第 2481 页。

② 中国藏学研究中心等编《元以来西藏地方与中央政府关系档案史料汇编》第 6 册，第 2478 页。

可由中央发给。八，西藏对中央有无其它希望?"① 这八个问题都触及现实的核心事项。

1929 年 9 月 15 日，蒋介石决定任命贡觉仲尼为中央政府代表，携带蒋介石致十三世达赖和噶伦擦绒的亲笔信和贵重礼品返藏，与西藏地方当局会商。贡觉仲尼以"赴藏慰问专员"的身份入藏，行时带有"国府特派状一件、蒋主席致达赖书一件、蒋主席玉照一张、国府法密码一本、非正式的手折一件"以及蒙藏委员会草拟的《解决西藏问题办法》9 条、蒋介石致擦绒的信件等。

蒋介石致信达赖：

> 达赖人师法座：
>
> 前以统一告成，中外裸福，特致两函询问起居，并示中央眷念西陲之至意，谅达座右。垧棍、楚二堪布来京转陈一切，备见法座倾诚内向，爱护共和，至为佩慰。自先总理领导革命，创立民国，一以力求中华民族自由平等为职志。政府秉承遗训，奠定寰区，对于藏卫人民无时不思以至诚博爱之心为谋安定。前因道途辽远，致法座维持地方、皈依主义真诚无由悉达。兹幸具闻宗旨，如拨重云，五族振兴，也可睨其朕兆。政府必本先总理亲爱精诚之教诲，与以扶持。际此赤白帝国主义鲸吞蚕蚀之秋，我中华民族务必团结一致，共同对外以争存。法眼精详，必能远瞩高瞻，则外人拓殖之阴谋，当无所施其狡矣。兹特派雍和宫堪布棍却仲尼赴藏慰问，并宣布中央意旨，希与接洽，并选派负责大员来京商洽一切，是所盼望，专此布达。顺颂
> 法绥
>
> 蒋中正②

文首提到的两封信是指前文所言蒋介石、古应分致达赖的信。这是蒋介石亲自写给达赖的第二封信，其大意一是对达赖输诚内向之心表示赞赏；二是政府本着孙中山先生的教诲，力求中华各民族平等团结，共同反抗帝

---

① 中国藏学研究中心等编《元以来西藏地方与中央政府关系档案史料汇编》第 6 册，第 2482、2483 页。

② 中国藏学研究中心等编《元以来西藏地方与中央政府关系档案史料汇编》第 6 册，第 2483 页。

国主义侵略；三是派贡觉仲尼为中央代表赴藏接洽，敦请达赖派负责大员来京协商一切。

蒋介石致擦绒信件的内容如下：

> 格布伦查戎法鉴：
>
> （前略）顷者雍和宫堪布棍却仲尼来京，备述执事拥护共和、倾诚内向，良深佩慰。我先总理领导革命，创立民国，原以结合四万万人民谋中华民族之福利为职志。政府秉承遗教，一视同仁，藏卫虽遥，其地为中华民国之领土，其民为中华民国之国民，无不尽力扶植地方自治之基，以争存于世界。方今帝国主义日以侵略弱小民族为急务，如印度、缅甸、安南、朝鲜均被其蚕食鲸吞，可为殷鉴，能不寒心？执事匡扶藏族，威望夙孚，必能远瞩遐观，深明时势。现在中央政府励精图治，欧美各国已另订条约，尊我主权，藏卫服从中央，外人何敢轻于窥伺？此则政府所昕夕企望，而亦执事所夙昔明了者也。兹特派棍却仲尼赴藏慰问兴居，并开谕藏民咸知五族共和之真谛。执事有所提议，并望随时见告，以便商酌进行，共图幸福也。专此布达。即颂
>
> 法绥
>
> 蒋中正①

擦绒是亲英派首领，虽然密谋发动亲英军官政变，被达赖革去职务，但是在西藏贵族中的地位和影响还在。故蒋介石专门写信，交给贡觉仲尼，表达了同样的意思，争取他的支持。

11 月 7 日，贡觉仲尼由北平出发经香港、印度，奔赴拉萨。在中央代表刘曼卿、贡觉仲尼开赴拉萨途中，蒙藏委员会委员长阎锡山多次致函达赖、擦绒，敦请达赖派代表出席将于 1930 年 3 月召开的蒙藏会议。

1930 年 2 月 16 日，贡觉仲尼安抵拉萨，达赖派僧俗高官隆重接待；29 日，谒见达赖，谈话数小时，后又接连拜见噶厦大员，转达中央问候。3 月 15 日，贡觉仲尼致函阎锡山，汇报晤谈情况。贡觉仲尼向阎锡山回函称：

---

① 中国藏学研究中心等编《元以来西藏地方与中央政府关系档案史料汇编》第 6 册，第 2484 页。

"仲尼即将中央德意力为宣传，并再三婉陈吾藏应仍与中央力谋联络，以收唇齿辅车之效，颇蒙佛爷及擦绒采纳。"另外，刘曼卿于1930年3月1日进入拉萨。达赖派文武官员出城迎接，盛情款待。在见到国民政府专员刘曼卿女士之后，达赖喇嘛说："……今新政府初立立即派汝致意，予实钦佩蒋主席与各执政之精明，能顾全大局，尚望始终如一，继续不断，更进而为实际之互助。吾所最希求者即中国之真正和平统一，前偶闻某某先后叛变，吾日诵经持咒以祝其平复……都是中国领土，何分尔我……兄弟阋墙，甚为不值……"

1930年8月30日，贡觉仲尼返回南京，携带达赖对国民政府所提八款答复，呈交国民政府。

第一款，中央能将中藏施主关系照前至诚有信之待遇，而西藏以前原系至诚相见，现在更要竭诚拥护中央。

第二款，西藏政教谋根本安定之法，商洽立约后，必更稳妥。

第三款，从此中藏施主诚意谋西藏安全，其范围自应照旧。若原系西藏地方，刻下未在西藏政权之下者，自应仍归西藏范围，久后必安。

第四款，达赖喇嘛现在年高，加之政教事务渐繁，又因三大寺及上下菊巴僧俗官员未经同意之前，不能来京。至班禅现住内地，除扎什伦布寺庙宇教务外，素无其它政务可管，自应就近加入国民党，但素无解决藏事之发言权。

第五款，西藏政教向归西藏政府掌治，班禅早在后藏有一庙宇。至扎什伦布系第一辈达赖所修建，后一辈达赖到拉萨时，无人掌其庙宇，时选班禅掌管扎什伦布，并赠号班禅。后由五辈达赖因屡次师徒关系，将扎什伦布给与班禅。若照以前旧规办理，西藏人民无不悦服。

第六款，班禅左右人等造前后藏名目，意在分离，素不遵守藏政府法令，往往以下犯上，思想行为均系恶化。甲辰年，英人到拉萨时，班禅前往印度与英人密谋，不得结果，仍回扎什伦布。又辛酉年，班禅联同钦使设法谋夺达赖政教各权，后由三大寺及全藏人民反对，不得已仍回扎什伦布。又向章班禅应出军粮四分之一，不但任意不交，还作不法行为。彼时若照西藏法律着实解决，焉有现在之事。因思前辈达赖与班禅师徒关系很深,竭力忍让。彼等不但不悔悟,还拥班禅舍扎什伦布而逃。当时具函请其回藏,并未容纳,因与库伦共党有谋,便往库伦,因库佛圆寂,方到内地。而此间将扎什伦布庙宇,业经派员妥为保护。至左右班禅人等时常挑拨,现在未申明逃奔理由之前,西藏碍难欢迎。

第七款,先设办事处于南京、北平、西康三处,以后若有加添之处,再当陈请。

第八款,为防侵略守土之故,目前只希望中央接济军械,以谋地方安全,如有所需,再当陈请。[①]

从上述来看,达赖答非所问,与南京方面所提内容相距甚远,将中央与西藏地方的隶属关系歪曲为"施主关系";索要川边、青海;将达赖、班禅关系恶化全归咎于班禅属下的挑拨搬弄,声称班禅除扎什伦布寺教务外,对藏事并无任何管理权力。这与 1929 年的表态相比实是很大的退步,诚意全无,令国民政府深感难以解决,故仅允准西藏地方设立驻南京、驻北平、驻西康三个办事处,以资联络。此八款答复,反映了达赖在尼藏纠纷解决之后的真实政治态度,令汉藏政治协商难以顺利进行。这是由于受英国的挑拨及康藏局势的发展。正当国民政府、西藏地方政府及民众对恢复正常关系满怀期望之际,英国从中干涉破坏,中央与西藏地方的和平进程再次受阻。

二 1930 年蒋介石再致函达赖,调解尼藏纠纷

1928~1929 年达赖喇嘛派遣罗桑巴桑和贡觉仲尼到南京谒见蒋介石,蒋介石派贡觉仲尼和刘曼卿赴藏,西藏与中央初步恢复了正常关系。这引起了英国的极大不满,英国蓄意制造事端,挑唆尼泊尔侵犯西藏,威胁西藏当局。

根据 1856 年西藏地方官员与尼泊尔议和约章,尼泊尔商民在西藏享有不交捐税、治外法权等特权。1929 年,尼籍商人违抗西藏地方政府的法令,

---

① 孔庆宗:《回忆国民党政府对西藏政务的管理》,《文史资料选辑》第 93 辑,文史资料出版社,1984。

在拉萨出售烟草，逃匿至尼泊尔领事馆，被强行抓获鞭挞致死。尼泊尔政府获知后扬言要进攻西藏，征集 67000 名军人，采购军米、黄油、砖茶、烟叶、牛羊、军装、弹械等，叫嚣宣传，威胁西藏。班禅驻印通讯处立即快函报告班禅驻京办事处，处长罗桑坚赞急呈国民政府，称最近三四年，达赖多次侵入尼泊尔境界，仇怨加深，以致酿成战端，吁请中央应对尼泊尔，拯救西藏。[①]

而贡觉仲尼自江孜发英文电至蒙藏委员会，指出："尼泊尔政府于一月二十六日派兵九千人入藏"，"此事之发生，乃尼泊尔妒忌中国与西藏之和好"。[②]

达赖喇嘛面对尼泊尔的进攻态势，也动员全藏备战，征集士兵，准备军用帐篷、食物，打算收回尼泊尔在西藏享有的特权和其他权利，与尼泊尔订立新条约，并在此事上依靠中央，增加了内向之心。从当时情况看，尼军进入西藏境内也纯属谣传。尼藏双方在做军事准备，大造舆论，但没有采取实际行动。

蒙藏委员会密呈国民政府："查此次事端发生，大抵英人唆弄。设或英人得乘机解决尼事，日后藏事将不堪设想。"[③] 在中央与西藏地方关系出现转机，和平统一出现曙光之时，国民政府希望能抓住此机会，促使形势朝有利的方向发展。

国民党中央执行委员会专门召开第 219 次政治会议，讨论解决西藏地方与尼泊尔纠纷的办法，认为前由贡觉仲尼带交达赖之八款，仅是原则问题，为了便于具体洽谈，补充解决藏事问题具体意见，拟定了《解决尼藏问题手续》十一条、《解决中藏问题条件》十一条和《解决中尼问题条件》四条，于 1930 年 3 月 26 日会呈国民政府。

解决汉藏问题条件为："一、中藏应恢复原来密切之关系。二、西藏不得与中国以外之各国发生政治关系。三、西藏与他国旧订之约得提请国民政府处理。四、达赖应欢迎班禅回藏。五、达赖应将占领西康各县完全交还国民政府。六、西藏外交及军政重大事项应由国民政府负责办理。七、国民政

① 中国藏学研究中心等编《元以来西藏地方与中央政府关系档案史料汇编》第 6 册，第 2513、2514 页。

② 中国藏学研究中心等编《元以来西藏地方与中央政府关系档案史料汇编》第 6 册，第 2514 页。

③ 中国藏学研究中心等编《元以来西藏地方与中央政府关系档案史料汇编》第 6 册，第 2520 页。

府承认西藏有完全自治权。八、达赖、班禅在西藏政教上之权利概仍其旧。九、国民政府派专员常川驻藏，达赖、班禅应负保护全责，并予以种种便利。十、西藏得派专员常川驻京，并由国民政府酌给办公费。十一、此次尼藏交涉，概由国民政府特派员秉公办理。"

解决中尼问题条件为："一、恢复中尼旧日密切之关系。二、尼藏问题由国民政府特派员秉公处理，尼政府应先下令停止军事行动。三、国民政府如派专员赴尼泊尔时，尼政府应负保护全责，并予以种种便利。四、尼泊尔得派专员常川驻京，由国民政府酌给办公费。"

会议决定应立即采取措施，拟由国民政府电知尼泊尔，要求暂停军事行动，听候中央调解；由谢国梁电复贡觉仲尼转达达赖，告诉上述情形；严促新任驻印总领事卢春芳、副领事梁长培迅速赴印，协助特派员解决尼藏问题；请国民政府速任命蒙藏委员会参事巴文峻、专门委员谢国梁分别为赴尼、藏特派员，调查"所有此次尼藏发生战事原因及内中有无英人指使各节"。①

国民政府立即责成蒙藏委员会遵照办理。蒙藏委员会迅即与外交、财政等政府部门协商执行，即派谢国梁赴藏，派巴文峻出使尼泊尔，并分别携带国民政府主席蒋介石致十三世达赖和尼泊尔国王函。

蒋介石为西藏地方与尼泊尔交涉，由中央负责解决尼藏问题，并派谢国梁入藏。

1930 年 5 月，蒋介石致达赖喇嘛函内容如下：

达赖大师法座：

中藏以道路窎远，过从久疏。上年将派棍却仲尼堪布持函赴藏慰问，谅达左右。国民政府秉承先总理孙中山先生遗训，以维持和平为职志。前闻藏尼稍有纠纷，本主席眷怀西陲，系念至深。前曾致函尼泊尔国王，劝其停止军事行动，所有尼藏交涉由中央负责解决，借维双方安宁。除特派蒙藏委员会参事巴文峻赴尼接洽外，兹派行政院参议谢国梁赴藏商办一切。附赠不腆土物，借表微忱，即希查收接洽是盼。专此布达。顺颂

---

① 中国藏学研究中心等编《元以来西藏地方与中央政府关系档案史料汇编》第 6 册，第 2518 ~ 2519、2523 页。

法绥

蒋○○

中华民国十九年五月 日①

致达赖喇嘛的书信，表达了中央对西藏地方的深切眷怀，通报了劝说尼泊尔停止军事行动、保持边境安宁的基本方针。同时，着重声明"所有尼藏交涉由中央负责解决"，维护中央对西藏地方的权威以及国家主权。

1930 年 5 月，蒋介石致信尼泊尔国王。

> 大中华民国国民政府致书于尼泊尔国主：
> 吾中华民国遵奉先总理孙中山先生所定三民主义，努力国民革命。现已完成国内统一，将进而联合素有各民族共同奋斗，促进世界大同。尼中邦交笃厚，相沿已久，关系密切，迥异泛常。前闻尼藏突起纠纷，双方均有军事准备，本主席为两国人民之安宁计，至深系念，曾经驰书相劝停止军事行动，谅邀鉴察。兹特派蒙藏委员会参事巴文峻赍函前往慰问，并持赠本主席照片及国产物品，用表微忱，即希查收接洽为盼。②

蒋介石信中重申中尼传统友好关系，要求尼方停止军事行动。

巴文峻、谢国梁等人于 7 月 19 日抵达印度。英人深知中国政府借尼藏纠纷解决西藏问题之用意，严查由印度进入西藏关口，致使谢国梁未能由印度入藏，转往缅甸，聘请仰光《兴商日报》谭云山为秘书，于 1930 年 11 月 26 日来到噶伦堡，乔装混入藏境，可惜于距拉萨城仅一日程地方病逝。后由谭云山转信于达赖，陈述中央对藏意旨，宣传新三民主义。

此时尼藏冲突已平息。巴文峻旋入尼泊尔，获知"此次尼藏发生冲突，全为英帝国主义所策动，并非出于尼泊尔之本愿，惟尼泊尔为蕞尔小国，无力抵御强英，一时不得不听命"。③ 尼泊尔政府以国礼接待巴文峻，表示愿意与中国和睦相处，保持友谊关系。此时尼藏之争亦已平息，巴文峻返

---

① 中国藏学研究中心等编《元以来西藏地方与中央政府关系档案史料汇编》第 6 册，第 2526 ～ 2527 页。
② 中国藏学研究中心等编《元以来西藏地方与中央政府关系档案史料汇编》第 6 册，第 2526 页。
③ 许涤尘：《西藏史地大纲》，正中书局，1936，第 246 ～ 247 页。

京时，带来尼泊尔馈赠国民政府礼品多种。

尼藏纠纷系英印当局一手挑起，也由其促尼泊尔息战。达赖喇嘛政治应对得当，也收息事之效。据贡觉仲尼谈：达赖清楚地明白，英人"挑拨尼泊尔向西藏侵略，使尼藏交恶，英人可收渔人之利"。① "这是英帝国主义要的讹诈手腕，尼泊尔小题大做，讨好英人，其实并无对藏作战以逞大欲的决心，因而亦以政治手腕对付之，不为所慑。"据贡觉仲尼回忆："当英人指使尼军入藏时，达赖佛极为镇静，不谋于众，独自决策。他用我的名义写一电稿，令我亲送至江孜英政府所设置的电台，以明码拍至南京友人转报此事于政府。他采用这个方式，意在使英籍电员视作要电，密报英国当局，就会发生作用。我即日遵办，后来果收息事之效。"②

英国的目的是警告和威胁西藏，而不是侵入西藏，面对一触即发的尼藏冲突，也感局势严重，一旦爆发战争，全藏僧俗仇恨英人，并不利于英国。据锡金政治官威尔回忆：西藏地方严重怀疑英国支持尼泊尔，英国在西藏的影响降至最低点。③

英印政府一面令尼泊尔息战，一面令大吉岭警察总监莱登拉入藏调停。莱登拉是在刘曼卿之后到拉萨的，据刘曼卿记载："不数日有联典（莱登拉）者，为尼泊尔事件入藏，此君即尼人，自称英籍，后渠欲破坏予入藏之目的，而欲施其陷害，但卒未成功，亦云幸矣。"④

贡觉仲尼致函蒙藏委员会，内称尼藏纠纷，中央派人相助，全藏僧俗深感大德，"伏思一电之威，闻风惊胆，彼此相仇以解。此亦国威镇慑所致也"。⑤ 表明通过此事，西藏民众对国民政府的支持非常感激，中央增强了在西藏地方的影响。次年，噶厦政府特向中央表示："无如藏廓虽有交涉，幸我中央一电之威，闻风惊胆，彼此相仇以解。此亦国威所致也。"⑥ 国民政府行政档案记载："时尼泊尔与西藏发生战争，中央顾念西陲，复派蒙藏

---

① 《全亚细亚联盟理事长黄攻素关于英帝国主义挑拨尼泊尔向西藏发动军事行动函》（1930 年 3 月 19 日），中国第二历史档案馆藏国民政府蒙藏委员会档案，档案号：141/2640。
② 孔庆宗：《回忆国民党政府对西藏政务的管理》，《文史资料选辑》第 93 辑，第 87 页。
③ 1930 年 11 月 18 日锡金政治官第 7（14）- p. /30 信函，威尔使团访问西藏的报告，英国印度事务部档案，档案号：L/P&S/10/1113，P8573/1930。
④ 刘曼卿：《康藏轺征》，民族出版社，1998，第 79 页。
⑤ 中国藏学研究中心等编《元以来西藏地方与中央政府关系档案史料汇编》第 6 册，第 2499 页。
⑥ 《西藏地方是中国不可分割的一部分（史料选辑）》，西藏人民出版社，1986，第 493 页。

委员会参事巴文峻前往宣慰，借以调解。战事既息，西藏当局曾函呈中央表示感激之意，藏事至此始有转机。"① 而谢国梁奉命赴藏调解尼藏战争危机途中，病逝于距拉萨仅一日程的曲水，由十三世达赖亲自诵经，举行隆重葬礼奠基。西藏地方的举动体现了对中央政府的感激和内向。

尼藏纠纷是英国为干涉藏事蓄意制造的一个借口。通过尼泊尔侵藏、莱登拉访问拉萨，达赖也深知离开英国要想维护西藏地方的安宁是不现实的，在政治、经济、军事等各方面仍仰赖于英国，因此不敢绕开英国直接与中央解决西藏问题。英国目的得逞，也就终止尼泊尔军事准备。随后达赖向英印政府发出邀请，请其派员访问拉萨，商讨解决藏事。达赖又一次屈服于英国，使得汉藏和平进程再生波澜。

实际上这是国民政府与英国不见硝烟的交锋，中国政府应对及时得当，英国得知西藏地方感激中央政府的帮助，倾心中央，其自身则引起西藏地方的反感，思虑侵略西藏的阴谋暴露，于己不利，也佯装"劝和"，派代表"劝说"尼泊尔息兵。尼泊尔本不愿意因此影响中尼国家关系，同时战端一开，将直接损害尼泊尔的利益，遂主动收兵言和，重归旧好。老一辈藏学家杨公素先生曾经这样评述："（1929 年国民政府与西藏地方当局互相派员联系，协商恢复、改善关系）但就是这种态度与联系也遭到英国的反对与破坏。达赖与国民政府的这种初步接触，引起英国人不安，于是采取威胁手段企图压服达赖。1930 年初，因尼泊尔商人在藏因税收问题发生争吵，英国遂唆使尼泊尔突然出兵大举入藏，全藏震动。达赖喇嘛用明码由英国在江孜的电台，电告南京请求援助，很明显的这是告诉英国。南京国民政府当即电尼泊尔制止出兵，并派巴文峻赴尼泊尔，后又派谢国梁赴西藏（半途逝世）调解及调查此事。英国看到南京中央政府插手，怕弄巧反拙，乃自己出面担任调解人，派一委员团到拉萨'劝说'尼泊尔撤兵，及至巴文峻到加德满都时，尼藏纠纷已告结束。这次尼泊尔出兵事件看似小题大作，实是英国对藏的一种恐吓手段，由于中国中央插手，弄得有头无尾。"② 这个评述是客观、公正的。这说明，国民政府成功化解尼藏战争危机，不仅维护了国家对西藏的主权，也挫败了英国侵略西藏的又一个

① 《西藏地方是中国不可分割的一部分（史料选辑）》，第 480 页。
② 杨公素：《中国反对外国侵略干涉西藏地方斗争史》，中国藏学出版社，2001，第 208 页。

阴谋。

国民政府调解尼藏纠纷成功，化解了一场可能造成双方重大人员伤亡和财产损失的战争，对于我国西藏人民和邻国尼泊尔人民都是有好处的。通过这场危机的化解，西藏地方当局和普通僧俗体会到国民政府愿意保护西藏地方的安全，从怀疑、犹豫，到开始向中央政府靠拢，扩大了亲中央势力的影响，为进一步改善和加强政治联系创造了良好的条件。这事对十三世达赖思想触动很大，使他更清醒地认识到英国居心叵测。1930 年 5 月 25 日，达赖会见刘曼卿时，请她向国民政府说明自己的政治态度："吾所最希求者即中国之真正和平统一。""英国人对吾确有诱惑之念，但吾知主权不可失。性质习俗不两容，故彼来均虚与周旋，未尝与以分厘权利。中国只须内部巩固，康藏问题，不难定于樽俎。"① 这是当时十三世达赖思想的反映，依靠中央政府，才是避免英国鲸吞的良策。

三 蒋介石于河南归德前线致信

1930 年中原大战期间，蒋介石于河南归德前线作战指挥部写给十三世达赖喇嘛的信，对于研究民国期间西藏地方和中央政权的关系的恢复和改善，具有重要意义，故专文详细解读。

（一）书信文字的历史信息解读

这封信最早被公之于世是在西藏自治区档案馆编《西藏历史档案荟萃》（文物出版社，1995）中，原件彩印。近年，中国藏学研究中心西藏文化博物馆将其复制，作为珍贵陈列品展出，引起了社会各界的兴趣。信封书"达赖大国师法启"，印"国民政府缄"，左上角有藏文标记；红格信笺 4 页，眉印"国民政府用笺"。原信是依照传统书信格式，毛笔汉文繁体竖写。若按照现代报刊的一般排印方法，将其简体横排，会为读者的阅读提供很大方便。不过，这会淹没其中携带的大量历史信息。本节将其按照原来书信格式排印，对原来书信格式所隐含的一些时代信息略做解读，以便对其深入研究。

---

① 刘曼卿：《康藏轺征》，第 112 ~ 113 页。

达赖大国师慧鉴：昨，在归德防次接见棍代表，出示

复书，并缕陈

国师倾向中央之热诚及拥护鄙人之盛意。又承

惠致哈达、相片、金碗、绒褥等项珍贵物品，对

使拜嘉，感慰无似。中藏一家，历史最古，中经事变，音问罕通。

中正禀承

总理遗教：国内民族一律以平等相待遇，对于藏卫民众尤具有扶

持之决心。去岁，棍堪布入藏，嘱将此意转达，耿耿此心，幸荷

谅察。

遴派棍堪布等前来首都协商藏事，对中央所提八事均有相当之答

复，具见

深明大义，爱护宗邦，至堪嘉慰。已责成蒙藏委员会马委员长与

棍代表等，开诚布公，悉心商办，务期以往之隔阂悉予扫除，从前之

和好由此恢复。仍希

国师饬令棍代表等，顾全大局，与马委员长和平办理以竟全功，

庶西藏主权益臻巩固，佛教事务益见发扬，造福藏疆，即所以维护祖

国，岂仅

国师及中正个人之荣幸而已哉？前防战事行将结束，反动分子皆

已扫除，大局奠定指顾间耳。中正托庇

福荫，顽健如恒，知关

锦注，谨以附

闻，专泐布谢。顺颂

道祺，并祝

福体健康。

蒋中正（印）

这封信的书写格式和文辞用语都表现了对十三世达赖喇嘛的尊敬。中国古代是一个等级森严的社会，同时也是文明礼仪之邦，这体现在传统文化的方方面面。例如，大臣给皇帝的奏折（包括有关书籍）遇"皇上"、"圣上"、"圣鉴"、"圣裁"等字样，都要回行顶格，以示特别尊敬，这是官文书规制。往来书信，也有一些规制，例如，给长辈、上级或尊敬的人

写信，涉及其名讳，都要回行抬头（即另起行至顶格）。民国成立后，书信往来规制作为一种传统文化，仍然保留（特别是在上流社会）。例如，蒋介石信中"总理"（孙中山）二字即回行抬头，以示尊重。

蒋介石致十三世达赖喇嘛的信充分体现了这一点：凡涉十三世达赖喇嘛用词，例如"国师"（对达赖的尊称）、"复书"（十三世达赖回函）、"惠致"（意为达赖喇嘛的惠赠）、"对使拜嘉"（意为当达赖专使之面接受礼品，故"使"字回行）、"谅察"（意为达赖喇嘛谅察）、"遴派"（意为达赖喇嘛选派）、"深明大义"（指达赖喇嘛深明大义）、"福荫"（意为达赖喇嘛的荫庇）、"锦注"（意为达赖喇嘛的关怀、关注）、"谨以附闻"（意为达赖闻知，故闻字回行）这些意指达赖喇嘛的文辞，都回行抬头书写，表示尊敬。而"鄙人"（自称谦词）、"中正"，系蒋介石自称，都以小字偏左书写，意表谦恭。

另外，对十三世达赖喇嘛的称谓和有关词句的选用，也经过了缜密思考，精心选择，颇具深意，有必要稍为诠释：信的开头称十三世达赖喇嘛为"大国师"，文中又称为"国师"，这是对达赖喇嘛的尊称。"国师"是古代帝王封赐僧人的尊号，意为"一国师表"，举国归依。始于北齐文宣帝高洋（550～559年在位）封高僧法常为国师，后历代沿袭。隋朝封天台宗创始人智顗为国师。唐代，禅宗北宗创始人神秀（约606～706）为武后、中宗、睿宗、玄宗四朝国师。元、明、清各朝，则主要作为对藏传佛教上层人物的封号，而且封赐甚多，且明朝在国师之上，又有"大国师"、"灌顶国师"等封号。清朝鉴于前朝封赏过滥（明朝册封"大国师"二三十位，国师有数十位），仅在康熙四十五年（1706）封章嘉呼图克图为"国师"，之后即不再封赐这种名号。历辈达赖喇嘛都没有受封过"国师"、"大国师"名号。蒋介石在这封信中尊称十三世达赖喇嘛为"国师"、"大国师"，是借用历史典故，对其表示尊敬（"达赖喇嘛"是清朝封赐的藏传佛教首领尊号，其本身只有宗教上的意义，而没有政治上、行政上的意义，而"国师"、"大国师"则含有"帝王之师"、"国家宗教领袖"的含义，具有很高的政治、社会地位和相应待遇。在历史上，"国师"、"大国师"的封号品级不同，不可混用。在这封信中，"国师"和"大国师"并无实封意义，故可混用）。

"慧鉴"是对收信人的赞美之词。"慧"，意为智慧、聪明，意指收信人；"耿耿此心"，是说写信人的关切、期待。"耿耿"形容心中不能宁静、踏实，典出《诗·邶风·柏舟》"耿耿不寐，如有隐忧"。后来，也转指忠诚，例如，黄宗羲《感旧》诗："寒江才把一书开，耿耿此心不易灰。"蒋介石信中用此词，含上述两意。"福荫"，护佑之意，典出《左传·庄公十年》"小信未孚，神弗福也"。此处系写信人谦词，大意相当于今人所说"托您的福"。"锦注"，感谢对自己的关怀之意，也出自历史典故。唐代大诗人李白《冬日于龙门送从弟京兆参军令问之淮南觐省序》："常醉目吾曰：兄心肝五脏皆锦绣耶？不然，何开口成文，挥翰雾散？"后来，因以"锦心绣口"形容文思优美、词藻华丽，也借指人的聪慧、心良意美。蒋介石书信用"锦注"称颂达赖喇嘛对自己的关心和祝福，是对收信人的尊重和赞美。"泐"，原意为铭刻，转意为书写，写给平辈人的书信中，常以"泐"代书写、手写使用。"道祺"，表示对达赖喇嘛的祝颂。"道"，古指有道之士（即道德高尚之人），典出《春秋繁露·循天之道》："古之道士有言曰：'将欲无陵，固守一德。'"汉文佛教典籍有时也用来泛指僧侣，《盂兰盆经疏》（卷下）载："佛教初传此方，呼僧为道士。"蒋介石此信中的"道"，意指达赖喇嘛，两种含义都有。"祺"，意为吉祥，典出《诗·大雅·行苇》"寿考维祺"。古代书信中常用作祝颂语，如文祺、时祺等。"福体健康"，意同"祝您健康"。"福"，语出《韩非子》（卷六）："全寿富贵之谓福。"

通过上述简略的文字解读，我们可以大体了解其字里行间携带的历史信息：蒋介石对十三世达赖喇嘛非常尊重，是在带有敬意的前提下写这封信的，不是以上下级之间指令，而是以通报情况、协商的口吻，洋溢着亲近、友好、尊重的善意。这封信文辞典雅，是幕僚捉刀。但既经蒋介石签字认可，无异其亲书。蒋介石和十三世达赖喇嘛都是政治人物，文字间透露的这些信息，不仅反映双方个人关系，更主要是政治关系的折射——西藏地方政府和中央政府之间不正常关系的缓和、改善。

（二）信函的写作时间

一般来说，书信末尾都会注明时日，有的甚至说明地点。但这封信有点特殊，末尾没有注明时间，因而给研究带来了一定的困难。因此，准确地考证其写作时间，是深入研究这封信最重要的，也是必不可少的前提。根据信封和第一页信笺上同样的藏文标记的铁马年，可判断是 1930 年；信中提到的"归德防次"（即中原大战期间蒋介石在河南归德的前线指挥部）和有关历史事件，推定信函写于中原大战期间。

研究这个问题，要从信中所说"归德防次"谈起。1930 年，蒋介石集团、阎锡山集团、冯玉祥集团之间的战争，便是民国史上著名的"中原大战"。有关蒋介石的研究论著也无不涉及这场大战。对于我们研究蒋介石这封信而言，最具参考价值的，首推著名史学家黄仁宇《从大历史的角度读蒋介石日记》。它根据蒋介石的日记，具体记述了蒋介石在归德的行踪。

1930 年初，阎、冯、桂系形成了反蒋联盟和相应的军事部署。4 月 5 日，蒋介石下令免除阎锡山本兼各职，通令全国讨伐。冯、阎等为争取战争主动，首先对蒋军进攻，"四月底，阎锡山夺取天津海关"，"五月一日蒋介石发布了他讨伐的誓词，中原大战正式开始"。"津浦铁路在徐州与陇海铁路相交，陇海西行至郑州又与平汉铁路相接，这个大 H 字形上是一九三〇年主要的战场。桂系在湖南用兵只有牵制作用。"归德地处徐州—开封—郑州—洛阳陇海铁路要地，反蒋联军与蒋部为夺取归德，进行了激烈的争夺战，蒋军取胜。"自五月十八日中央军（指蒋军——引者注）占领归德之后，此处为蒋经常驻在之所，有时司令部设在铁道车箱内。"此后，双方展开激烈的攻防争夺，蒋部逐步占上风。"八月中旬，中央军（指蒋军——引者注）大破阎军，于十五日收复济南。"9 月 6 日，蒋介石发布总反击令，于陇海、平汉两战场同时发起攻击。阎军自知难于应战，开始向黄河以北撤退；冯军也难独立支撑。反蒋联军败局已定。坐山观虎斗的张学良于 9 月 18 日通电拥护中央（蒋介石），"中央军于十月三日入开封，六日入郑州，九日而克复洛阳，蒋亦于同日飞返南京"。①

上述蒋介石在中原大战期间行踪，应该是我们考订蒋介石信函写作时间的重要根据。信中所说"前防战事行将结束，反动分子皆已扫除，大局奠定指顾间耳"，据前述战争形势分析，是指 9 月 6 日蒋介石发布总反击令后，阎军向黄河以北败退，但还没有取得完全胜利的战况（"大局奠定指顾间耳"，是对夺取战争胜利的一种预期，不是胜利已成事实）。据此，信的撰写时间应在 9 月 6 日后数日内、张学良 9 月 18 日发布通电以前。

更重要的是，可以找到相应的档案文献史料。这要从信中提到的马委

① 黄仁宇：《从大历史的角度读蒋介石日记》，中国社会科学出版社，1998，第 98 ~ 102 页。

员长和棍却仲尼两个人物的行踪谈起。

马福祥时任蒙藏委员会副委员长，代行委员长职权。1928 年 12 月 27 日，阎锡山被任命为首任蒙藏委员会委员长，直到 1930 年中原大战爆发，4 月 5 日蒋介石明令撤销阎锡山本兼各职，才由马福祥副委员长代行委员长职权。此前蒙藏委员会的公文，签署人都是"蒙藏委员会委员长阎锡山、副委员长马福祥"。我们现在能够看到的阎、冯共同签署的公文是 1930 年 3 月 17 日的《蒙藏委员会为拟定派驻各处专员办事处经费及驿差薪工补助费预算书请核准拨发致行政院呈》。①

此后，蒙藏委员会的公函都是由马福祥以副委员长名义签发。1930 年 4 月 15 日《蒙藏委员会为西藏会议准于五月内举行事复班禅驻京办事处快邮代电》，签发人即副委员长马福祥。细审其原稿，注明"3 月 28 日拟稿"，② 说明从此时廾始，马福祥即以副委员长代行委员长职权。直至 1930 年 9 月 9 日《蒙藏委员会为请检送西藏会议提案事致五院秘书处及中央各部会公函》仍署名"副委员长马福祥"。③ 此时，棍却仲尼已返抵南京，为西藏驻北平经费事进行交涉。9 月 2 日蒙藏委员会呈报国民政府，请求解决经费事宜。历史档案有明确记载，《蒙藏委员会为请由国府交际费项下先行垫发西藏堪布驻平办事处经费致国民政府文官处函》称："查西藏堪布驻平办事处每月经费一千一百元，自本年之三月份起，即未发给。现达赖全权代表棍却仲尼由藏抵京，该处转递函电，需款甚殷。拟请出国府交际费项下先行垫发该处六个月经费九千元，以资办公。"毛笔亲署"马福祥"。④ 这说明：第一，9 月 2 日，马福祥和棍却仲尼仍在南京，他们赴归德谒见蒋介石，当在此后数日内；第二，此时，马福祥仍以副委员长代行蒙藏委员会委员长职权，其正式被任命为蒙藏委员会委员长是在由归德返回南京之后。

1930 年 9 月 23 日《教育部、蒙藏委员会公布国立南京及康定蒙藏学校

---

① 中国第二历史档案馆、中国藏学研究中心编《中国第二历史档案馆所存西藏和藏事档案汇编》（九），中国藏学出版社，2010，第 118 ~ 122 页。

② 中国第二历史档案馆、中国藏学研究中心编《中国第二历史档案馆所存西藏和藏事档案汇编》（九），第 211 ~ 213 页。

③ 中国第二历史档案馆、中国藏学研究中心编《中国第二历史档案馆所存西藏和藏事档案汇编》（十），第 68 ~ 70 页。

④ 中国第二历史档案馆、中国藏学研究中心编《中国第二历史档案馆所存西藏和藏事档案汇编》（十），第 73 ~ 75 页。

组织大纲令》，签发人为"教育部部长蒋、蒙藏委员会副委员长马"。说明直到 9 月底，马福祥仍是以副委员长代行委员长职，此时，已是由归德返回南京之后了。直至 1930 年 10 月 11 日，蒙藏委员会为西藏驻平驻康两办事处应同时成立及经费如何拨给事呈文行政院，签发人才改为"蒙藏委员会委员长马福祥"。① 此后的蒙藏委员会公函均照此例，说明从此时开始，马福祥正式被任命为蒙藏委员会委员长。

棍却仲尼（1883～1944），因"棍却"二字汉文不够典雅，故 1931 年底的蒙藏委员会档案中，译写为"贡觉仲尼"。他于 1924 年 1 月到京接任西藏驻京堪布、雍和宫主持札萨克喇嘛。1929 年 9 月，国民政府委任其为赴藏专员，颁给特派状（委任书）并携带蒋介石写给达赖的信函和礼品等，足见国民政府对其赴藏一行的高度重视。更重要的是命其携带国民政府向西藏地方当局提出的恢复正常关系的八项办法。

达赖喇嘛和西藏地方当局深知贡觉仲尼身负重任，对其行踪极为关切。达赖喇嘛得知其于 1929 年 12 月 21 日行抵印度噶伦堡，即电令其急速返藏，中途不要耽搁，并随时报告行程，电文说："尔奉国民政府委派，自应从速来藏，行抵靖西（离西藏边疆小镇亚东约十里——引者注）时，随即电呈。"② 贡觉仲尼于 1930 年 2 月 16 日到达拉萨，达赖喇嘛命噶厦官员率藏军到坚赞鲁顶（清代西藏地方政府迎接中央大员的地方）迎接，并列队进拉萨（最高接待规格）。贡觉仲尼将公文礼品等面交达赖喇嘛并与之会谈数小时，22日会见行政大员，23 日会见各噶伦等，达赖喇嘛和西藏地方政府将贡觉仲尼所负使命视为关乎西藏命运的头等大事。

贡觉仲尼由拉萨寄密函给蒙藏委员会副委员长马福祥转呈蒋介石（签收时间为 7 月 24 日），说明达赖喇嘛和西藏地方当局得知国民政府恢复与西藏地方正常关系的各项政策措施后，非常高兴，积极研究回文，"目下达赖喇嘛尊崇中央所需复文，躬亲料理，不日完竣，命下之日即当转呈"。③ 密函着重说明，"发生廓（廓尔喀，即尼泊尔——引者注）藏交涉一层，电致

① 中国第二历史档案馆、中国藏学研究中心编《中国第二历史档案馆所存西藏和藏事档案汇编》（十），第 114、144 页。
② 中国藏学研究中心等编《元以来西藏地方与中央政府关系档案史料汇编》第 6 册，第 2492～2493 页。
③ 中国第二历史档案馆、中国藏学研究中心编《中国第二历史档案馆所存西藏及藏事档案文献汇编》（九），第 446～447 页。

中央作主，幸喜我国毅然维持，派人相助等电，复奉之下，上致达赖喇嘛、擦戎噶布伦、合藏僧俗大众，深感大德，欢呼震地。伏思一电之威，闻风惊胆，相仇以解，此亦国威震慑所致也"。①

　　贡觉仲尼于 7 月 12 日离藏抵达印度前驻藏办事处长官陆兴祺处。陆即电告国民政府，并请示派人护送晋京。国民政府文官处于 7 月 17 日致函行政院知照，文称："径启者：奉主席交下前驻藏办事处长官陆兴祺电陈：'贡觉仲尼文日（韵目代日，即 12 日——引者注）抵印，携有重要公文礼物，应否派员护送晋京，乞即电复'一案，奉谕：'电达陆兴祺派员护送来京，仍交行政院知照。'等因，除分电外，相应函达查照。此致行政院。"②奉命赴藏专使谢国梁和使尼专使巴文峻于 7 月 19 日抵印后，听说贡觉仲尼已由藏抵印住陆兴祺处，不与会面，二专使颇为不满，随即电致国民政府令陆兴祺偕贡觉仲尼与谢、巴洽商后再晋京。国民政府即电令陆兴祺照办，陆于 8 月 1 日电告国民政府："棍堪布已遵谕与巴、谢二员会面，并定三日起程赴京，祺派秘书丁尔憧护送。"③

　　贡觉仲尼于 8 月 3 日离印，由于当时交通不便，经过 20 余日，至 8 月 30 日才到达南京。稍事休息两三天，即由马福祥亲自陪同急赴归德晋见蒋介石。1932 年接任马福祥蒙藏委员会委员长的石青阳在其所著《藏事纪要》中有较详细记述："民国十八年（1929），以北伐事竣，统一完成，中央对于西藏之关系，亟应及时恢复。比经本会查，有雍和宫堪布贡觉仲尼，系达赖亲信之人，因招致来京，进行解决藏事。一再商洽，乃呈准国民政府，派遣贡觉仲尼为中央特派赴藏慰问专员，备具礼物及蒋主席亲笔函、相片等，饬交该专员带往西藏，赠送达赖。对于西藏问题应如何解决，并经开具八款，一并交其带去，询问达赖，请其逐条答复。是年 11 月 7 日，贡觉仲尼由京首途，于十九年（1930）1 月 16 日行抵拉萨。3 月 11 日由楚臣丹增（即楚称丹增——引者注）、巫明沅快函报告谓：接贡专员函称，抵拉萨时（中略）并蒙特别优待，（中略）并云中央此次派员赴藏，西藏官民极为

---

① 中国第二历史档案馆、中国藏学研究中心编《中国第二历史档案馆所存西藏及藏事档案文献汇编》（九），第 446～447 页。

② 中国第二历史档案馆、中国藏学研究中心编《中国第二历史档案馆所存西藏及藏事档案文献汇编》（九），第 430 页。

③ 中国第二历史档案馆、中国藏学研究中心编《中国第二历史档案馆所存西藏及藏事档案文献汇编》（九），第 481 页。

欢忻，西藏问题必得圆满之解决，等语。嗣该专员于是年8月30日返京复命。同时，并经达赖加派该专员为西藏总代表，常川驻京，就近商洽藏事。所有中央交由该专员带去之八款，亦经达赖逐条答复，带呈中央，由本会马委员长偕同该代表，谒见蒋主席，递呈达赖复函及该项答复。经蒋主席阅后，仍交本会负责办理。未几，达赖复派楚臣丹增等为代表，随同贡代表接洽藏事。"①

1930年9月18日，蒋介石复达赖喇嘛函：

> 达赖大国师法鉴：
>
> 径覆者，罗藏瓦楚称丹增来京面陈棍专员此次赴藏，荷大国师不时延见，礼遇优渥，具见倾诚内向，尊重中央之盛意，闻之曷胜钦慰。中央政府誓遵总理扶植国内民族之遗教，以力谋藏民今后之福利。现在棍专员业已到京，所有西藏问题已令蒙藏委员会马委员长妥为商办矣。先此布复。顺颂慧祺
>
> 蒋中正②

这封信是针对楚称丹增来京之事，给达赖喇嘛的复信。贡觉仲尼是8月30日返抵南京的，因事关重大，非蒙藏委员会能够专主，马福祥很快陪同其前往作战前线归德指挥部晋见蒋介石，不可能拖至半个多月之后，否则不会在激战前线接见。石青阳《藏事纪要》说明："（贡觉仲尼谒见蒋介石之后）未几，达赖复派楚臣丹增等为代表，随同贡代表接洽藏事。"贡觉仲尼赴京后没有多久，十三世达赖即派楚称丹增晋京探寻情况，事在贡觉仲尼于归德谒见蒋介石之后。

贡觉仲尼8月30日返抵南京，为办理西藏堪布驻北平经费事耽搁了几天时间，即由马福祥陪同至归德蒋介石前线指挥部，归德防次信函的内容表明，其撰写时间应在9月6日蒋发布"总反击令"之后，9月18日接见楚称丹增后复致函十三世达赖之前。10月3日蒋介石已离开归德前线指挥部，信中不可能说"昨，在归德防次……"。《民国藏事通鉴》说

---

① 石青阳：《藏事纪要》，张羽新主编《民国藏事史料汇编》第16册，第314页。
② 中国藏学研究中心等编《元以来西藏地方与中央政府关系档案史料汇编》第6册，第2499页。

"9 月 12 日，贡（贡觉仲尼）谒见蒋介石"。虽未说明史料根据，但大体是不错的。蒋介石写于归德的这封信，时间即在 9 月 6 日至 18 日之间的数日内。

（三）信中所反映蒋、贡会谈的主要内容及历史意义

在激战前线指挥作战的蒋介石，急于在炮火连天的战斗间隙约见贡觉仲尼，当然不是礼节性会见，只说一些客套话而已，而是视之为一次重要政治活动，会谈内容事关重大。这在信中做了画龙点睛的说明："（达赖喇嘛）遴派棍堪布等前来首都协商藏事，对中央所提八事均有相当之答复，具见深明大义，爱护宗邦，至堪嘉慰。已责成蒙藏委员会马委员长与棍代表等开诚布公，悉心商办。"

贡觉仲尼谒见蒋介石呈递达赖喇嘛复函及八条答复意见，蒋介石命其与蒙藏委员会具体协商办理。蒋还当面应允西藏地方当局提出的在南京、北平、西康设立办事处的请求。

贡觉仲尼回到南京后，即于 10 月 8 日以西藏代表的名义，就成立驻平、驻康办事处经费如何拨付致函蒙藏委员会转呈国民政府训示遵行。函称："敬陈者（代表）去年奉命赴藏，所携中央询问八款，均经达赖一一陈复，其中关于设立驻京办事处一节，亦经达赖允诺，并拟同时成立驻平驻康二办公处。月前，（代表）赴归德谒见蒋主席，亦蒙面谕，迅速组织成立，自应遵办，惟经费如何拨给未奉明令，为此函请钧会迅予转呈国民政府，训示遵行。……谨致蒙藏委员会委员长马。"① 马福祥接函后，即于 10 月 11 日呈报行政院，行政院会同财政部商议经费拨付事宜，很快得到落实，西藏驻南京、北平、西康办事处随即成立。这是贡觉仲尼谒见蒋介石会谈及信中的一项重要内容。

除此之外，达赖喇嘛复函所说八款中其他各款，都因为川边大金、白利事件而耽搁下来。1930 年，四川甘孜地区大金（也作"大吉"）寺与白利（也作"白茹"）土司因争夺差民引起纠纷。甘孜守军兵围大金寺，寺僧遂向西藏当局求援。1931 年 2 月，藏军向川康军进攻，占领甘孜、

---

① 中国第二历史档案馆、中国藏学研究中心编《中国第二历史档案馆所存西藏及藏事档案文献汇编》（十），第 143 页。

瞻化（今新龙）等县；1932 年 3 月，进攻青海玉树。1932 年春，刘文辉联合青海马步芳军反击，收复炉霍、甘孜、德格、邓柯、白玉、石渠等县。1932 年 10 月 8 日，刘文辉派交涉专员邓穰、委员姜郁文和达赖喇嘛所派交涉专员琼让、委员吉卜举行谈判，签订《岗拖停战协定》。历时两年多的"大白事件"遂告结束。石青阳《藏事纪要》说："适其时，西康白茹、大吉两寺发生纠纷，对于达赖答复之八款，未及考虑进行，仅依照其答复第七款，设立西藏驻京、驻平、驻康三办事处。"① 事实确是如此，西藏当局与国民政府关系紧张，除设立三地办事处外，其他各项拖延下来。

虽然蒋、贡会谈得以落实的结果只是设立了三个办事处，但其历史意义还是值得重视的。它对于恢复和改善西藏地方和中央政府的关系发挥了重要作用。蒙藏委员会档案记载："政府以完成统一，西藏关系亟应恢复，于十八年（1929）八月派贡觉仲尼为慰问专员，入藏宣达中央德意。次年（1930）八月，贡觉仲尼回京复命，同时经达赖喇嘛派为西藏总代表，加派阿旺坚赞、曲批图丹等为代表，常川驻京，就近接洽藏事，并设立西藏驻京、驻平、驻康三办事处。从此，西藏关系日趋密切。"② 办事处官员中不少人还加入了国民党，甚至担任了中央执行委员或国民政府参议员及监察委员、立法委员、蒙藏委员会委员等要职。

第二节　蒋介石关于九世班禅返藏决策

九世班禅出走内地和返藏是牵动内地与西藏地方关系全局的一个重要事件。十三世达赖和九世班禅失和，在噶厦的逼迫下，处于险境的九世班禅于 1923 年 11 月离开扎什伦布寺，流寓内地长达 13 年，饱受困苦，无时不想返回后藏。西藏内部纷争，不仅造成西藏社会动荡，也严重影响了西南边疆的稳定。北洋政府因内地战乱，无暇应对西藏问题，故对班禅返藏一事未能有所作为。南京国民政府成立后，班禅返藏迎来了最佳时机。九

---

① 石青阳：《藏事纪要》，张羽新主编《民国藏事史料汇编》第 16 册，第 314 页。
② 《西藏地方是中国不可分割的一部分（史料选辑）》，第 497 页。

世班禅多次向国民政府请求返藏获准，但是西藏地方内部错综复杂的矛盾和中英围绕西藏问题的斗争，使得蒋介石在是否武装护卫班禅返藏问题上踌躇反复，最终放弃。这个问题所引起的结果，一直延续了 20 年，影响了十世班禅与西藏地方政府的关系。

一　支持班禅返藏，争取和平解决藏事

1929 年 9 月 10 日，蒙藏委员会专门委员刘朴忱带领贡觉仲尼、楚称丹增以及翻译巫怀清首次拜见国民政府主席蒋介石。会谈中，贡觉仲尼着重声明："达赖不亲英人，不背中央，愿迎班禅回藏。""主席谓此事自当实现，中央应本总理宽大之主义，许藏人完成自治。"① 达赖首次正式表态欢迎班禅返藏，打开了洽商的大门。国民政府认识到达赖、班禅失和影响了西藏地方的稳定和国家的统一，重申尊重达赖、班禅同为西藏政教首领的地位，支持班禅返藏。

蒋介石指示蒙藏委员会派人与贡觉仲尼商谈具体解决办法。班禅方面目睹中央政府权威增强，以为是回藏的大好机会，心情颇为急切。1930 年 7 月 23 日，班禅上书蒋介石，希望国民政府停止中原大战，共御外侮，重视西藏问题，早日解决藏事。1931 年 5 月 16 日，班禅在南京国民会议上呈送《解决藏事内政、外交意见书》，拟出内政、外交意见：内政方面按照清朝旧制，前后藏分治，由中央派驻藏办事长官管理。不准他国干涉藏政，对外交涉由国民政府办理。建议中央政府最短时间通盘筹划解决藏事，希望"早日归藏，宣示威德"，正式请求返藏。②

令人意想不到的是，1930 年偶然的大白事件，在英国的挑唆下，酿成了康藏战争，使得班禅返藏横生波澜。在大白纠纷初起时，达赖指责班禅方面派遣桑布喇嘛至甘孜驻防汉官处怂恿，有暗中挑拨行为，汉官偏袒白利土司，以致因小故而起争端。蒙藏委员会专门调查，函告达赖当系传闻失实。国民政府一面令前线驻军暂停军事行动，一面撤销班禅驻成都、打

---

① 中国藏学研究中心等编《元以来西藏地方与中央政府关系档案史料汇编》第 6 册，第 2475 页。
② 中国第二历史档案馆、中国藏学研究中心编《九世班禅内地活动及返藏受阻档案选编》，第 22 页。

箭炉办事处以绝达赖借口，希冀调解息事。达赖却拒绝中央的调解，不断派军进攻西康、青海。

在这种情况下，蒋介石要考虑对付西藏地方政府的有效办法，有意将班禅作为制衡达赖的一招棋。班禅身为与达赖平等的藏传佛教宗教领袖，在全藏僧俗中享有很高的威望，已经在内地传法多年，人心思盼。此时中央政府积极推动班禅返藏既可以获得政治感召力，凝聚爱国藏族同胞心向中央之情，又可用其抗衡达赖，逼达赖和平谈判。另外，班禅一旦返藏成功，其宗教地位和威望可分化西藏地方政治势力，壮大亲中央的爱国力量，促进和平进程。所以，蒋介石调整策略，转而积极推动班禅武力返藏，并采取了实际行动。

1931 年 6 月 24 日，蒋介石签发了封授班禅"护国宣化广慧大师"名号的命令，并由蒙藏委员会呈请特派班禅为"西陲宣化使"，设立"宣化使行署"，并制定实施办法：

一、国民政府为宣传三民主义、中央政令，及抚慰青海、西康等处喇嘛、寺院、信仰佛教之民众起见，特派班禅额尔德尼为西陲宣化使。

一、宣化使除对于喇嘛、寺院及信仰佛教之民众宣布教化，及执行国民政府所特许之慰抚事宜外，对于青康两省之行政有意见时，须建议于国民政府或两省省政府，请求决定办法，宣化使不得直接干涉。

一、西陲宣化使得在青海、西康两省境内选择适宜地点，组织行署，内设参赞二人，由中央简派，辅助宣化使办理一切宣化使事务。

一、西陲宣化使行署内，得设秘书、宣传、教务三处。其职员名额及任用办法另定之。

一、西陲宣化使得派宣传员分往青、康各地，慰抚寺院，教化人民。

一、西陲宣化使得成立警卫队，任保卫宣化使之责。队长由宣化使遴员呈请派充，教练官由中央派充。所需枪械、子弹、无线电台及长途汽车等，均由中央酌派。前项卫队队员，须按学校办法教练，以期成为善良而有用之国民。

一、西陲宣化使行署经费每月定为一万五千，警卫队经费每月定为一万五千，均由中央发给。

一、班禅额尔德尼年俸定为十二万元，由中央按月发给。其个人费用及随从、僧徒之生活等费，均由年俸内开支。所有招待各费，一律停止。

一、以上办法，自国民政府核准之日施行，至班禅额尔德尼回藏之日为止。①

蒋介石的用意，一是宣示中央尊班禅抑达赖的政治态度，表达对西藏地方政府发动战争的不满；二是提高班禅的政治和宗教地位，身为西陲宣化使，凡是青海、西康等处信仰藏传佛教的民众皆可以宣化，削弱达赖在上述地区的宗教影响力；三是同意班禅购买军火，成立卫队，支持班禅武力返藏。达赖深谙权谋，对国民政府此举大为不满。媒体略微披露消息后，西藏驻京代表贡觉仲尼等即辞去蒙藏委员会委员职位以示抗议。

蒋介石并不是全力支持班禅武力返藏，只是将其视为解决西藏问题的一个手段。行政院迟迟不下册封"西陲宣化使"命令，"文件各项，留中待发"。行政院在 1931 年 6 月 24 日拟定命令，迟至 1932 年 4 月 14 日，才正式宣布委任班禅为"西陲宣化使并指定青海香尔德驻锡办公"，② 历经整整 10 个月的时间。固然有九一八事件发生之后，国民政府需全力应对的原因，但更主要的是蒋介石仍在争取达赖方面的和谈诚意，不愿激化矛盾。

在英国的支持下，达赖喇嘛野心复炽，1932 年 3 月向青海方面发动攻击。这就迫使蒋介石不得不强硬应对，在命川军刘文辉部、青海马步芳部反击藏军的同时，正式委任班禅为"西陲宣化使"，前往青海、西康宣化，以其来抗衡达赖。命令颁布后，西藏地方政府掀起了要求中央政府收回成命的浪潮。西藏驻京办事处攻击班禅"不过一宗教师，与一般教徒同隶于达赖喇嘛统属之下，初无若何特殊地位"，大量购运军火，扰乱西藏；提出撤销班禅名号、印册、职位，查禁军火，裁撤班禅驻各地办事处，取消俸银、招待费等要求。西藏三大寺及民众大会发函指责班禅"不顾恩义，悖经

---

① 中国藏学研究中心等编《元以来西藏地方与中央政府关系档案史料汇编》第 6 册，第 2610 ~ 2611 页。

② 中国藏学研究中心等编《元以来西藏地方与中央政府关系档案史料汇编》第 6 册，第 2617 页。

背教"，如不撤销班禅名号职位，则"两方和好恐根本上无成功之希望矣"。①

班禅办事处处长罗桑坚赞针锋相对历数达赖"背叛中央，妄自尊大"，"勾结外援，遗害地方"，"阴贼险狠，侵权害命"，"违背佛法，惨杀同种"，"滥施酷刑，罪及无辜"，"吞没民产，以饱私囊"，"违背世界潮流，阻碍汉藏交通"，"媚外求荣，不惜断送国权"，"横征暴敛，开租税史上未有之奇闻"，"无端启衅，侵略边省"等十大罪行；指陈班禅拥护祖国，为维持国家领土主权奔走呼号十余年；要求中央"变和平为武力"，明令讨伐祸国殃民之达赖，取消其驻京办事处，撤职查办贡觉仲尼等人。②

国民政府通过蒙藏委员会表态支持班禅方面，但并无攻击达赖之词，仍希望"五族一家，努力恢复旧日关系"，充分体现了和平解决西藏问题的诚意。③ 1932 年 12 月 24 日，班禅宣誓就任西陲宣化使。不幸的是，1933年12 月达赖圆寂，班禅返藏失去了有利时机。1934 年 2 月，国民党四届四中全会任命班禅为国民政府委员，继续支持班禅尽快返藏。

二 对武装护卫班禅返藏犹豫不决

噶厦原则上同意十三世达赖生前的承诺，决定派代表欢迎班禅返藏。1934 年 7 月 4 日，蒋致余致电行政院称："噶厦派定降巴曲旺为政府代表，三大寺亦派一堪布为代表，前往内地欢迎班禅回藏，约两月后启程。"④ 从当时的形势上看，龙厦政变失败后，僧俗各界"因中央尊重佛教，极表好感"，拉萨的政治气氛有利于班禅返藏。

班禅返藏又牵扯到英国的态度。英国自民初控制西藏地方经济、交通、军事之后，以西藏的"保护国"自居，外交上压迫中国政府，干涉中国内政。英国不愿看到中国政府加强在西藏地方的权威，一面怂恿噶厦阻挠班禅和平返藏，一面外交施压于中国政府。

---

① 中国藏学研究中心等编《元以来西藏地方与中央政府关系档案史料汇编》第 6 册，第 2619 ~ 2627 页。
② 中国藏学研究中心等编《元以来西藏地方与中央政府关系档案史料汇编》第 6 册，第 2628 ~ 2633 页。
③ 中国藏学研究中心等编《元以来西藏地方与中央政府关系档案史料汇编》第 6 册，第 2641 页。
④ 中国第二历史档案馆、中国藏学研究中心编《九世班禅内地活动及返藏受阻档案选编》，第 82 页。

中英交涉、中央与西藏当局协商班禅返藏问题主要分歧有两点：一是班禅走海路还是经陆路返藏，二是班禅返藏是否应配备护卫队。英国、西藏当局都希望班禅走海路回藏。1934 年 3 月 8 日，英国公使贾德干拜访在南京的班禅，询问回藏一事，表示英国政府欢迎班禅走海路经印度入藏，并会提供一切便利。1934 年 7 月 26 日，西藏驻京办事处代转噶厦致蒙藏委员会电："接班禅来电，其计划拟由青海转道回藏。此节前曾由西藏僧俗官民全体大会议决，请其海道回藏。……兹班禅复请取道青海，如由青入藏，则随带卫队，恐启人民惊疑，致生误会，所请取道青海，绝对不能赞同。"①班禅返藏若是经海路则是从印度进入西藏，能否配备护卫队和武器都要受制于英国，休现了英国的意志；若是经青海入藏则可以自由配备护卫队和武器，彰显了中央政府的意旨。班禅返藏是中国内政，国民政府和班禅都希望走陆路入藏，以宣示国家主权。英国干涉班禅返藏的目的是控制班禅系统，维持在西藏的地位，不希望看到国民政府的影响力增强。西藏地方当局反对班禅入藏配备护卫队和武器，是唯恐爱国亲汉的势力扩大，损害自主派和亲英派的既得利益，故西藏当局与英国政府是相互利用，各取所需。在这种情况下，班禅选择海路还是陆路就体现了他的政治态度。

国民政府比较坚决地反对英国干涉。1934 年，围绕班禅返藏的斗争并不激烈，处在彼此试探对方态度的阶段。当时蒋介石的首要目的是解决中央与西藏当局的政治关系，通过 1934 年 8～11 月黄慕松入藏，再次开启了友好协商的大门。黄慕松在拉萨多次与热振、司伦朗敦、四噶伦商谈班禅返藏事宜，表达了班禅返藏应坚持的原则："（一）保持班禅大师之尊严与自由；（二）维持西藏现有之治安。"②

在返藏一事上，最着急的是想尽快回藏的班禅一方。一生爱国的班禅服从中央政府的命令，坚持经陆路入藏，配备护卫队，以扬国权。虽然各方都原则上支持班禅回藏，但是，达赖圆寂已经一年多，中央政府还没有落实经费、护卫队、护卫专使等具体事项，噶厦也在尽量拖延，中英交涉、

---

① 《西藏驻京办事处转呈噶厦请班禅由海道入藏电致蒙藏委员会快邮代电》（1934 年 7 月 26 日），中国第二历史档案馆、中国藏学研究中心编《九世班禅内地活动及返藏受阻档案选编》，第 86 页。

② 中国第二历史档案馆、中国藏学研究中心编《黄慕松吴忠信赵守钰戴传贤奉使办理藏事报告书》，中国藏学出版社，1993，第 33 页。

中央政府与噶厦的协商、班禅代表与噶厦商谈返藏的条件都没有取得实质性进展。至1935年2月8日，西陲宣化使公署才正式成立。班禅回藏似乎仍是遥遥无期。

1935年3月19日，班禅催促蒙藏委员会尽快落实返藏事宜："自派安钦佛、王罗皆等二次入藏，现已数月，叠接函电，卫藏交涉，大体就绪，轻骑回藏，亦无不可。惟闻中藏悬案尚无具体答复，民族感情未见融洽，若就私略公，有负班禅来华倾诚祖国、团结五族之初志。是以有望于执政诸公恩威并济，早定方针，以期解决，而免久悬。"并提出宣化步骤、建设计划及提请中央简派得力大员护送、补助入藏差费、选派卫队护送等事项。①

4月7日，在拉萨谈判的安钦活佛也致电蒙藏委员会称："倘于最近期间送班禅回藏，以中央之官吏护卫之，军队随之而往，民间既无滋扰，则无有不欢欣踊跃而礼拜者。再从而恢复中藏一家，除去民间苦厄，安处之目的可达。倘仍沿柔和之态而进行，中藏问题绝对无有成功之可能。请酌夺。上述情形，希予早决实施方针，并祈明白赐复。"②督促中央抓住时机快下决断，武力护送班禅回藏。这是对国民政府的婉转批评。蒋介石正在全力"剿共"，处理西藏问题所持的是和平宗旨，先解决中央政府与西藏当局的政治关系，再处理班禅返藏、康藏边界等具体事宜，这就是安钦活佛所说的"柔和之态"，没有体现出坚决、果断的勇气和对策。这种软弱的态度为噶厦和英国政府抓住和利用。噶厦中当权的泽墨、彭休噶伦、大仲译等官员根本不愿意班禅回藏，唯恐将失去个人的职权。英国也不希望班禅在中央政府的支持下返藏。围绕班禅返藏的交涉，表面上看是国民政府和噶厦的协商，实际上暗中交锋的是中国政府与英国。而国民政府的态度取决于蒋介石的决策。

4月8日，蒋介石为班禅回藏一事致行政院、蒙藏委员会电，指示目前先讨论两个问题："（1）班禅是否完全利用宗教力量较为有利。（2）如组织武力入藏，是否反增阻力，或生其他枝节？届时中央采取何项有效方法？

① 中国第二历史档案馆、中国藏学研究中心编《九世班禅内地活动及返藏受阻档案选编》，第110~112页。

② 中国第二历史档案馆、中国藏学研究中心编《九世班禅内地活动及返藏受阻档案选编》，第114~115页。

似应详加研究。"① 中央驻藏代表蒋致余坚决主张武力支持班禅返藏，致电蒙藏委员会："中藏问题无和平解决之望，班禅又何能和平回藏？原中央之助班禅回藏者，非仅为班禅己也，亦欲藉班禅以解决中藏问题耳。……目下藏中亲汉官民鉴于藏当局之倒行逆施，愤激万分，其得中央之来苏，望眼欲穿。敬祈转呈当局，俯采弟电所呈计划，迅予实行。"② 蒋致余对蒋介石打算借班禅返藏和平解决西藏问题的策略非常不满，也认为是无用的，中央不能再犹豫不决，瞻前顾后，应果断地立即武装护送班禅返藏。蒙藏委员会仍在缓慢地筹划班禅回藏的办法、路线、经费概算等事宜，实际上是在等待国民政府最高领导人蒋介石的决断。蒋介石的真实打算是"剿共"、抗日，这是他的全国战略，对西藏政策的战略方针是和平解决问题，西藏不要宣布"独立"，英国不要公开支持"独立"，稳定不生事端是第一要务。正是在这种战略考虑下，蒋介石支持班禅返藏，但并不积极支持武力返藏，配备护卫队是宣示主权的一种政治姿态和策略，而不是要达到的目的。安钦活佛、蒋致余等人考虑的是具体的战术，而不是全局战略谋划，不了解想统一全国、面对日本侵略的蒋介石的真实想法。

在 1935 年 8 月 26 日锡金政治官威廉逊访问拉萨前，英国对班禅回藏并没有持强烈的公开反对态度，主要是在幕后怂恿噶厦反对班禅经陆路回藏。待威廉逊进入拉萨打探情况后，英国政府调整了策略，由驻华使馆出面干涉此事，态度日趋强硬，煽动噶厦对抗中央政府，这使得班禅返藏阻力越来越大，国民政府也失去了护送班禅回藏的良机。

1935 年 7～8 月，蒙藏委员会呈报行政院通过《特派护送班禅回藏大员行署办法草案》、《特派护送班禅大师回藏大员行署经费概算书》。同时，蒋介石命令宪兵司令谷正伦选派宪兵一混成营 300 余人，组成中央护卫队充仪仗之用，并批准诚允为护送班禅回藏专使。8 月 15 日，行政院正式核准签发命令，并知照蒙藏委员会、班禅行辕、西藏驻京办事处等相关机构。这些举措标志中央护卫班禅回藏之事正式启动。英国、噶厦获悉后，立即做出强烈反应。此后，国民政府与英国政府主要围绕仪仗队护卫问题进行交

① 中国第二历史档案馆、中国藏学研究中心编《九世班禅内地活动及返藏受阻档案选编》，第 115 页。

② 中国第二历史档案馆、中国藏学研究中心编《九世班禅内地活动及返藏受阻档案选编》，第 117 页。

涉斗争。

三　放弃武装护卫班禅返藏

1935 年 8 月 26 日，英驻锡金政治官威廉逊抵达拉萨。英国派代表出访拉萨的目的是支持噶厦对抗中央政府，怂恿噶厦反对班禅返藏也是威廉逊此行的一个重要任务。蒋致余向行政院报告威廉逊与噶伦谈话的内容。威廉逊说："在昔中国驻扎官兵在藏时，西藏曾被欺压不少，现为西藏计，自应拒绝中国官兵入藏为要。此次中国仅派兵三百名来藏，难道三百名中国兵，西藏亦不能拒绝吗？至于班禅，西藏务须设法迎回。"噶伦答："中国系大国，后再派大兵前来，英国能助兵助械助饷否。"威廉逊说："助兵一节，英国实不可能，枪弹饷粮，英国当可协助。"① 蒋致余又称："威廉逊来拉后，表面对职礼貌似属相当，惟骨子里已派诺若巴图等不时间接向藏当局进言，诱藏抵抗中央，设藏失败，由英国出面和解。"②

9 月初，蒋致余探知西藏当局连日开会，将亲汉派剔除出其小会议之外，反对中央分子密谋，"决电中央，表示反对，电不日即发，并决实力拒抗，连日正在运送枪弹赴康中，前昨二日运去三十驮"。③ 英人在拉萨散布谣言："班禅所有枪弹已被马步芳扣留，中国内地未平，不能西顾，挑拨藏方以兵拒抗班禅回藏。彭休等愚暗，且深忌中央夺其政柄，已堕其彀中。刻除前已派往西康二部军队军火外，又正招兵，限下月中开赴藏北与青海毗连处防堵班禅入藏。"④ 有英国壮胆的噶厦分裂势力，态度变得强硬起来。9 月 22 日，噶厦致电蒙藏委员会："惟在中藏善后尚未解决之际，中央直派汉蒙官兵护送，民众深滋误会，佥认中藏和好无望，危机紧迫，不敢缄默。凡藉名护送班禅官兵，无论多寡，不特不得越进藏境，且须一概撤回。班

---

① 《蒋致余致南京行政院汪兆铭急电》（1935 年 10 月 16 日），中国第二历史档案馆藏蒙藏委员会档案，档案号：141/2358。
② 中国第二历史档案馆、中国藏学研究中心编《九世班禅内地活动及返藏受阻档案选编》，第 195 页。
③ 中国第二历史档案馆、中国藏学研究中心编《九世班禅内地活动及返藏受阻档案选编》，第 194 ~ 195 页。
④ 中国第二历史档案馆、中国藏学研究中心编《九世班禅内地活动及返藏受阻档案选编》，第 198 页。

禅如须护卫，亦可依照佛意，俟到藏境，自有藏方准备迎护。"①

在英人的支持下，噶厦并不接受中央的善意回应，反而派兵赴金沙江沿线布防，妄图武装对抗中央，这就使得形势急转直下，中国政府向英国交涉势在必行。

英国对西藏当局的举动非常满意，决定配合噶厦公开反对中央派仪仗队前往拉萨，以鼓励噶厦坚持其态度。英国的策略是从外交上强硬施压于中国，要求其接受西藏地方政府的要求。1935 年 10 月 31 日，英国外交部致电驻华大使贾德干，命令其向中国政府抗议班禅护卫队一事。12 月 23 日，英驻华使馆向中国外交部递交一份正式备忘录：

> 关于派遣仪仗队护送班禅喇嘛回藏事，英国政府对于外交次长之解释，认为不能满意。当一九三四年黄慕松将军提及此事时，西藏政府不论采取如何态度，然其现在之态度，则对于派遣中国官员偕同仪仗队护送班禅喇嘛，极表异议。值此西藏反对之际，如中国政府仍坚持其意见，是则班禅喇嘛回藏将致无限的延宕，殊属可能。抑或引起中藏间之困难情势。……
>
> 再，西藏之于中英两国，皆有切肤利益，中国对之应谋一英国政府所承认之政策，借以维系两国之友好关系，当所企盼。西藏政府既已明白表示其希望，又中国如有与其希望相抵触之行动，将引起危机，故英国政府对于此事极为重视，并愿中国政府不致采取此种可以引起不幸纠纷之途径也。②

英国政府态度蛮横，俨然以西藏的"保护国"自居，竟然声称在西藏当局的反对下，如果中国政府坚持派遣护卫队，将会造成班禅不能回藏、汉藏之间爆发危机、破坏中英友好关系的后果，以此威胁中国政府。同时，威廉逊告诉噶厦，英驻华使馆已经向国民政府提出强烈抗议，汉人护卫班禅回藏与噶厦的愿望相悖，将引起英国政府的强烈反对，英国对成功抱有希望，西藏应当坚持其目前的态度。③

---

① 中国第二历史档案馆、中国藏学研究中心编《九世班禅内地活动及返藏受阻档案选编》，第202页。
② 中国第二历史档案馆、中国藏学研究中心编《九世班禅内地活动及返藏受阻档案选编》，第237～238页。
③ 梅·戈尔斯坦：《喇嘛王国的覆灭》，杜永彬译，中国藏学出版社，2005，第205页。

外交部将与英交涉经过呈报行政院、蒙藏委员会等，由行政院命令相关部会呈报对策。蒙藏委员会认为，"仍拟依照前定办理班禅回藏事件之（一）维持中央向来对藏之惯例；（二）维护班禅尊严；（三）不妨碍藏中秩序；（四）不致引起对外纠纷等四项原则，继续进行"，拟出的对策是："一、班禅回藏，为应付西陲局势，确属需要，在目前按照已定计划实施，将来再行相机应付，以策万全。二、因此项事件而引起之对英外交，以事属我国内政问题与之委婉周旋。"① 外交部提议："班禅回藏卫队，仍照原案护送，一面将英使抗议，由蒙藏委员会通知班禅，征询其意见，再定办法。"② 行政院第 242 次会议决议批准外交部的提议，指示班禅回藏按照原定计划继续进行，通知蒙藏委员会、驻藏代表蒋致余、护送专使诚允、噶厦等相关机构和个人。同时，将外交部有关英使抗议的谈话纪要转发班禅行辕。这就表明蒋介石考虑到国内政治局势的发展，鉴于英国的外交利益等情况，没有下决心武力支持班禅返藏以及强硬抗议英国。

1936 年 1 月 12 日，班禅回电："仍拟依照原定计划，开春入藏。望中央一秉成案，以期贯彻。倘明春行抵藏边，万一藏方有武力抗拒汉兵入藏之事，想善后策划，中央定有成竹。"③ 班禅不改初衷，坚持由仪仗队护送回藏，希望中央政府坚决贯彻执行既定计划。

1935 年 11 月 17 日，威廉逊在拉萨病逝。英国代表团不得不中断在拉萨访问的计划，22 日离开拉萨。蒋致余认为这是护送班禅进藏的良机，1935 年 11 月 24 日，急电蒋介石：贾大使对中央派兵护送班禅回藏事，口头向我国外交部提请考虑，"此纯为英、藏此次计议虚声恫吓我中央之狡计，一面对我抗议，一面嗾藏反对，以期阻挠我对藏事之进行。……"④ 蒋致余认为英人不敢实力援藏，噶厦外援已绝，现内心胆怯，中央应当机立断，迅速命令班禅一行开赴西藏。

① 中国第二历史档案馆、中国藏学研究中心编《九世班禅内地活动及返藏受阻档案选编》，第 233 ~ 234 页。
② 中国第二历史档案馆、中国藏学研究中心编《九世班禅内地活动及返藏受阻档案选编》，第 236 页。
③ 中国第二历史档案馆、中国藏学研究中心编《九世班禅内地活动及返藏受阻档案选编》，第 245 页。
④ 中国第二历史档案馆、中国藏学研究中心编《九世班禅内地活动及返藏受阻档案选编》，第 222 ~ 223 页。

接到行政院第 242 次会议决议内容通告后，1936 年 1 月 22 日，蒋致余又致电蒋介石："查所示班佛主照案进行一语，究系指照中央原定方案进行，抑系指照藏方意见进行，未经明白训示。……乃事至今日，中央原定方案似已又呈动摇之势。中央用班禅乎？抑班禅用中央乎？主管机关自应负其责任。""中央派遣官兵护送班禅回藏，自属侧重以武力平定藏乱，收复藏地，与雍正时之护送达赖七世入藏，事同一例。""值此国家危急存亡之秋，无论任何事务，倘不确定方针，猛力干去，宁有一事可成功，一地保全乎？藏自失政治重心后，藏方人自为谋，士不用命，毫无反抗能力。英国徒事挑拨，多所顾虑，从无援助决心。全藏民不聊牛，人心思汉。此正解决藏事千载一时之会。倘班禅再迟迟其行，坐失时机，而欲职以虎穴余生与虎谋皮，徒失威信，无裨事实。"①

蒋致余所持的观点，一是西藏当局纯用欺骗、推诿、拖延手段蒙蔽中央，内部力持反对意见者仅数人，多数人无抵抗决心，人心思汉；二是英国多空言挑拨，尚不会全力援助西藏；三是期盼中央政府抓住有利时机，果断坚决地武力护送班禅迅速返藏。蒋致余以抱病之身周旋于西藏上层僧俗中，尽忠职守，为藏事奔走竭虑，言辞铿锵有力、切中要害，满腔热血，自始至终坚决支持武力护送班禅返藏，不管其观点是否都切合实际，仍令人体会到其爱国卫藏之情。

获知国民政府仍坚持护送班禅的原定计划之后，1936 年 2 月 1 日，西藏民众公会一日连发三电致蒋介石："目下中藏问题尚未解决，双方边界驻有防守官兵，设再着派越界，不得不出于阻拦。""若谓护送班禅，俾沿途警卫不致有缺，则请送至藏境，由藏境起，应如何尊重体制，增设仪仗以及所需一切，概由藏方负责积极准备，隆重欢迎。""此间并非不遵中央命令，请勿误会，迅速收回护送成命。现在此间已派僧俗官员及三大寺堪布前往迎接矣。"② 西藏地方政府仍坚持中央护卫官兵不得进入藏境，班禅入藏后由噶厦负责接待护送。

1936 年 2 月 4 日，贾德干再到外交部"抗议"："兹奉本国外部训令，

① 中国第二历史档案馆、中国藏学研究中心编《九世班禅内地活动及返藏受阻档案选编》，第 251 ~ 252 页。
② 中国第二历史档案馆、中国藏学研究中心编《九世班禅内地活动及返藏受阻档案选编》，第 262 ~ 263 页。

特来重提班禅喇嘛仪仗队入藏一事。希望贵国政府再加慎重考虑：（一）藏政府曾屡次请求本国政府设法阻止此事，且上年十月或十一月间，藏方曾有电致班禅喇嘛，表示在中藏问题尚未解决以前，藏方不能允许中国仪仗队入境。十一月五日，班禅喇嘛曾有复电，声明渠本无带队入藏之意；又上年十二月二十一日藏政府曾有电致贵国政府，对于仪仗队之准备入藏表示反对；本年一月十日黄委员长复电称班禅喇嘛已抵青海，仪仗队入藏事，可以和平解决，毋庸过虑等电，历历可考。（二）此事有妨碍西藏治安之虞，盖因藏方既反对该仪仗队入藏，恐因此引起藏方反抗，而班禅回藏或致延搁。（三）此事涉及英国利益，盖英国深愿西藏有一巩固及具有维持治安能力之政府，为达到此项目的起见，英国愿与贵国合作。"外交部驳斥："西藏既欢迎班禅喇嘛回藏，断无反对仪仗队入藏之理。"贾德干称："班禅本人回藏与仪仗队入藏，截然两事，仪仗队护送至中藏边境已足，在西藏境内，班禅喇嘛之尊严与安全，自可由藏方负责。班禅喇嘛瞬将入藏，希望贵方接受本国政府之建议，速谋解决，请转达主管机关再加考虑。"外交部将英方的意思转告蒙藏委员会，并附上意见："惟英方对于此事既极端重视，自不得不格外审慎考虑，以免引起纠纷。究竟班禅喇嘛之仪仗队应否令其送至藏边为止，相应函请查照妥核办理并见复为荷。"① 贾德干声称噶厦请英国政府阻止此事，中国政府护送班禅只能到汉藏边界，显然英方早与噶厦商定，不反对班禅回藏，但是反对中央护卫队进入西藏，这是公然否认中国政府对西藏主权。

1936 年 2 月 13 日，蒙藏委员会回复意见给外交部："现在拉萨政策，一方表示坚强反抗，一方利用英人外交压迫，苟中央即于此时放弃原来主张，将使藏方对英益怀威德，对我益存轻视，西藏事件益难办理。英方态度固须重视，惟英人重利，藏方深惧，故合作程度尚存疑问。""暂时似应持镇静态度，仍拟照案进行。"② 蒙藏委员会的表态比较委婉，其意是仍坚持原案，护送班禅出发，与外交部的态度有分歧。

外交部、蒙藏委员会各不负责，相互推诿，没有明确的主张，行政院

---

① 中国第二历史档案馆、中国藏学研究中心编《九世班禅内地活动及返藏受阻档案选编》，第 271~272 页。

② 中国第二历史档案馆、中国藏学研究中心编《九世班禅内地活动及返藏受阻档案选编》，第 275 页。

也无具体的意见。而诚允护送专使行署经费，前后仅领到十五万元，面临沿途断绝给养的困难。① 从此事可以看出，蒋介石无意坚持仪仗队护送班禅回藏。可能外交部、蒙藏委员会已察知蒋介石的心理，故无人建言，才会出现各部会公函往来于途，议事丁厅堂，而决事无绪的拖延情形，这就使身在兰州的护送专使诚允不知所措，只能等候中央明令"定期首途"之日。中央政府在后方犹豫不决，瞻前顾后，身在前方的班禅、蒋致余、诚允等人焦急万分，无不渴望蒋介石速下决断。

1936 年 2 月 25 日，蒙藏委员会委员长黄慕松根据班禅和平返藏的宗旨拟定六项办法呈报蒋介石："（一）仪仗队应跟随班佛，体察情形，逐步跃进，稳妥保护。第　步拟在青海境内之结古准备。（二）班佛在青、藏、康交界之处，须有十分确实之保障。拟请密令青滇当局及重庆行营，对于班禅回藏时，足以妨害和平之意外事变宜有切实注意与准备。（三）拟请设法使班佛方面之随行人员及行李等均减至最低限度，以示无他，而去拉萨之疑，减轻阻障。（四）拟请密令诚专使设法促成班佛与拉萨间为和平回藏之商洽，谋扫除或减少障碍。（五）拟请密令财政部顾全事实，对班佛及诚专使经费多拨现银，收买边地人心，消弭反抗意志。（六）本会仍力与拉萨政府联络，并努力开释，以求其觉悟。"② 黄慕松深知蒋介石和平解决藏事的真实想法，所拟办法都避重就轻，没有谈及具体应对噶厦、英方的办法，是否武装护卫班禅入藏，青康军队戒备等实质问题。蒋介石迟迟不下决断，又没有明确的态度，这就使得具体办事的蒙藏委员会、外交部仍在公牍往来，相互推诿。

此时行政院命令蒙藏委员会、外交部等会商英使所提仪仗队护送到藏边为止之事，已露妥协之意。外交部部长张群秉承蒋介石之意，已无意与英方对抗，规劝黄慕松："如仍坚持原定计划，势必引起重大纠纷。倘事先不加审慎，深恐事后难于收拾。可否即令仪仗队护送至藏边为止之处，仍希察照迭次函文，再予考虑决择，以期边政、外交相安无事。"③ 此实是自

---

① 中国第二历史档案馆、中国藏学研究中心编《九世班禅内地活动及返藏受阻档案选编》，第 280 页。

② 中国第二历史档案馆、中国藏学研究中心编《九世班禅内地活动及返藏受阻档案选编》，第 287 页。

③ 中国第二历史档案馆、中国藏学研究中心编《九世班禅内地活动及返藏受阻档案选编》，第 302 页。

丧国家主权，一旦同意英使的要求，将开外人干涉西藏内政恶例，中央将
失去在西藏的威信，以后如何能经营西藏呢？此举政治恶果太明显，蒙藏
委员会与外交部商定了一个比较折中的应对英方干涉的办法，1936 年 4 月
22 日呈报给行政院："商定办法二项如下：（一）仪仗队之行动，视有无妨
碍和平为准，于进至藏边时决定之。（二）现对英方不作肯定答复。"① 兼任
行政院院长的蒋介石很快批复同意，在既定立场上动摇，这是对英国的一
次重大让步。而身在拉萨的蒋致余仍在梦中，1936 年 5 月初致电蒋介石，
称热振活佛大权在握，极力反对中央的大卓尼已经被革职，各噶伦与职开
诚相见，恭敬有理，"藏局至此，实已好转"，"倘班禅不于此沿途草盛之时
启程入藏，时机一过，后事难知"。②

　　1936 年 6 月 15 日，西藏三大寺代表到达拉卜楞寺，拜见了班禅、诚允
等人，言称西藏僧俗都渴望班禅早日回藏。诚允、班禅相继致电蒙藏委员
会称时机大好，"班佛入藏绝无阻碍"，"竭诚表示欢迎专使入藏之意"，期
盼中央速速决策。③

　　三大寺代表是亲汉力量，与噶厦的态度是有区别的。与三大寺代表会
谈后的班禅心情很好，认为回藏希望大增，主张从速启程。在没有得到噶
厦明确表态之前，班禅特将部分行李运至西藏，为回藏做准备，此举显得
过于急切，行李均被拉萨当局令饬黑河宗本扣留。此时，苦等无果，经费
拮据的诚允心力疲惫，萌生去意，7 月 24 日请求辞去护送专使一职，8 月
14 日，行政院任命赵守钰接任。9 月 8 日，班禅致电蒋介石，称当前多数人
期盼汉藏和好，"兹为促前途顺利及制止少数当局野心起见，拟恳钧座电饬
甘青川康军政领袖，详述中央派遣专使及仪仗队三百名护送回藏意义，倘
藏方当局执迷不悟，万一武力见拒之时，即相机声援，用期实现和平，统
一国防"。④ 1936 年 9 月 14 日，西藏驻京办事处转呈噶厦致蒙藏委员会电：

　① 中国第二历史档案馆、中国藏学研究中心编《九世班禅内地活动及返藏受阻档案选编》，
　　第 304 页。
　② 中国第二历史档案馆、中国藏学研究中心编《九世班禅内地活动及返藏受阻档案选编》，
　　第 306 ~ 307 页。
　③ 中国第二历史档案馆、中国藏学研究中心编《九世班禅内地活动及返藏受阻档案选编》，
　　第 310 页。
　④ 中国第二历史档案馆、中国藏学研究中心编《九世班禅内地活动及返藏受阻档案选编》，
　　第 344 页。

"兹闻护送班禅专使业已易人，谅中央亦不任其越入藏境。现因汉藏问题尚未解决，若遽派官员军队前来，深恐人民发生误会，与汉藏施主关系阻碍极大。"①

　　噶厦以汉藏和好要挟国民政府，这使得蒋介石非常为难，自黄慕松入藏以来，汉藏紧张关系大为缓和，和平洽商解决藏事，西藏问题似乎朝有利于和平的方向发展，这给了中央政府莫大的希望。但是，若接受噶厦的要求，中央不派一兵一员护送班禅，就不能彰显中央威权，有损中央威信，班禅返藏的政治意义无形中大为降低；若一味与噶厦和平协商，势必导致班禅返藏之事无限期拖延下去；若是全力支持武力返藏，又破坏与前藏的和平关系，很可能激起英国的干涉，有损抗日大局。所以，蒋介石在班禅返藏问题上难下决断，使班禅返藏时机一失再失，最终拖延了之。可以看出蒋介石对西藏政策的真实想法：在全力抗日和"剿共"大局之下维持西藏现状。

　　9月下旬，蒋致余仍在苦苦哀劝蒋介石："查自达赖逝世，藏政失去重心，藏中群众心理，均趋向于拥戴中央，而于班禅回藏，盼望尤切，并无发生疑虑与误会情事。其为此中梗者，不过少数当权世家，窃恐中央势力入藏有不利于彼等，故不惜抑坚民意，蒙蔽中央。班禅回藏一案，苟主持边政者能于计划之初熟察藏情，以迅疾不及掩耳之手段妥速办理，则大功早告厥成。乃黄前委员长计不及此，事前既坚持征求同意，事后复再三无谓解释，致启藏方轻视之心，多方反对。我愈解释，彼愈疑虑，我愈迟延，彼愈狡展。……职等驻藏日久，目击实情，就藏中现况而论，仍非班禅速回，藏事末由进行，又非派兵护送，班禅不能到达，固不仅有关中央威信已也。目前藏方虽唱拒抗，并未作何准备，英人虽肆挑拨，终难望有结果。惟乞钧座毅然主持，迅饬赵专使率领仪仗队护送班禅迅速前进，一俟班禅一行抵达结固，则藏方态度究竟如何转变，当可明白窥见，届时再行相机前进。只求在我有具体计划，终当获得最后之胜利。"② 蒋致余所说的并没有错，但是他不了解蒋介石不愿与英国恶化关系，维持西藏现状，以不生

---

①　中国第二历史档案馆、中国藏学研究中心编《九世班禅内地活动及返藏受阻档案选编》，第344页。

②　中国第二历史档案馆、中国藏学研究中心编《九世班禅内地活动及返藏受阻档案选编》，第348、349页。

事端为要务的想法。

英国唆使藏军渡过金沙江，攻击德格、白玉等地，康藏形势骤然紧张。而日本侵华态势日益严重，外交部欧美司司长刘师舜认为在当此对日外交严峻之时，应与英保持友善关系。

12 月 10 日，英驻华使馆给中国外交部发来正式照会：

> 按印度边界及毗连各地之邻境，须有一能维持和平与治安之巩固有力政府之存在，乃英国主要利益之一。……是以英国政府及印度政府对于危害上述情形，及妨扰西藏和平与治安之任何行动或情事，极为重视。……英国政府所严重顾虑者，深恐中国政府不顾西藏政府之反对，而坚持其派队护送班禅喇嘛之议，则足以使其返藏之行无期延缓。且如此不仅引起西藏之不安，或竟发生纠纷，甚至可使中藏间发生一困难之情势。
>
> 本大使是以希望中国政府，不惟鉴于西藏政府之上述愿望，且应顾念上述之英国政府与印度政府之密切关系，以及中英两政府间之友谊，对于下述建议，予以同意。即在中藏边界上，择一相宜地点，使中国护送仪仗队，由班禅喇嘛本人之随从人员代替之。中国护送专使之任务，则交与西藏政府之代表。①

12 月 12 日，西安事变发生，蒋介石被扣的消息传到西藏。蒋致余特致电行政院：英人即宣传蒋委员长被共产党监视，中国已无希望。② 英人趁机挑唆以坚分裂分子之心。12 月 18 日，噶厦致电蒙藏委员会再次要求撤回护送仪仗队。

1937 年 2 月 20 日，噶厦通过西藏驻京办事处转致蒋介石电："务请制止护送班禅官员及仪仗队越入藏境。"③ 仍坚持中央仪仗队不得进入藏境。3 月 9 日下午，蒙藏委员会委员长吴忠信受蒋介石之命召见西藏驻京办事处处

---

① 中国第二历史档案馆、中国藏学研究中心编《九世班禅内地活动及返藏受阻档案选编》，第 365 ~ 366 页。
② 中国第二历史档案馆、中国藏学研究中心编《九世班禅内地活动及返藏受阻档案选编》，第 363 页。
③ 中国第二历史档案馆、中国藏学研究中心编《九世班禅内地活动及返藏受阻档案选编》，第 379 页。

长，代表政府面告其中央派官兵护送班禅大师入藏之事决无更改，请转告噶厦速派噶伦进京商洽。

1937 年 3 月底，蒋致余致电蒋介石，仍恳切地建议："关于藏事之解决，主武力，重班禅；主和平，重达赖。……中央既不土武力，侧重班禅，以谋彻底改造西藏，似应贯彻和平初旨，谋藏事之初步解决。倘一面坚持派遣官兵护送班禅回藏，一面又欲和平应付藏政府，则势必至如治丝而棼，徒旷时日，无裨事实。且藏事为我内政范围，决不能容外人之干涉挑拨。"① 呼吁藏事不能再久拖不决，期望速下决断。

英国仍在不遗余力地挑唆噶厦，蒋致余报告："英人坐收渔利，于最近迭向藏中各有力方面活动。"② 江孜商务委员到噶厦活动称："班禅内部不和，无能为力，可不畏恐。""中藏交涉，中国政府重视西藏，宁愿联合藏政府，而不注重班禅。"③ "英人对于藏方派遣噶布伦入京一节，根据密约从中破坏，声称中藏事项，非有英国参加，藏方不得直接向中央接洽，并声言中国兵力现尚不能达于西藏，且无意用兵西藏，嘱其不必惶惧。"④

英国政府又派许阁森来外交部施压："仪仗队果入藏，无论藏方意见如何，乃为英方之所不能同意。"并于次日递交正式公函。⑤ 此时，日本已经发动全面侵华战争。中国内地局势恶化，迫使蒋介石不得不慎重考虑。

蒋介石专门成立的负责西南国防安全的智囊机构重庆行营提出"以避免武力，力图和平送达为宜"，理由是：

（一）边地用兵，扼于地理险阻、人事拮据，收功最为难必……

① 中国第二历史档案馆、中国藏学研究中心编《九世班禅内地活动及返藏受阻档案选编》，第 396～397 页。
② 中国第二历史档案馆、中国藏学研究中心编《九世班禅内地活动及返藏受阻档案选编》，第 391 页。
③ 中国第二历史档案馆、中国藏学研究中心编《九世班禅内地活动及返藏受阻档案选编》，第 396 页。
④ 中国第二历史档案馆、中国藏学研究中心编《九世班禅内地活动及返藏受阻档案选编》，第 409 页。
⑤ 中国第二历史档案馆、中国藏学研究中心编《九世班禅内地活动及返藏受阻档案选编》，第 441 页。

（二）达赖、班禅二系，其初虽在亲英、亲汉之分，然达赖晚年亦已同心内向，热振摄位，诚信有加……或不宜因班禅回藏小有参差，遂外视达赖一方而竟绝之也。（三）藏方表示抗拒，据闻其意不在班禅之归，而在扈从之人。……则藏方抗拒之形，乃基于卫身家、卫宗教之心理，尚未可以反对班禅、违逆中央目之。（四）班禅克成愿望，全国所钦，随处安禅，皆可利物。目前似无取冒难回藏，徒增阢陧，即令回藏，亦有侧重政治与侧重宗教之殊。如回藏之旨在收揽达赖政权，则与原有统系相乖，必招噶厦反抗，一朝变置，久而后宁，既难必其有成，成亦虑其弗固，革其无悔，谋国者盖重言之。如回藏之旨在恢宏本有教权，则固全藏人士之所欢迎，毫无阻碍，此时本问题正在变化之际，取舍仍属自如，倘认为挟前旨以去，其道难通，则转以班禅回藏专为宏教之意宣示全藏，以利其行，未为不可。但得归藏以后，坐镇僧俗、稳定后防、辅政相民之效，自然兼收；必欲用兵，反成僵局。现在班禅驻锡玉树，其地瘠陋，非可久留，若我中枢不速运神断，早为解决，则未来事端难保无重劳当宁廑虑者。

上述理由可归纳为两点：一是西藏地理险要，后勤运输困难，损耗巨大，不利于用兵，非短时能解决，若噶厦背我而附英，则收复困难；二是仍坚持争取达赖集团为先，与噶厦商洽和平解决藏事的指导原则。班禅虽然内向亲汉，但是在实力、政治权力上要远逊达赖系统，若是坚持扶植班禅而放弃达赖一方，将会引起噶厦的反抗，引起内乱，反而不利于中央政府。这应是蒋介石考虑的不对藏用兵的两个主要原因，都是从西藏地方稳定角度出发。至于英国干涉、"剿共"、抗日则是其他三个主要原因，但是，若是公开说出，似易受讥讽。至于班禅随从言行不端等都是借口，无关大局。重庆行营所分析的有一定的道理。

但是，此次班禅回藏，应是民国20多年来，中央政府恢复在西藏行政管辖最好的一次机会。一是，亲英势力已经减弱，藏中僧俗对英人颇为反感。二是，以热振为代表的亲汉力量增强。三是，班禅在全藏僧俗中有很高的政治、宗教地位，回藏是民心所向。四是，国民政府综合实力要强于北洋政府，具备了统一西藏的政治、军事、经济条件。五是，二战阴云已经笼罩欧洲，英国虽然实行对德、日、意的绥靖政策，但也在全力筹划政治、经济、军事的应对，无法军事干涉藏事。同时，英国在华有巨大的商业利益，若是公开出兵西藏，将招致中国人民的强烈反对而蒙受巨大的经济、外交损失。另外，美国也出于在远东利益的考虑而加以反对。这是英国外交部一直反对英印政府前进派强硬政策，也是为什么仅仅对噶厦承诺外交支持，而不是军事支持的最重要原因。所以，若是国民政府果断，英国虽会采取强烈外交干涉但无实力出兵。因此，利用班禅返藏这一良机，是否果断武装护卫班禅入藏，是在考验蒋介石个人的政治魄力和战略眼光。事实证明，蒋介石不具备这种政治勇气。这正是具体经办藏事的吴忠信、蒋致余等人心有不满，私下议论蒋介石无能的原因。

重庆行营又提出解决班禅回藏的办法："（一）由中央迅行派遣诚信素著大员再行披诚晓谕藏方，以政府护送班禅回藏德意，务期彻底谅解，达到仍旧和平护送入藏之目的；如藏方仍不同意，则责令组织迎护队于适当地点与我护送官兵交替，负责保护大师回藏之安全。（二）如班禅因原护送人员、部队不得入藏而不愿回，即仍令宣化西陲，驻于西宁塔耳寺等处，借以团结内蒙、甘青诸民族。（三）西藏问题如不能因班禅之归得进一步解决，则今后对于达赖一系即当益加扶植怀徕，俾与班禅一系同心向内，共护中枢，以宏厥休，而固吾圉。"①

蒋介石避免武力，侧重达赖一系，和平解决西藏问题的基本方针未变，蒋致余、班禅、赵守钰等犹未知其意。此时，拉萨盛传抗日战事对中国不利，态度变得强硬，邓柯、德格西岸藏军采买大批给养，遣回官兵眷属，似有备战之势。8 月 19 日，行政院第 325 次会议决议："抗战期间，班禅应暂缓入藏，先暂住政府指定地点。"② 蒋介石正式做出班禅暂缓返藏的决定。陈布雷致吴忠信函，转达蒋介石的批示："此时中英关系必须顾全，仪仗队入藏恐启纠纷，应商请季陶先生婉电班禅，劝以特别慎重，如必须入藏，则须得藏方有确实回音，且派队到边境相接，一切妥适后，方可决定。至仪仗队，只能达边境为止，不可入藏。"③

① 中国第二历史档案馆、中国藏学研究中心编《九世班禅内地活动及返藏受阻档案选编》，第 426～429 页。
② 中国第二历史档案馆、中国藏学研究中心编《九世班禅内地活动及返藏受阻档案选编》，第 452 页。
③ 中国第二历史档案馆、中国藏学研究中心编《九世班禅内地活动及返藏受阻档案选编》，第 457 页。

接到行政院"暂缓西进"电令的班禅一行遵从政府命令,"决不舍中央护送官兵与仪仗队入藏,尤不愿入藏后受拉萨政府限制而与中央疏远,现决遵令缓进"。[①] 班禅方面暂停入藏,静候中央指示。9月29日,英驻华使馆参事贺武来到外交部面交备忘录一件,称:"英国政府认西藏虽在中国宗主权之下,但在其本身管区内则属自治的,英国政府视其完整与自治为重要利益中原因之一,未经约妥,派遣中国军队以变更现状之企图,尤其于未得西藏政府同意时,英国政府均认为危及本国利益,因此不能不加关切。而信赖中国政府将令仪仗队撤退。"外交部意见是:"我方处此非常时期,既不宜与藏方兵戎相见,尤万不能对英引起重大纠纷","统观今日局势,默察英方态度,认为此时不宜令其入藏"。[②] 蒋介石在抗日危局下,最终屈从于英国的外交压力,放弃了武力支持班禅返藏,借班禅返藏和平解决藏事的愿望落空。同时,国民政府临事软弱、犹豫不决、瞻前顾后的特点也表现得淋漓尽致,丧失了借班禅返藏恢复中央对西藏威权的最好机会,英国和噶厦从这次较量中看到了国民政府的软弱,以后更加肆无忌惮。

至此,班禅返藏之念彻底断绝。随后,发表《告西陲民众书》,号召蒙藏各界同胞爱国爱民,团结一致援助前方将士抗日救国。大师多年奔走内地,宣化护国,忧于藏事,心力疲惫,回藏之望终为泡影,化为沉重的精神打击。11月间,班禅病重不能安卧,饮食难进,12月1日,病逝于玉树行辕。临终遗嘱仍感念中央优遇,留下了不能回归故土的遗憾。

九世班禅返藏是西藏近现代史上一个重大事件,反映了西藏地方内部、西藏地方政府与中央政府、中国与英国之间错综复杂的斗争,也是内地政局紊乱、外敌入侵影响国家统一的鲜明例子。而后十世班禅长期滞留内地,延至西藏和平解放,20多年来西藏地方内部达赖、班禅两方面的政治纷争,也皆肇始于此。

---

① 中国第二历史档案馆、中国藏学研究中心编《九世班禅内地活动及返藏受阻档案选编》,第464页。

② 中国第二历史档案馆、中国藏学研究中心编《九世班禅内地活动及返藏受阻档案选编》,第459页。

第三节　国民政府布施西藏寺庙活动

北洋政府时期，由于英国侵藏势力的挑拨破坏，西藏地方政府与中央政府一度中断了联系。南京国民政府成立后，非常重视政治上解决西藏问题，多次派代表入藏联络感情，深刻认识到藏传佛教对西藏地方的各方面影响，处理好与西藏地方政府的关系，首先必须尊重和团结藏传佛教的高僧和喇嘛。在外侮内乱的时局下，以蒋介石为代表的国民政府上层官员还是力所能及地采取措施，布施西藏寺庙和喇嘛，体现了妥善处理西藏事务的诚意。

一　中央大员布施西藏寺庙

1928 年冬，十三世达赖喇嘛首先派遣代表——五台山堪布罗桑巴桑赴南京拜谒蒋介石，转达了亲近中央的善意。随后，蒋介石委托贡觉仲尼携带致达赖喇嘛、噶厦、擦绒等人的信函赴拉萨，传达中央对西藏地方的和平政策。1930 年，国民政府文官处官员刘曼卿主动请缨赴拉萨，两次与达赖喇嘛面谈，成功地消除了达赖喇嘛对国民政府的一些疑虑，使之筹设驻京办事处，愿意与中央政府恢复正常的政治联系。这就为随后中央政府处理藏事、布施寺庙等一系列活动奠定了基础。

（一）黄慕松、吴忠信在藏布施

1930 年，尼藏冲突发生。国民政府借助这个时机，拟派遣蒙藏委员会专门委员谢国梁为特使前往西藏。谢国梁呈禀中央："按旧例，我国派员到藏，无不有熬茶布施之举，召集各大寺僧徒诵经啜茗，每名布施一两或八钱、六钱不等。此次派员赴藏，以收拾人心为第一要义，似不可少。""馈赠尼、藏首领及各要人国产物品，约价一万四千元"；哲蚌寺、色拉寺、甘丹寺三大寺有僧人一万六千六百五十名，每名布施六钱计，"熬茶布施约一万五千元"。① 清末，谢国梁担任过驻藏川军管带，熟悉藏情。顺治、康熙、

① 中国藏学研究中心等编《元以来西藏地方与中央政府关系档案史料汇编》第 6 册，第 2519 ~ 2520 页。

雍正、乾隆时期，朝廷每次派使者或大臣进藏，都携带大量财物，修建格鲁派寺院，熬茶布施三大寺。格鲁派从明末清初的弱小教派能成为藏传佛教的领导者，离不开清政府的全力支持。以三大寺为代表的藏传佛教寺庙对清朝怀有很好的感情，留下了大皇帝崇信藏传佛教的深刻印象，自晚清以来就是反对英国侵略势力和亲英贵族的中坚。所以，谢国梁提出按清朝惯例，国民政府派员入藏也必须布施寺庙。国民政府批准拨发进藏经费 5 万元。蒙藏委员会采购丝绸、景泰蓝、玉器等物品价值约 1 万元运至印度。1930 年 12 月，谢国梁在入藏途中不幸病逝。国民政府决定中央的礼物及布施三大寺的 1.5 万元委托加尔各答洪盛公司转交达赖喇嘛。①

1933 年 12 月 17 日，十三世达赖喇嘛圆寂。国民政府决定派参谋本部参谋次长黄慕松为册封致祭达赖专使赴拉萨，联络感情。1934 年 4 月，黄慕松代表团离开南京，途经四川、青海入藏，为了宣达中央德意，选购砖茶 200 余包，沿途赠给各喇嘛、高僧、土司等。在拉萨，对热振、司伦以下至七品官以上，分别轻重，都有馈赠。②

黄慕松了解到西藏分为亲汉、自主、亲英三派。"西藏亲汉派以喇嘛为中心，三大寺亲汉更力，僧官方面亦占最大多数。"③ 西藏僧侣权力颇大，三大寺更享有参与政治之特权，代表全藏寺庙、喇嘛参加噶厦会议、"民众大会"，对亲英分子的分裂活动有很大的牵制作用。

中央欲治理藏事，非先赢得三大寺的支持不可。黄慕松效仿清朝，对以三大寺为代表的众多寺庙、喇嘛进行布施，寓政治于其中，争取寺庙支持。"鉴于英人过去在三大寺熬茶每一喇嘛仅发洋一元之旧例，为达成中藏友好，而使中央无西陲之忧，决定从优厚起见，拟每一喇嘛发洋二元。"经过与噶厦官员、三大寺、大小昭寺堪布会商，自 1934 年 11 月 13 日至 26 日，黄慕松代表团布施熬茶，为使三大寺喇嘛"内向如一起见"，"在每寺发基金，计每年每一喇嘛可获利息藏噶五枚（合中币二角三分），只用利息，而基金不动。换言之，西藏只要有佛教一日，而中央维护佛教之心当

---

① 中国藏学研究中心等编《元以来西藏地方与中央政府关系档案史料汇编》第 6 册，第 2535 页。

② 中国第二历史档案馆、中国藏学研究中心编《黄慕松吴忠信赵守钰戴传贤奉使办理藏事报告书》，第 11、22 页。

③ 中国第二历史档案馆、中国藏学研究中心编《黄慕松吴忠信赵守钰戴传贤奉使办理藏事报告书》，第 69 页。

存一日也"。① 在三大寺熬茶布施是每年都要做的事。

对于清代驻藏大臣每年正月十五举行传召，将拉萨喇嘛及附近所有寺院喇嘛集合于大昭寺前，宣布皇上德政及维护佛教至意的惯例，黄慕松认为颇易收藏人之心，乃规定传召费藏银 691 秤（每秤 50 两，一秤折合银元 3 元 3 角 3 分），每年所得利息为所有传召喇嘛熬茶，此款由噶厦和大昭寺堪布负责保管，于每年正月十五举行传召盛会，宣布中央德意，如是则中央政府维护佛教之心深印于喇嘛，而喇嘛之倾诚内向可始终不懈。② 黄慕松在拉萨会见西藏贵族，拜访高僧，交好各方，阐述中央政府对藏政策，释放善意，得到了西藏地方僧俗的良好回应。1934 年，黄慕松离开西藏返京在即，成立中央驻藏办事处，委派刘朴忱办理藏事。

1938 年 12 月 12 日，西藏摄政王热振报告，十三世达赖喇嘛转世灵童已在青海寻获，拟请蒙藏委员会委员长吴忠信到拉萨主持认定仪式和坐床大典。国民政府认为此事彰显国家主权，有利于中央与地方政府的关系。1938 年 12 月 28 日，国民政府发布命令，命令吴忠信会同热振活佛主持十四世达赖喇嘛认定、坐床事宜。

吴忠信筹备入藏事宜，深感中央与西藏僵局非唇舌所能改变，必须先由感情入手，收拾人心，再做调整。礼物馈赠必须特别丰厚，特派顾问奚伦赴香港、上海设法先行采购。

1939 年 8 月 4 日，吴忠信向国防最高委员会提交《刘藏政策之检讨与意见》报告，提到增加西藏寺庙布施："现在每年布施不足印币十万卢比，以每盾折合藏银五两计，不过十五万两，以之分配数万之喇嘛似觉过少，亦欠普遍。然此布施已发生相对效果。上年驻藏办事处与藏当局发生误会，当局拟对该处用断然手段，三大寺喇嘛反对，未果。受布施而感念中央德意为原因之一。如中央对藏中寺庙之布施费能增至每年藏银三百万至五百万两范围，白拉萨三人寺扩充至后藏扎什伦布寺地著名寺庙，必有相当收获。"藏人重视喇嘛，此实为发动民众之捷径。③ 吴忠信认为他以中央边事

① 中国第二历史档案馆、中国藏学研究中心编《黄慕松吴忠信赵守钰戴传贤奉使办理藏事报告书》，第 29 页。
② 中国第二历史档案馆、中国藏学研究中心编《黄慕松吴忠信赵守钰戴传贤奉使办理藏事报告书》，第 28～29 页。
③ 张羽新主编《民国藏事史料汇编》第 8 册，第 147 页。

长官身份入藏，"西藏政府既甚重视，希望亦殷，良应对其僧俗官民多予赏赉，对其寺庙团体广予布施。至树立中央在藏之新的基础，和洽各方，尤非有大量之款万难集事"。三大寺为舆论中心，"凡熬茶、布施的厚薄，所给予一般之观感影响，关系甚大。闻英人在藏用于熬茶、布施之款数，恒视我为加倍，相形之余，未免减色"。①

1939 年 8 月 3 日，财政部次长徐可亭来询问入藏经费，吴忠信深知抗战财政困难，决不可要求，但以中央德意所关，西藏人心所系，此事不失国家体面为原则。国民政府自成立以来，国库支出对藏用款将及千万，真正用在藏政府及地方不过十之一二，现在是调整藏政机会，不能吝惜应用支款，为今之计，只有施之以恩，示之以信，使其倾诚悦服。8 月 4 日，行政院魏秘书长与吴忠信商谈入藏经费，吴忠信又谈及此次任务重大，主管长官亲身入藏为历史创举，非广为布施，不足以慰西藏僧俗人等之望。过去中央与西藏间感情已经大伤，现在唯有因其习惯，施以恩惠，以资挽回。班禅回藏及护送旅费用去 200 万元，黄慕松入藏用 40 万元，此次入藏需款拟请比照过去用款及此次大员地位与任务发给。行政院院长兼财政部部长孔祥熙认为现正在全力抗战，财政竭蹶万分，不宜为藏事花费巨大。9 月 12 日上午，吴忠信出席行政院会议，魏秘书长谓拟发给经费 40 万元及 1 万英镑，但与黄慕松入藏时物价相比，已大为不及。吴忠信称他代表国家入藏，是历史创举，国家应宽给，所发之款如有剩余，自应交还。9 月 16 日，吴忠信就入藏经费问题致蒋介石亲笔函："实以中央目前对藏既无武力可以凭借，复无感情可资维系，所欲赖以运用者，唯在结之以恩惠耳。且信此次入藏，既代表本党，代表政府，复代表钧座，关系至为重要，如经费不允，必至应付竭蹶，转遗中央之羞。但庸之先生以财政之立场，或有未尽了然边疆之处，一切唯钧座予以主持为祷。"9 月 22 日，蒋介石邀请吴忠信面谈经费问题。在蒋介石的批示下，行政院决议，对吴忠信入藏所需经费"酌定为国币五十万元，又英币二万镑"。②

1939 年 7 月，青海方面委派官员护送灵童拉木登珠从青海入藏。吴忠

---

① 中国藏学研究中心等编《元以来西藏地方与中央政府关系档案史料汇编》第 7 册，第 2769 ~ 2770 页。

② 中国第二历史档案馆、中国藏学研究中心编《黄慕松吴忠信赵守钰戴传贤奉使办理藏事报告书》，第 214 ~ 219 页。

信亲率部分随员绕道缅甸、印度入藏，经亚东、江孜，于 1940 年 1 月 15 日抵达拉萨。吴忠信所购礼品有 300 驮，杭绸、库缎、湘绣、康茶、瓷器等，上至达赖喇嘛，下至僧俗 600 人、官吏 300 余人，均有赠送。①

吴忠信入藏地后、凡遇寺庙，即予布施，在拉萨先在三大寺布施一次，每人藏银三两，并给寺庙布施了茶叶，给各位堪布赠送了绸缎。又委托随行官员前往普布觉、日加、才觉林等寺庙一一布施。吴忠信为大昭寺、小昭寺释迦牟尼佛及布达拉宫大慈大悲观世音菩萨和十三世达赖的灵塔，敬献了红黄蓝三色长绫哈达，点灯烧香；在各寺庙经堂佛像前，都献了哈达，点了酥油灯。②

1940 年藏历新年初五（2 月 23 日）是传召法会开始的日子，在吴忠信主持下，每一喇嘛发放藏银七两五钱，熬茶两次，放粥一次。计到僧俗两万余人，乞丐六七千人，每人七两五钱，其优厚打破了向来布施纪录。还派顾问奚伦代表前往扎什伦布寺布施。此次布施之范围既广，每人所得的实惠亦为空前所未有。③ 吴忠信认为布施使全藏僧俗 "咸感中央重视佛教、优待僧民之德意，对汉藏关系之改善实有莫大裨益"。④

蒋介石确定的对藏首要政策是以政治手段解决藏事。政治手段需要从收拾人心、培养感情入手，而这又需要巨额的资金支持。在财政部多次以资金紧张为由，婉拒拨出巨款支持黄慕松、吴忠信在藏活动时，都是蒋介石亲自批准宽给经费，其目的也是要展现优待藏民厚意，以利改善汉藏关系。在这方面，蒋介石头脑是清醒的。黄慕松、吴忠信效仿清制，布施寺庙和僧侣，在三大寺设立基金用于商业、放贷，本金不动，每年将所获得利息用来布施三大寺及两大密院的喇嘛，许多贫困的喇嘛主要靠基金的赈济款为生，这是颇为有效的方法。

---

① 中国第二历史档案馆、中国藏学研究中心编《黄慕松吴忠信赵守钰戴传贤奉使办理藏事报告书》，第 142 页。

② 夏扎·甘登班久：《忆吴忠信来藏主持十四世达赖喇嘛坐床典礼片段》，《西藏文史资料选辑》第 1 辑，民族出版社，2007，第 164 页。

③ 中国第二历史档案馆、中国藏学研究中心编《黄慕松吴忠信赵守钰戴传贤奉使办理藏事报告书》，第 262、143 页。

④ 郭玉琴主编《蒙藏委员会驻藏办事处档案选编》（三），台北，"蒙藏委员会"，2005，第 430 页。

（二）中央对锡德寺等寺庙的捐赠

国民政府深知寺庙在西藏政治中不可替代的重要作用，尽力给予适当的捐助。1934 年，五世热振活佛出任西藏摄政，亲近中央，反对英国侵略势力，支持蒙藏委员会设立驻藏办事处，国民政府授予其"辅国普化禅师"称号，对其颇有期望。1936 年，噶厦代表隆图嘉措为热振寺募捐，国民党中央党部捐给 2 万元，蒋介石以个人名义捐助 5000 元。① 1940 年 10 月，热振活佛亲信彭康噶伦向蒙藏委员会提出，修缮其子出家的江孜的一座古寺，称该寺有 70 名喇嘛，庙宇倒塌，寺贫僧苦。② 热振活佛驻锡地锡德寺，是拉萨四大林之一。1940 年 12 月，热振活佛派两名僧人前往内地为锡德寺募捐，请驻藏办事处致电吴忠信协助，蒋介石以个人名义捐助 10 万元，并给两人旅费各 3000 元。热振活佛特致电蒋介石称业已集合众僧当众宣布，感激万分，祝愿蒋公长寿、万事胜利。③ 1946 年，热振管家呈请修庙费印度卢比 10 万盾。④

1942 年，拉萨著名的密院木鹿寺（木如寺）堪布洛桑罗布致信驻藏办事处，称木鹿寺始建于宋代，现今正殿、僧寮倒塌破坏，西藏当局令寺院自己筹资，寺院派 5 人赴青海、蒙古等地募捐。驻藏办事处处长孔庆宗电告吴忠信请求给予支持。在蒙藏委员会的相助下，木鹿寺代表在重庆募得法币 12 万元，用 9 万元交中国茶叶公司购买砖茶在西藏销售。⑤

1942 年，甘丹寺果康村格西、夏巴巧节的管家降纸墨朗及帕热康村僧众因佛堂破坏，生活困窘，派图丹到重庆中央各机构募捐。⑥

1937 年，哲蚌寺俱舍眉村正殿破坏不堪，为了修补僧舍，需要紧急筹措 200 两藏银，普通僧众因都系穷苦出身，无力凑集银两，为避风寒，恳请驻藏办事处捐赠。僧众决议到南京请中央捐助修缮大殿，恰逢卢沟桥事变发生，未获结果。俱舍眉村只好在拉萨各地募集捐款。1940 年 1 月，再次

---

① 沈重宇：《回忆蒋介石重庆行营对西藏问题的研究片断》，《西藏文史资料选辑》第 2 辑，第 563 页。
② 郭玉琴主编《蒙藏委员会驻藏办事处档案选编》（九），第 477 页。
③ 郭玉琴主编《蒙藏委员会驻藏办事处档案选编》（九），第 471 页。
④ 郭玉琴主编《蒙藏委员会驻藏办事处档案选编》（九），第 485 页。
⑤ 郭玉琴主编《蒙藏委员会驻藏办事处档案选编》（九），第 500 页。
⑥ 郭玉琴主编《蒙藏委员会驻藏办事处档案选编》（九），第 508 ~ 512 页。

向蒙藏委员会恳请补助修缮费 200 秤藏银。1943 年 10 月，行政院批准补助法币 10 万元。① 蒙藏委员会设想补助俱舍眉村的余款，可用来在哲蚌寺和拉萨市区建汉僧宿舍，由罗色林扎仓代为管理，后考虑到需款较多，修建困难而放弃。驻藏办事处将 10 万法币兑换成印度卢比 16595 盾。1944 年 5 月，驻藏办事处捐助俱舍眉村藏银 1 万两及彭康噶伦之子主持的寺庙藏银 1 万两。② 设立内地旅藏贫民借贷基金藏银 1.5 万两，余下全部资助留藏学法的汉僧。③

历代达赖喇嘛亲临三大寺学经，有莅临色拉寺结扎仓元东康村惯例，其他康村不能迎请。元东康村有僧徒 2000 人，大殿破损严重。1942 年元东康村曾派人赴蒙古募化，归途中在青海遭到抢劫，损失骡马百匹、牛羊 900 头、藏银 5 万两，导致供养僧众基金锐减。1944 年 12 月，元东康村请求蒙藏委员会资助，委员长罗良鉴向行政院报告元东康村地位重要，又是热振活佛学法之处，以蒋介石名义捐助 2.5 万两藏银。④

1947 年春，西藏国大代表为修缮西康甘丹彭措林寺，募化法币 500 万元。1947 年 8 月，西藏国大代表凯墨札萨来南京参会期间，进行募捐，蒋介石捐印度卢比 1 万盾。蒙藏委员会捐助凯墨夫人购置贡唐古庙法器费卢比 1 万盾。⑤ 这些寺庙捐助活动，也涉及一些上层人士的切身利益，意在潜移默化地培养信教僧俗的心向中央之情。

历辈班禅活佛都亲近中央，维护汉藏民族团结。九世班禅留寓内地 10 年之久，护国弘法，利益众生，与国民政府上层多有交往，深受各方僧俗敬重。蒋介石也非常赞许班禅大师爱国护教的精神，高度重视班禅一系在藏传佛教历史和现实中的崇高地位，因此，布施扎什伦布寺也是必不可少的。1943 年 12 月 6 日，吴忠信致电孔庆宗拨下法币 6 万元布施扎什伦布寺。⑥ 孔庆宗与班禅下属王乐阶、恩久佛会商，决定在大殿熬茶煮粥，每僧布施 3.75 两藏银，

① 郭玉琴主编《蒙藏委员会驻藏办事处档案选编》（九），第 528～530 页。
② 郭玉琴主编《蒙藏委员会驻藏办事处档案选编》（九），第 546 页。
③ 郭玉琴主编《蒙藏委员会驻藏办事处档案选编》（九），第 541 页。
④ 郭玉琴主编《蒙藏委员会驻藏办事处档案选编》（九），第 557 页。
⑤ 《国民政府一九四七年度西藏地方政治宗教文化设施资料》，中国第二历史档案馆藏国民政府蒙藏委员会档案，档案号：141/981。
⑥ 郭玉琴主编《蒙藏委员会驻藏办事处档案选编》（九），第 328 页。

分别在历辈班禅佛塔及各佛殿点千灯、具千供。① 1944 年 4 月 15 日，孔庆宗派遣戴新三科长赴日喀则代表蒋介石主持办理布施扎什伦布寺僧众活动。② 布施后，戴新三报告驻藏办事处布施款项收支账单，法币 6 万元折合印度卢比 9975 盾，每盾折合藏银 3.1 两，共合计藏银 30922.5 两，全部发放完毕。③ 扎什伦布寺札萨喇嘛致函孔庆宗，并赠送蒋介石哈达、铜佛一尊，"祝大中央国泰顺利，国民政府蒋大主席长寿，诸事顺利为祷"。④

1945 年 4 月，沈宗濂派遣专员刘桂楠赴扎什伦布寺布施并赐匾额。5 月 16 日，刘桂楠到达扎什伦布寺。17 日，参加扎什伦布寺坐垫仪式，拜谒班禅佛宝座，献哈达，散后与拉让等重要人员会晤商谈布施事宜。19 日系藏历四月初八，为佛诞日，扎什伦布寺大殿正中悬挂考试院院长戴季陶"佛日增辉"的题字匾额，在各殿点灯一百，又以戴季陶名义在九世班禅灵塔前燃百灯。⑤

刘桂楠在来扎什伦布寺途中，就曾致函驻藏办事处主任陈锡璋，称萨迦寺历史悠久，法王地位仍属崇高，但是民初以来不受中央恩惠，汉官未曾亲往萨迦寺拜见札萨喇嘛。希望驻藏办事处派人至噶厦交涉，请求日喀则宗帮助，给予马牌前往。5 月 23 日，刘桂楠赴萨迦寺，代钧座送黄缎 1 件、黄绸 1 件、哈达 1 条，两小法王各送黄绸 1 件。法王称中央不遗偏远，派员来萨迦布施，衷心感激，愿意战争结束后，至内地一游。全寺 400 名喇嘛，每喇嘛布施藏银 3 两，熬茶一道，两法王各送礼金藏银 50 两。⑥ 僧众欢呼，感德热烈。

二 驻藏办事处布施大昭寺传召法会

传召大法会是宗喀巴大师于 1409 年在拉萨创设的祈愿法会。从藏历元月初三或初四起，甘丹寺、哲蚌寺、色拉寺众僧在大昭寺释迦牟尼像前诵经祈祷，讲经辩经，考取拉让巴格西学位。法会期间，政府、信徒都会给僧众布施。这是藏传佛教界影响最大、僧俗参加人数最多、最重要的宗教活动之一，故国民政府也非常重视传召法会。

---

① 郭玉琴主编《蒙藏委员会驻藏办事处档案选编》（九），第 339 页。
② 郭玉琴主编《蒙藏委员会驻藏办事处档案选编》（九），第 344 页。
③ 郭玉琴主编《蒙藏委员会驻藏办事处档案选编》（九），第 347 页。
④ 郭玉琴主编《蒙藏委员会驻藏办事处档案选编》（九），第 370 页。
⑤ 郭玉琴主编《蒙藏委员会驻藏办事处档案选编》（九），第 388 页。
⑥ 郭玉琴主编《蒙藏委员会驻藏办事处档案选编》（九），第 402 页。

1941 年，蒙藏委员会驻藏办事处在当年年度计划中提出，"中央照例熬茶布施，每一喇嘛藏银三两，需国币贰万元"，形成"中央派员驻藏、实行历来施主之恩之深刻印象"，以后每年均照例布施，[①] 成为定例。目前，国内外研究著作中没有关于蒙藏委员会布施传召法会的论述。

蒙藏委员会驻藏办事处档案有关于 1947 年传召法会布施过程的详细记载。布施的时间是 1947 年藏历新年初八日。组织程序是：驻藏办事处确定传召布施后，首先请噶厦委派一名总管协助办理，按惯例委派一名拉让强佐（管理财务、放债的官员）担任总管经办此事。总管应于藏历新年前择日带书记一二人来办事处筹备商议。此时，驻藏办事处要准备好藏银、哈达、纸张、分装现金的口袋以及装现金口袋的箱子 2 只。拉让强佐来后，按照旧例分配现金，大昭寺分 7 门，每门金额均相同，需分装 7 袋，另有 1 袋为准备金，备各门突然不足时临时补充。其次装纸封，此系供酬谢帮忙的藏官及道贺送礼者，金额及份数均依往例。再次，分派各门人员，每门照例有藏官 2 人、汉官 3 人，汉官人手不足时请本地汉商帮忙。现金钱袋均由强佐亲自装封盖印，装箱后仍盖印，待传召日再由彼等当面验用。

之后，驻藏办事处应办的事项有：购买放茶用的酥油；请藏官；请汉人帮忙；召集川、回帮保正安排帮助人员，川帮 20 名，回帮 10 名；委派承办酥油茶、稀饭、咖喱饭人员；准备当日招待宾客的菜肴，备四桌，每桌八大碗；准备礼堂藏式坐垫及小桌；传召之日，驻藏办事处职员在 7 点到处，7 点后帮忙者陆续至，汉藏人吃过酥油茶、稀饭早点后，由总管打开现金箱，将各门钱袋分发各门负责人。9 点，大昭寺派人来请。此时，陈锡璋主任应带职员二三人前往礼堂坐垫，另派职员二三人前往大昭寺各处转看，余人无事者可在大昭寺参观。10 点，主任坐毕。余人先行会集各本组人员赴各指定门前等候。门开后，喇嘛陆续出，各门同时散放，2 小时许方能毕事。司补充者需巡回各门准备补充。散毕后，各组分别返处，由负责人将钱袋交还总管，剩余钱款由总管当面点清登账。各组交送完毕，即开午餐，招待帮忙人员。受贺散毕返处后，即有陆续献哈达、送礼道贺者。此时，需派人登录，还份金、哈达者也需登记，约 1 小时完毕。最后向孜代表、雪代表及各帮忙藏官呈哈达、份金，也需详细登记。帮忙人员散后，即告完

---

① 　郭玉琴主编《蒙藏委员会驻藏办事处档案选编》（三），第 450、520 页。

成。总管仍留清算当日账目,详账待传召日竣,再择日办理。

最后的杂项事务为:赏金付零星请赏者,每年都有多起;赏帮忙川、回人员;清点及归还各项用具;清点收入礼品;总结算。达赖及藏王(指摄政王)份金由陈锡璋主任携职员二三人择日亲赴布达拉宫及摄政王府呈送。[①]

驻藏办事处档案记录有布施的人员、账单,其中人员名单详见表2-1。

表 2-1 1947 年传召布施任职人员名单

门名	负责藏官	负责人员	帮办人员	勤务	民众	备　　注
正门南队	孜代表、擦绒	李秘书	马青山、张连山		马崇仁	
正门北队	夏苏、阿旺坚赞	李科长	马云九、李和仁		张重德	
后门	雪代表、邦达昌、学岗孜仲	碧松	刘毓琪、陈炳璋		马克慎	
南门东队	堪仲大喇嘛、孜本鲁康	刘毓琪	张知重、王信隆、李子方、刘福堂	周祖耀	马光明、余绍仁	本队散乞丐后并负责清算各份
南门中队	曲盃图丹、帕拉代本	张注旺	汪藻、马义才、张春台	杨树方	马崇伟、马名扬	本队散乞丐后并负责清算各份
南门西队	阿旺扎巴、孜本夏郭巴	谭兴沛	罗坚、邓明渊、桑都昌	扎喜	李鸣宗、岳天喜	本队散乞丐后并负责清算生姜份金
新然门	阿旺朗吉、孜本阿丕	廖鲁乡	颜俊、曹巽、仲撒昌		马耀宗	
各门补充	拉卡车仁、吉多	胡继藻			马嗣笃	

资料来源:郭玉琴主编《蒙藏委员会驻藏办事处档案选编》(九),第 430 页。

1947 年中央传召布施各项支出账单为:7 门等份金共 76429 两(藏银,下同),乞丐布施费 2630.3 两,传召日放茶各项费用 4482.3 两,达赖及摄政份金 1874 两,致送帮忙藏官及道贺者份金 2800 两,各项赏金支出 1319.4 两,购买用品支出 1733.3 两,招待宾客支出 2513.5 两,合计 93781.8 两。

放茶用酥油 120 克,银 2400 两;饮茶用酥油 5 克,银 100 两;砖茶 9 甄,银 225 两;尖细茶 13 甄;茶中用盐巴 5 斗,银 55 两;倒茶人份金 1260 两,扎喜康色杂用银 77.3 两;转朝佛时用银 40 两。

———————

① 郭玉琴主编《蒙藏委员会驻藏办事处档案选编》(九),第 435 页。

　　达赖份金银 758 两，摄政银 108 两（此是在殿上呈送西藏地方政府的银两），私送摄政银 1008 两。

　　·孜代表是达赖喇嘛方面的代表，雪代表是摄政王方面的代表，擦绒是著名的贵族，孜本、代本、堪仲、学岗等都是四品以上的僧俗官员。李秘书是藏文秘书李国霖，李科长是李有义，刘毓琪等人是办事处职员，碧松是拉萨小学校长邢肃芝，张注旺是学法汉僧，颜俊、谭兴沛等人是军统的情报人员，在藏经商、居住的汉人都来帮忙。驻藏办事处非常重视此次布施，对孜代表等藏官，西藏地方政府夫役、轿夫、带香人，川回帮民众、勤务等帮忙人员，及道贺的色拉寺、哲蚌寺、甘丹寺甲绒康村等，都有份金赠送。布施传召法会是驻藏办事处一项重要的工作职责，一直持续到 1949 年。

　　西藏远在边陲，英国觊觎西藏，培植亲英分裂分子，对抗中国。除了武力威胁外，英国深知财物厚惠的奥秘，也有意拉拢三大寺。但是，西藏的喇嘛认为白种人是异教徒，不会真正信仰藏传佛教，颇为排斥英国人。黄慕松在西藏了解的情况是英人每次来拉萨都要对三大寺布施，具体效果并不明显。中央驻藏代表蒋致余 1937 年 5 月 17 日报告蒙藏委员会，锡金行政长官公署每年对藏活动经费 10 万卢比，其中联络藏内重要官员的礼品费用最多，用于三大寺布施不过千卢比。英国转而将拉拢的对象放在西藏贵族和噶厦官员身上，给予经济贸易的优惠。据吴忠信观察，英人在藏活动，一为造成西藏在经济上对印度的依存，一为给西藏大量军火。对于一般世家子弟联络尽致，每年必请客送礼一二次，并随时邀约做种种游戏。[1] 很多藏官与印度做生意，要求英印政府发给免税执照，进出印度商品可以免税。总计在 1936 年前后两年间，英方所耗活动经费连同免税在内，逾百万卢比。[2]经商的世家贵族掌握对印贸易特权，从中获得巨额利润。中央政府对西藏贵族也是同等重视的，愿意给予经济贸易的优惠，但是这样的机会不多。亲英和自主势力掌握了噶厦政权，阻梗汉藏交通，限制了康藏贸易往来及经济活动。而印度输入西藏的货物免税，西藏资金外流，又不得已出口羊毛换取外汇，勉强维持，一旦英人拒绝收羊毛，或不许卢比兑换藏银，西藏财政必破产。英印政府控制了西藏贵族的经济。

---

[1]　中国第二历史档案馆、中国藏学研究中心编《黄慕松吴忠信赵守钰戴传贤奉使办理藏事报告书》，第 197 页。
[2]　引自中国第二历史档案馆藏国民政府行政院档案，全宗号 2，共 19374 卷，第 2532 号。

三大寺拥护中央，目的是维护宗教，征昔汉人在藏代谋福利事实，思汉之心不忘，愿意恢复汉藏原有之关系，确认中央维护佛教较英国利用佛教好于万倍。① 西藏僧众"以中央尊重佛教，恢复清代布施旧例，亦皆表示感戴拥护"。驻藏办事处举例说：色拉寺"近年以来，态度顿变，汉人至寺，极表欢迎，其堪布等亦与本处联络至佳"；与汉民毫无纠纷之事，"此不能不归功于吴委员长来藏时之巨大布施，及中央之两年传昭布施也"，"为使三大寺竭诚内向计，传昭布施实有续办之必要"。② 事实上，三大寺在黄慕松、吴忠信入藏，九世班禅转世灵童寻访等重大政治事件上都发挥了有力的作用，三大寺主张和平解决藏事，并反对英国人在拉萨建筑英馆，设立医院、学校等要求，在遏制英国策动噶厦亲英势力搞"西藏独立"方面是有功于国家的。国民政府以寺庙为加深汉藏情感的中坚，在很大程度上弥补了国民政府在政治、经济、交通方面的受限局面，借助宗教力量来收获政治实效，是对藏施政的必要措施。

第四节　蒋介石应对西藏危机之策

1941 年 12 月 7 日，日军偷袭珍珠港，次日，英美对日宣战。中国与英美结成反法西斯盟国。蒋介石打算借这个有利时机以政治手段解决藏事，但是西藏地方政府却顽固坚持分裂活动，蒋介石不得不筹划采取军事行动。英国却横加干涉，丘吉尔首相更在太平洋会议上公然宣称西藏是"独立国"，引发了西藏危机。蒋介石指示外交部部长宋子文就西藏问题与英国政府展开了多次激烈交锋，至 1943 年暂告一段落。

一　修建康印公路，遭到噶厦抵制

二战爆发后，滇缅公路是援华物资的重要陆路通道。1940 年 7 月 12 日，在日本威胁下，英国关闭滇缅公路三个月。28 日，蒋介石致电丘吉尔：

---

① 中国第二历史档案馆、中国藏学研究中心编《黄慕松吴忠信赵守钰戴传贤奉使办理藏事报告书》，第 71、113 页。
② 郭卿琴主编《蒙藏委员会驻藏办事处档案选编》（三），第 665、666 页。

"惟有中国战胜并保持独立,英国在远东的利益方能保存,故余迫切的声明,请阁下为贵我两方利益计,从速恢复滇缅公路线。"① 英国予以拒绝。在这种情况下,蒋介石打算修筑康印公路(中国西康至印度的公路),由印度转运国际援华物资,遂命中国外交部与英国交涉。外交部部长宋子文在华盛顿会见英驻美大使征询意见:"康印公路昨已与英大使详谈,文谓国际战事变化莫测,我两国存亡相关,务须开辟不能为敌截断之路线,彼颇以为然。"② 英国认为中国若崩溃将失去抵御日本的基地,损害自身的利益,表示同意修建康印公路,支持中国抵御日本。

1941 年初,国民政府制定了康印公路的规划。1941 年 2 月 4 日,公路局局长杜镇远拟定修筑康印公路计划书呈给行政院。2 月 8 日上午,行政院召集外交部、财政部、经济部、交通部、蒙藏委员会等各相关部门开审查会,拟定"路线自西昌起,经盐源、永宁、中甸、德钦、盐井、察隅入印度,与阿萨姆省铁道终点之塞得亚站相接"。并建议初步应即时与英国交涉二事:(1)从塞的亚至我国边界之联络公路之兴筑问题;(2)印度铁路将来转运我国物资之优待及便利问题。此审查意见提交行政院第 503 次会议,经讨论决议:"原则决定,一面踏勘,一面交涉。"2 月 16 日,行政院院长蒋介石签发密令,命蒙藏委员会遵照办理。③ 1941 年 3 月 19 日,交通部致电蒙藏委员会,称已经调派叙昆铁路工程局副局长袁梦鸿为队长,将率全队人员从重庆出发,抵达西藏地方辖区进行勘测,请转电西藏地方政府予以便利,随时协助。④

蒙藏委员会深知与英国、西藏当局交涉的难度。3 月 22 日,吴忠信致电蒋介石建议:"修筑康印公路,于抗战治边均关重要……进行方式,似应先由外交部商得英方康印接路之同意,然后向藏方商洽,俾其不致挟英方反对。同时,玉树平坦,机场易筑,尤须急建,并密令青康当局于玉树至

---

① 秦孝仪主编《中华民国重要史料初编——对日抗战时期》第 3 编《战时外交》(二),台北,中央文物供应社,1985,第 24 页。

② 秦孝仪主编《中华民国重要史料初编——对日抗战时期》第 3 编《战时外交》(二),第 76 页。

③ 中国第二历史档案馆、中国藏学研究中心编《民国时期西藏及藏区经济开发建设档案选编》,中国藏学出版社,2005,第 116 ~ 118 页。

④ 中国第二历史档案馆、中国藏学研究中心编《民国时期西藏及藏区经济开发建设档案选编》,第 119 页。

甘孜、巴安准备增兵，以便必要时略施压力。"① 吴忠信提出应先与英国交涉，征得其同意，再与噶厦商洽，同时，在青、康一带做军事准备，双管齐下才有获成功之望。蒋介石批示"应准照办"，通知交通部。军令部接到蒋介石训令后，电命青海、西康当局在玉树、甘孜、巴安等地增兵。国民政府已经筹妥政策，余下最关键的是外交部与英国交涉及噶厦的态度。

1941 年 7 月 15 日，蒙藏委员会驻藏办事处处长孔庆宗电复吴忠信，报告与噶厦会商的情形和结果："用坚决口吻说明事关应付国际环境，于中央、西藏与英印各方均属有益，势在必行。噶厦极为踌躇，仅询中英既已商妥，是否与英合筑？答：'以中国境内，应由中央自办。'彼云：'想英方亦当通知西藏。'职答：'此非我所知。'彼复云：'盐井、察隅系西藏管辖，希望不在该地有何革新之创举。'职答：'中央只须修路，不管他事，请速令饬该地藏官，保护测勘队人员，余亦即电吴委员长报告，已与噶厦面洽矣。'彼仅答：'噶厦尚不能确答，须呈报摄政，开民众大会商议。'"孔庆宗认为："查噶厦态度虽犹豫未定，但大会似不敢决然反对。此时藏代表如已抵渝，务请示以坚决必办之意。又袁君等可酌带卫队直入康境。"② 在不知道英国真实态度的情况下，孔庆宗还是乐观地认为噶厦"不敢决然反对"。

在勘测队从西昌测至中甸约四百公里时，外交部接到英国驻华大使答复："英印政府对中国筹筑此路，原则上甚表欢迎，惟以该路通过西藏，必须谋取西藏方面之意见，同时希望自中甸起，另测一条经过缅甸北部次底列多之比较线。"英国表示欢迎中国修筑，但必须征得西藏地方政府的同意，并先航空测量。国民政府表示："鉴于非先用人工初步踏勘，无法航空测量，请英国政府再行转商印度方面，对于我方踏勘工作，充分予以合作。"③ 1941 年 9 月 13 日，蒋介石接见英驻华大使克尔，谈道："从印度通至西康之公路，望促其早日着手测量。"④

---

① 中国第二历史档案馆、中国藏学研究中心编《民国时期西藏及藏区经济开发建设档案选编》，第 119～120 页。
② 中国第二历史档案馆、中国藏学研究中心编《民国时期西藏及藏区经济开发建设档案选编》，第 122～123 页。
③ 蒋耘：《西藏地方政府阻挠修筑康印公路与抗战期间的中英关系》，《中国藏学》2006 年第 1 期。
④ 秦孝仪主编《中华民国重要史料初编——对日抗战时期》第 3 编《战时外交》（二），第 82 页。

7月底，交通部部长张嘉璈在日记中曾谈到此事："此事若成，可为开发边疆，挽回西藏政教之大举。惟藏方至今尚未表示同意，英方亦尚踌躇，无所可否。蒋兼院长即席面嘱蒙藏委员会吴委员长礼卿，于一个月内向藏方交涉办妥。会后吴委员长来部商讨应付办法。提议：（一）于筑路期间，对于藏方酌予财政补助，以示酬报。（二）路成后，每年续予补助，作为利益分配。（三）建筑与完成后办理，均可由藏方派员参加。决定如此向藏方接洽。"①

看到中国政府积极的态度，英印政府却开始反对，认为康印公路的修建将损害西藏的"自治"地位以及与印度的密切关系，遂暗中唆使西藏地方政府破坏。9月初，勘测队到达甲朗地带时，"藏官拆桥毁路，并调兵遮梗"。②

面对噶厦的阻挠破坏，中央政府仍在积极筹备筑路，打算先着手修筑西昌至中甸的路段。9月25日，英国驻锡金政治官助理诺布顿珠致信外交部郭泰祺："英国政府前经通知西藏政府谓英国政府业对中国政府说明，就英国所知，西藏政府所允者仅为航空测量，但中国政府则已决定派遣一陆上踏勘队，英方对该踏勘不负任何责任。然英国政府亦表示希望西藏政府能饬属对该踏勘队予以保护。查英国政府如此通知西藏政府之理由，实因英方曾向西藏政府保证，在未得西藏当局允诺之先，英方决无意采取以促成在藏筑路计划为目的之任何行动。兹恐怕西藏当局或将此认为此次踏勘队之入藏英方负有责任，且未经征求西藏政府同意或以英方自食其言等由。"③ 英国政府以西藏当局未应允为借口，表示不支持中国政府的勘测活动。

国民政府迅速召集有关各部会开会，决定在甘孜等处略做军事部署，并由外交部相机与英国交涉。1941年11月12日，蒋介石下令，康印公路势在必修，由吴忠信转电噶厦遵照，"如藏方再不允许，找可派队护送测量，不必待其允准也，并希以此意警告藏方"。④ 1942年1月13日，孔庆宗

①　姚崧龄：《张公权先生年谱初稿》上册，台北，传记文学出版社，1982，第290页。
②　中国藏学研究中心等编《元以来西藏地方与中央政府关系档案史料汇编》第7册，第2839页。
③　蒋耘：《西藏地方政府阻挠修筑康印公路与抗战期间的中英关系》，《中国藏学》2006年第1期。
④　中国藏学研究中心等编《元以来西藏地方与中央政府关系档案史料汇编》第7册，第2840页。

接噶厦回复称："此次修路调查路线一案，对于汉藏双方有无关碍，佛示（在佛祖前卜卦）不准，是以势难从命。藏方并非固执抗命，抱定汉藏一体之旨，恳乞依照佛谕，不得新开路政。设若定要举行，不但藏方有碍，而且对于中央政治恐有妨害。俯念汉藏双方始终得以安宁起见，所有藏境修路调查路线问题，恳请收回成命。"① 在英国的支持下，西藏当局顽固拒绝中央政府的任何提议，致使驿运无法落实。这无形中打击了内地人民抵御外辱的信心，损害了抗战大局，蒋介石不得不考虑采取军事行动。

1942 年 7 月 6 日，噶厦变本加厉，在英国的唆使下成立所谓与外国打交道的"外交局"，通知蒙藏委员会驻藏办事处自本日起一切事件向该局接洽。孔庆宗当日致电蒙藏委员会："查外交局性质系与外国洽办事件之机关，今噶厦告职须向该局洽办一切事件，是视中央为外国，示西藏为独立国。如我予以承认，则前此国际条约所订西藏为中国领土之文无形失消，而西藏与外国所订明密各约未为中央所承认者无形有效。事关重大，中央似宜明电噶厦不承认该局，中央驻藏官员仍须照旧与噶厦接洽一切事件，一面速定以实力解决藏事之大计。"② 7 月 7 日，孔庆宗再电蒙藏委员会："惟藏人反抗中印公路自认成功以来，日益轻视中央，今更设立外务局，对中外表示其独立自主。事关我国对藏之领土主权，敬祈速决大计，指示应付方针为祷。"③ 噶厦对驻藏办事处采取断绝燃料供应、派藏兵骚扰、殴打汉人、要求国民政府召回孔庆宗等方法，意图迫使驻藏办事处与"外交局"交涉，公然将中国、尼泊尔、英印等国驻藏代表同列为"外国"机关，以示西藏是"独立国"，极大地损害了中国主权。这再次激怒了蒋介石。

二 军事施压噶厦，英国出面干涉

面对噶厦恃英作梗，轻视中央威权的气焰，中央政府意识到必须动用武力，才能威慑西藏亲英分裂分子，树立在藏威信，否则徒费口舌。蒋介

---

① 中国第二历史档案馆、中国藏学研究中心编《民国时期西藏及藏区经济开发建设档案选编》，第 126 页。
② 中国藏学研究中心等编《元以来西藏地方与中央政府关系档案史料汇编》第 7 册，第 2841 ~ 2842 页。
③ 中国藏学研究中心等编《元以来西藏地方与中央政府关系档案史料汇编》第 7 册，第 2842 页。

石遂命令军令部草拟用兵西藏计划。1942 年 10 月，"西藏用兵计划草案已奉批下，在明年开始行动，预定于明年十月前，进驻昌都，再用政治方法解决西藏问题"。①

12 月 25 日，国防最高委员会拟定《西藏之政治制度及其对于中国之关系》，呈交蒋介石，内容有："中国一向认西藏为本国领土之一部分，对西藏有主权。""中央对西藏不外采取两种可能之关系：甲，恢复藩属之地位（准备兵力，行使统治权）；乙，中央给予西藏以自治权，除国防、外交及一部分交通、经济、财政与教育由中央主持外，余皆允许其高度自治。""似宜采取乙种关系较为切合西藏环境。"国民政府认为在目前的局势下，采取武力并不现实，应先"树立中央在藏之威信"，"划分步骤，不求急进"。② 也就是缓进徐图，以不生事端为要招，故军事行动仅是辅助政治的吓阻策略。这是蒋介石真实想法的反映，其 1942 年 8 月 28 日的日记中记载："只要藏政归中央统治，不受外国牵制足矣。中央之所以必须统制西藏者，其宗旨全在解放藏民痛苦，保障其宗教与生活自由，而不被外国所愚弄与束缚而已。"③ 但是，鉴于噶厦的嚣张态度，蒋介石觉得有必要军事施压以利于政治手段解决藏事。1942 年底，国民政府命令西康刘文辉、青海马步芳、云南龙云派兵进驻藏边，伺机夺取昌都。1943 年 3 月，青海省增派约 3000 骑兵驻防玉树。

1943 年 5 月 12 日，蒋介石召见西藏驻京办事处阿旺坚赞等人，严厉指出：中央的军事行动一方面是为了防止日寇勾结西藏，另一方面是为了保护修筑中印驿运线；命阿旺坚赞转告噶厦"勿受英人诱惑"，遵守中央下列要求："（1）协助修筑中印公路，（2）协助办理驿运，（3）驻藏办事处向藏洽办事件必与噶厦径商，不经过'外交局'，（4）中央人员入藏，凡持有蒙藏委员会护照者，需照例支应乌拉，（5）在印华侨必要时需经藏内撤。"蒋介石警告："如果西藏能对此五事遵照办到，并愿对修路驿运负保护之责，中央军队当不前往，否则，中央只有自派军队完成之。""中央绝对尊重西藏

---

① 公安部档案馆编注《在蒋介石身边的八年——侍从室高级幕僚唐纵日记》，群众出版社，1991，第 314 页。

② 《西藏之政治制度及其对于中国之关系》（1942 年 12 月 25 日），中国国民党党史委员会藏国防最高委员会档案，档案号：005/14。

③ 《蒋介石日记》（手稿本），1942 年 8 月 28 日。

宗教，信任西藏政府，爱护西藏同胞。但西藏必须服从中央命令，如发现西藏有勾结日本情事，当视同日本，立派机飞藏轰炸。"① 蒋介石日记记录此事为："对西藏代表严正态度，使西藏政府夜郎自大者有所觉悟，非此不可也。"②

西藏噶厦从阿旺坚赞处得知蒋介石的训话后，颇为惊慌，赶紧向英国求援。英驻拉萨代表谢里夫将噶厦的求援信电告古德："驻扎在西宁的青海省主席马步芳直接而故意地违反了西藏与青海之间所订立的《条约》，调集数百名军队开进了那曲附近属于西藏领土的扎玛地方（Dzamar）。据说今年侵略意图更大，许多军队已被调到了西藏边境，还有一些军队正在向西藏开进途中。自然，西藏政府不能再采取消极态度，但必须考虑最佳对策，设法维护我们的主权完整。请求我们最大的盟友英国政府，通过印度政府给予我们尽可能的援助，以支持和维护我们的独立地位，并请求锡金政治专员特别助理谢里夫（G. Sherriff）少校监督此事。"③ 同时，噶厦又增兵康藏前线，做出备战姿态，并向国民政府致电称，"藏中重要事项"，必须待西藏全体民众大会开会协商，再做答复。

英国闻知青海军队开赴藏边后，指示驻华大使薛穆（H. J. Seymour）进行干涉。5月7日，薛穆来到中国外交部。宋子文接见并予答复："余希望阁下能撤回此项询问。余对于我国军队之调遣不甚明了，就余所知，阁下所述或竟毫无根据。然如果余将阁下提出之问题转达我政府及军事当局，余不知究将引起何种反响。一国之内部队之调遣，实与另一国无关。至于一国之中央与地方接洽事件，无论其友国如何友好，亦无友国代为转达之必要。因余个人志愿使中英关系日益增强，故希望阁下不提此事。"薛穆答称："余亦知此事甚微妙，但西藏与中国其他部分不同，似系自主。"最后两人相约几日后再谈，宋子文特请示蒋介石如何应对。蒋介石批示："西藏为中国领土，我国内政决不受任何国家预问。英国如为希望增进中英友谊，则勿可再干涉我西藏之事。如其不再提时，则我方亦可不提。如其再提此事，应请其勿遭干预我国内政之嫌，以保全中英友谊，并此事决不能向政

---

① 《蒙藏委员会秘书周昆田致孔庆宗电》（1943年5月13日），北京大学历史系编《西藏地方历史资料选辑》，三联书店，1963，第351页。
② 《蒋介石日记》（手稿本），1943年5月16日"上星期反省录"。
③ 梅·戈尔斯坦：《喇嘛王国的覆灭》，第315页。

府报告之意拒之可也。"①

蒋介石对英国的干涉大为不满，非常愤慨，据唐纵回忆："英国大使向我外交部送达备忘录，谓西藏对我中央将向西藏用兵表示惊骇，希望我国否定其事。委座闻之甚为不悦，嘱吴次长将备忘录退回，西藏为我国内地，为何英国出面干涉。"②

5 月 17 日，英国外交部指示薛穆告诉中国政府，已经将此问题提交英国政府讨论，丘吉尔首相将在太平洋会议上提出此事。

在中央的军事压力下，噶厦不得不软化态度，噶厦电告西藏驻重庆办事处，附上备忘录，答复蒋介石，文称：

> 经西藏驻重庆办事处得知，关于汉藏关系，蒋委员长提出五条。对此，西藏会议作了详细答复，但至今未得回音。如果汉政府不同意上次之答复，现照以下五条进行会商：
>
> 第一条，汉商货物由印度途经西藏时，雇用驮畜，向无阻碍，今后藏政府亦一如既往，随时给以帮助。
>
> 第二条，藏政府保证上述货物途经西藏时，不受盗匪抢掠。
>
> 第三条，凡汉地来西藏者，须事先上报藏政府，藏政府可以发给路条。
>
> 第四条，关于承认外事局一事，汉政府认为不妥的话，应本着不损害汉藏供施关系的前提下相互体谅。汉藏双方其他事宜，另行洽商。
>
> 第五条，旅居印度之汉民华侨，万一发生侨居困难时，可商讨是否准其入境。
>
> 目前康区交界处，汉藏双方均聚集大量守边部队，照此下去，因相距较近，若发生冲突，汉藏供施关系将会成为乌有。避免发生此类事件，汉藏军队应立即各自撤出交界处。③

噶厦表示与中央政府协商解决问题，实际上取决于英国政府的态度。

---

① 中国藏学研究中心等编《元以来西藏地方与中央政府关系档案史料汇编》第 7 册，第 2850~2851 页。
② 公安部档案馆编注《在蒋介石身边的八年——侍从室高级幕僚唐纵日记》，第 314 页。
③ 中国藏学研究中心等编《元以来西藏地方与中央政府关系档案史料汇编》第 7 册，第 2852 页。

三　宋子文与丘吉尔交涉

蒋介石深知西藏问题的背后主要是英国在捣鬼，欲解决藏事必须与英国交涉。太平洋战争爆发后，中、英、美结成同盟国，国际环境有利于中国。在这种背景下，蒋介石调整了多年来对噶厦的柔性政策，主动要求英国表态尊重中国对西藏的主权，在最高层面上交涉西藏问题，将藏事朝着有利于和平解决的方向引导，故采取了比较积极的姿态。因此，国民政府积极筹建康印公路，目的不仅仅是运输战时物资，亦是借机恢复对西藏的主权管理。

1942 年 2 月 5 日，蒋介石夫妇访问印度，2 月 21 日，宋美龄广播了蒋介石的《告别印度人民书》英文稿，称中印两国人民命运相同，应一致奋斗，争取反法西斯战争的最后胜利，呼吁英国"从速赋予印度国民政治上之实权"。蒋介石回国后，22 日指示驻英大使顾维钧转告丘吉尔首相，应急速解决印度政治问题，转移印度人之心理，以防止日本之侵略。随后又致电在华盛顿的宋子文向罗斯福进言，请罗斯福劝告丘吉尔。实质上，蒋介石通过访问发现英国在印度的统治已经濒临崩溃，是迟早要退出的。中国政府可以利用二战的机会与英国交涉。但是，这触怒了丘吉尔。丘吉尔完全拒绝中国任何有关印度的建议。

1942 年 10 月 10 日，美、英公开宣布与中国政府就废约问题进行谈判。蒋介石要求英国政府"取消西藏关系之不平等特权"，"应积极与坚决进行"。① 英国拒绝就西藏问题谈判。1943 年 1 月 11 日，中国外交部部长宋子文与英国驻华大使薛穆在重庆签署了《关于取消英国在华治外法权及有关特权条约》，未涉及西藏问题和九龙问题，就体现了英国的这种态度。

英国、英印政府内部一些鹰派官员，打算与中国政府针锋相对，报复蒋介石公开支持印度民族独立的举动。

1943 年 3 月 15 日，宋子文代表蒋介石在华盛顿会晤英国外相艾登（A. Eden），表示西藏是中国的一部分，中国政府希望知道英国政府对西藏主权的看法，与英国展开正面交涉。艾登没有回答，仅表示欢迎宋子文 5 月

---

① 《蒋介石日记》（手稿本），1942 年 10 月 25 日。

访问英国。艾登回国之后，指示外交部、印度事务部、英印政府在内部评估西藏的政治地位。为此，英国内阁对西藏政策进行了一场广泛的大讨论。

1943 年 4 月 10 日，英国外交部向内阁递交《西藏和中国宗主权问题》的报告，披露了加速促进"西藏独立"的想法："为了对西藏彻底独立的主张给予有效支持，我们应当放弃从前对中国宗主权的承认"，"它妨碍了我们同西藏直接签订条约的自由"。①

1943 年 4 月 29 日，英国外交部克拉克（Ashley Clarke）致信印度事务部皮尔（R. T. Peel），就取消先前对中国"宗主权"的承认征询意见，建议召开会议审视这项政策，向内阁提交一份全面的报告，以答复宋子文将来访英时的质询。英国外交部和印度事务部达成共识之后，准备提交内阁，由内阁做出最终决定。在内阁决定之前，美国的态度是至关重要的。为此，英国外交部通过驻美大使馆向美国政府征询意见。1943 年 5 月，美国国务卿表示："中国政府长期以来声称对西藏的宗主权，中国的宪法也将西藏列入中华民国领土之内。本政府对此两点从未提出过疑义。"②

美国政府深知中国对于抗击日军不可替代的作用，若是支持英国对藏政策势必激起中国人民的强烈不满，损害美国在太平洋地区的根本利益。美国的不支持态度迫使英国政府不得不慎重修订对藏政策，避免与中国政府发生正面冲突，也担心损害与美国的关系。

5 月 18 日，英国外交部、印度事务部拟定答复中国政府的原则："1. 决不无条件承认中国的宗主权。2. 指出西藏已经实际上自治 30 年，并保持了这种自治。3. 明确申明英王陛下政府与印度政府除了希望保持同西藏的睦邻关系外，绝无任何野心。4. 重申英国的一贯态度是愿意在中国尊重西藏自治的前提下承认中国的宗主权。"③

英国涉藏政策调整为只有中国在承认西藏"高度自治"的情况下，才承认中国对藏的"宗主权"，改变了过去同时承认中国"宗主权"和"西藏自治"的做法，真实想法是支持"西藏独立"。

1943 年 5 月 20 日，美国总统罗斯福、英国首相丘吉尔、中国外交部部长宋子文在华盛顿举行太平洋会议，讨论对日作战问题。丘吉尔在发言中，

---

① 梅·戈尔斯坦：《喇嘛王国的覆灭》，第 324～325 页。
② *FRUS*, China the Department of State to the British Embassy, 15 May 1943.
③ 张永攀：《英帝国与中国西藏》，中国社会科学出版社，2007，第 125 页。

突然说："近闻中国有集中队伍准备进攻西藏之说，使该独立国家大为恐慌，希望中国政府能保证不致有不幸事件发生。"宋子文当即严正指出："并未闻有此项消息，西藏并非首相所谓独立国家，中英间历次所订条约，皆承认西藏为中国主权所有。"①

会后，宋子文立即电告蒋介石。22 日，蒋回电："邱吉尔称西藏为独立国家，将我领土与主权完全抹煞，侮辱实甚。不料英国竟有如此言动，殊为联合国共同之羞辱，应向罗总统问其对于邱言有何感想及如何处置。西藏为中国领土，藏事为中国内政，今邱相如此出言，无异于干涉中国内政，是即首先破坏大西洋宪章，中国对此不能视为普通常事，必坚决反对并难忽视。"②同日，蒋介石再次致电宋子文："我政府只有对藏开辟公路以利运输，而决无集中十一师进攻西藏事。此说完全为英国所捏造，其用意欲我发表并无攻藏行动之宣言。务声明与对英保证，此决不能为也。余照前电之意，应向罗总统严重表示，英国在事实上已首先破坏大西洋宪章矣。"③ 蒋介石一日连发两电，并在日记中写道：丘吉尔突称"西藏独立国，中国在此获得空军接济之时，不宜对藏用兵，并将其对中英美一月间加尔各答会共同进攻缅甸决议完全推翻、否认，此诚帝国主义真面目暴露，不仅为流氓、市侩所不为，而亦为轴心、倭寇所不齿"。④ 5 月 25 日，蒋又致电宋子文称："关于西藏问题，不能轻忽，应照前电对罗总统严重表示，使其注意。如罗总统有勿因此发生意外之语，则我更应申明立场主权为要，否则其他军事要求与我之主张更被轻视，以后一切交涉皆必从此失败矣。切盼遵令执行，勿误。"⑤他在同日的日记中写道："复子文电，对藏事应坚决表示。"

蒋介石对丘吉尔干涉中国内政的言辞非常愤慨，命宋子文征询美国总

① 《宋子文致蒋介石报告太平洋会议与丘吉尔争辩西藏问题电》（1943 年 5 月 21 日），吴景平主编《宋子文驻美时期电报选（1940～1943）》，复旦大学出版社，2008，第 188 页。
② 《蒋介石致宋子文告以丘吉尔干涉中国内政必坚决反对电》（1943 年 5 月 22 日），吴景平主编《宋子文驻美时期电报选（1940～1943）》，第 191 页。
③ 《蒋介石致宋子文指示应向罗斯福严重表示电》（1943 年 5 月 23 日），吴景平主编《宋子文驻美时期电报选（1940～1943）》，第 192 页。1941 年 8 月，美国总统罗斯福与英国首相丘吉尔在大西洋北部的一艘军舰上签署了《大西洋宪章》，宣称美英两国不寻求领土和其他方面的扩张，不承认法西斯通过侵略造成的领土变更。
④ 《蒋介石日记》（手稿本），1943 年 5 月 23 日。
⑤ 《蒋介石致宋子文告以关于西藏问题不能轻忽电》（1943 年 5 月 25 日），吴景平主编《宋子文驻美时期电报选（1940～1943）》，第 192 页。

统罗斯福的意见，这在策略上是正确的。英国在欧洲战场上被德国打得体无完肤，要仰仗于头号强国美国的帮助。而美国在太平洋战区也需要中国牵制和抵抗日军。罗斯福尊重中国的主权，不赞同丘吉尔的主张，"宋子文接电后，于25日复电蒋介石次日总统（罗斯福）亦云邱所言殊不得体"。①

罗斯福不愿触怒中国促使英国战时政府慎重考虑发表对西藏地位的声明，不敢公开支持"西藏独立"，但也不甘心放弃觊觎了近百年的西藏。7月26日，宋子文到访伦敦，与艾登会谈，"希望英国政府承认西藏是中国的一部分"，艾登拒绝承认中国对西藏主权。8月5日，艾登致信宋子文并附上内阁决议的备忘录，告知英国政府对西藏政治地位的主张。英国再次表明了对中国主权的觊觎，即使在战后也不愿放弃对西藏的侵略。其中，最大的变化是有条件地承认中国"宗主权"，距公开承认"西藏独立"又迈进了一步。这理所当然地遭到了中国政府的坚决反对和驳斥。蒋介石认为："英国打算用这种手段来牵制中国，并对中国在印度问题上所采取的态度进行报复。"② 可谓一针见血地指出了英国的不良用心。英国政府外交上全力支持噶厦，行动积极强硬，对中国政府造成了很大的压力，迫使蒋介石几经思考，"对西藏决定放宽一步，不加嘘声威胁，故不派飞机侦察昌都，勿使刺激投英，亦勿刺激英国。此时唯一要旨，为使英国无口可借，而能共图履约，打通英缅路交通，一切的一切，皆应集中于此一点也"。③

蒋介石在政治方面是非常理性的，本来就不愿武力解决藏事，所求者以维持西藏现状、不生事端为要旨，不会因藏事而影响抗战大局。当然，军事施压噶厦，对英国外交交涉，对丘吉尔的言论表示愤慨和抗议，也是维护中国主权的必要之举，致使英国未能公开宣布"西藏独立"，在这一点上，蒋介石付出了努力，应该给予历史的肯定。同时，蒋介石选择了隐忍，坚持以政治手段解决藏事，失去了借二战之机树立中央威信的最佳良机，没有坚决果断的勇气解决藏事。通过数次交涉，中国政府未拿出切实有效的办法对付噶厦和英国政府，没有改变当时西藏的状况。英国政府深知中

---

① 《宋子文致蒋介石报告当重复声明我国立场与主权电》（1943年5月25日），吴景平主编《宋子文驻美时期电报选（1940~1943）》，第193页。
② 顾维钧：《顾维钧回忆录》第5册，中华书局，1987，第231页。
③ 《蒋介石日记》（手稿本），1943年7月24日。

国政府内外交困、无能为力的现实，故在 1943 年以后加快了煽动"西藏独立"的步伐，派军侵占中国藏东南领土，损害了中国的主权，遗祸至今。

第五节　国民政府与噶厦围绕
"西藏高度自治"的较量

　　面对英国与西藏上层分裂分子的勾结，北洋政府、南京国民政府忙于内战，无暇也无力经营西藏地方，维持现状成为一个无奈的被动选择。在抗日战争中，中、英、美结成同盟国，提高了中国的大国地位。随后世界反法西斯战争胜利的临近，英国实力的下降，都似乎为中国政府解决西藏问题带来了良好的契机。

　　1943 年 7 月，英国内阁通过了涉藏决议，声称"西藏维持自治地位有30 年"，只有在中国政府承认西藏"自治地位"的前提下，英国才能承认中国"宗主权"，再次为南京国民政府战后解决西藏问题制造了障碍。[①]1943 年底，稍具政治常识的人都明白德、日两国战败只是时间问题。自1937 年以来坚持抗战而赢得声誉的蒋介石也意气风发，要着手解决战后的国内问题，召开有各党派、边疆各省民族代表参加的制宪国民大会，满足国内强烈的宪政要求，进而在法理上赢得国内外公认的国家领袖地位，成为蒋介石的一项重要筹划。如何应对边疆部分少数民族上层人士怀有异心的"民族自治"主张，并乘机解决久为悬案的西藏问题也就顺理成章地进入了南京国民政府视野。在英国的干涉阻挠下，国民政府与噶厦围绕 1946年召开的国民大会展开了一场较量。

一　秉承孙中山地方自治学说，国民政府允诺西藏自治

　　不管今天的民族区域自治，还是民国时期的联省自治、民族自治、高度自治等，都脱胎于西方地方自治学说。在清末，近代西方地方自治学说传入我国后，广受知识界、政界的追捧。美国总统威尔逊、苏俄列宁的

---

① 陈谦平：《抗战前后中英关于西藏问题的交涉》，《历史研究》1996 年第 4 期。

"民族自决"论又为国内年青知识分子和革命者所拥护。20 世纪 20 年代，革命大潮席卷而来，地方自治、民族自治、民族自决成为时髦的名词，似乎各省人民、各民族都有管理本地区和本民族事务的权利，形成一种颇有影响力的政治理论。它之所以广受人们拥护，概如孙中山所言，地方自治是"最好之民权制度"，① 是建国的基础。

如果将"地方自治"学说用到中国边疆民族地区，又比较复杂。中国国民党第一次全国代表大会宣言集中体现了国民党人民族自治、民族自决的主张，相关内容如下：一是中华民族对外自决，实现国家和中华民族的独立；二是"承认中国以内各民族之自决权"，"对于国内之弱小民族，政府当扶植之，使之能自决自治"。② 意思是中央政府允许国内各民族有自治的权利，并用帮助国内各少数民族自治的办法来解决国内民族问题，意味着以孙中山为代表的国民党人不赞成蒙藏等少数民族从中国分离出去。

据苏联顾问回忆，在国民党一大宣言起草时，鲍罗廷与代表汪精卫谈话涉及了"民族自治"、"民族自决"内容：

鲍罗廷：宣言起草委员会是否承认前中华帝国各少数民族享有自决权？

汪精卫：我们承认各民族的自决权。我们希望能在平等的基础上把所有各民族都联合起来。

鲍罗廷：宣言起草委员会是否把统一的共和国理解为实行自决的各民族的统一的共和国？

汪精卫：孙先生所赋予的涵义是：中国不仅仅是中国内地，所有地区，包括西藏、蒙古和其他少数民族地区，都不是单独的国家。当我们将来组织统一的共和国时，这些地区将处于同其他各省相同的地位。因为我们将让各省得到十分广泛的权利。他认为中国最需要的是统一的国家，而不是联邦制的国家。我们的宣言中，有关于省级自治的条款。因此，让其他民族地区也称省吧，而所有的省都平等地获得十分广泛的自决权利。

鲍罗廷：我很担心，"统一的"这个词会引起这些民族的误解，既然给

---

① 中国社会科学院近代史研究所等编《孙中山全集》第 3 卷，中华书局，1984，第 328 页。
② 中国社会科学院近代史研究所等编《孙中山全集》第 9 卷，第 127 页。

予自决权,统一的这个词就不合适。区域自治或各省自治同样不合适。①

从上述内容中可以清楚地看出孙中山所主张的"民族自治"、"民族自决"是在统一国家之内的民族地方自治,这也代表了当时多数中国国民党人的主张。民族地区的自治、自决首先应维护国家领土和主权的统一,这符合国家的最高利益。故国民党一大宣言将"中华联邦共和国",修正为"统一国家中的民族自决权",是解决中央与边疆地方各省建政分歧比较符合当时实际情况的政治纲领。

孙中山先生逝世后,国民政府奉其遗教。1929 年 3 月 15 日,中国国民党在南京召开第三次全国代表大会,27 日会上通过《对于政治报告之决议案》,其中涉及"蒙藏与新疆"部分为:"于民权主义上,乃求增进国内诸民族自治之能力幸福,使人民能行使直接民权,参与国家之政治。"1929 年 6 月 17 日,国民党三届二中全会通过"关于蒙藏之决议案",要点是:"阐明蒙藏民族为整个的中华民族之一部,并释明三民主义为蒙藏民族唯一之救星。""督促蒙藏民族人民积极培养自治之能力,完成自治之组织。"② 夺取全国政权的中国国民党在蒙藏决议案中公开宣布在蒙藏地方实行地方自治。1929 年,十三世达赖喇嘛主动派代表贡觉仲尼来京洽商,蒋介石明言:"中央应本总理之宽大之主义,许藏人完成自治。"③ 蒙藏委员会拟具了和平解决西藏问题的具体办法,会呈蒋介石:"一、西藏与中央关系恢复如前。……四、外交、军事、政治均归中央办理。五、中央予西藏以充分自治权。"④ 蒋介石又提出问题征询达赖喇嘛的意见:"一,中央与西藏之关系应如何恢复? 二,中央对西藏之统治权如何行使? 三,西藏地方自治权如何规定? 范围如何?"⑤ 蒋介石决定派贡觉仲尼作为国民政府的代表,携带

① 黄修荣:《共产国际与中国革命关系史》上册,中共中央党校出版社,1989,第 208 ~ 209 页。

② 熊耀文编《总理对于蒙藏之遗训及国民政府对于蒙藏之法令》,张羽新主编《民国藏事史料汇编》第 2 册,第 252 ~ 253 页。

③ 中国藏学研究中心等编《元以来西藏地方与中央政府关系档案史料汇编》第 6 册,第 2475 页。

④ 中国藏学研究中心等编《元以来西藏地方与中央政府关系档案史料汇编》第 6 册,第 2478 页。

⑤ 中国藏学研究中心等编《元以来西藏地方与中央政府关系档案史料汇编》第 6 册,第 2482、2483 页。

其致达赖喇嘛、噶伦擦绒的信函和蒙藏委员会委员长阎锡山致达赖喇嘛信函以及解决办法之意见返藏联络。国民政府承诺在中华民族大家庭内实行民族自治，无疑在思想上顺应了国际潮流，也是一种政治妥协，照顾到了民族地区的特殊情况。虽然绝不同于西藏激进民族主义分子提出的"高度自治"，但对全藏僧俗来说，也是颇有诱惑力的政治解决之道。九世班禅在内地也多次呼吁："希望中国以民族平等之观念，扶助及领导西藏人民，使之能自决自治。"[①] 不幸的是，1930 年大白纠纷引发了康藏战争，持续 3 年之久，和平解决藏事似乎遥遥无期。

此时的内蒙古上层人士中也涌动着自治的浪潮。1930 年 5 月在蒙藏委员会召开的蒙古会议上，哲里木盟代表提出"内蒙地方政务委员会为内蒙古最高政治机关"，欲摆脱各省对盟旗事务的干涉。1933 年，在日本的怂恿下，内蒙古西部以德王为首的一批蒙古王公发动"内蒙古高度自治运动"，要求独立的治权，国民政府被迫制定《蒙古自治办法原则》、《蒙古地方自治政务委员会暂行组织大纲》，做出了妥协让步，但完全拒绝了建立蒙古自治政府的主张。

蒙藏地方的纷扰，以及日本的侵华，使得一心想"剿匪"的国民政府自感"张皇无措"。蒋介石认为在国家没有实力的情况下，可以本着民族自治和民族平等的精神解决边疆问题，尝试提出了"五族联邦"制。1934 年3 月 7 日，蒋介石在南昌发表演讲："在此恶劣环境下，对于复杂之边疆问题，即无实力可用，便不可不有相当之政策，在各个帝国主义利害冲突之中求生存之路，一面充实国力，静待时机……但目前首要之图，即须树立一明确之政策。予以为目前最适当之政策，莫若师苏俄'联邦自由'之意，依五族共和之精神标明'五族联邦'之政策……由过去所得之教训，吾人应知一种切实而得当的政策之确立，乃今日对付边疆问题最切要之事……依据总理'国内各民族一律平等'之原则，确立'五族联邦'制，简言之，即采允许边疆自治之放任政策。诚以国家大事，完全为一实际的力量问题，国际关系，乃纯粹决于实际的利害打算，依此而筹边，在今日情势之下，虽欲不放任，事实上也只能放任。放任自治，则边民乐于自由，习于传统，

---

① 中国第二历史档案馆、中国藏学研究中心编《九世班禅内地活动及返藏受阻档案选编》，第 8 页。

犹有羁縻笼络之余地……并认定唯有宽放的自治政策，方可以相当的应付边疆问题。予意除本部应为整个的一体以外，边疆皆可许其自治而组织'五族联邦'之国家，如此则内消'联省自治'之谬误，外保岌岌可危之边疆……故实行'五族联邦'加紧充实国力，乃今日应付边疆之唯一有效途径。"① 蒋介石承诺给予边疆民族宽松的自治权利，以消解边疆民族的"高度自治"和隐有割据之实的"联省自治"的影响，效仿"中华联邦共和国"之意，提出"五族联邦"制，这与"五族共和"相比，似乎是退了一步，却反映出国民政府的无力和焦灼。

第二次世界大战为殖民地的民族解放提供了绝佳的历史机会。1941 年 8 月 14 日，英、美发布《大西洋宪章》，表示"尊重所有民族选择他们愿意生活于其下的政府形式之权利；希望看到曾经被武力剥夺其主权及自治权的民族，重新获得主权与自治"。② 这也得到了中国知识界和政界的广泛拥护。民族自治已经成为处理民族问题的一项深入人心、能为各方接受的政治理论。具体到西藏问题，英国所主张的"西藏自治"无疑是打压中国的一张牌，也不时成为西藏当局抵制中央政府的借口。正是在这种背景下，国民政府准备考虑赋予西藏"高度自治"，在政治和舆论上争取主动。1942 年 12 月 25 日，国防最高委员会秘书厅拟定了《西藏之政治制度及其对于中国之关系》指导性文件，认为中央对西藏不外采取两种可能之关系，即"甲、恢复藩属之地位（准备兵力，行使统治权）；乙、中央给予西藏以自治权，除国防、外交及一部分交通、经济、财政与教育由中央主持外，余皆允许其高度自治"，"似宜采取乙种关系较为切合西藏环境，适应世界潮流"。③ 提出拟赋予西藏高度自治的权利。

体现蒋介石意旨的《中国之命运》提出："我国父首先宣布五族共和的大义，以解除国内各宗族的轧轹，而至之于一律平等的境域。由此以至于今日，我国民政府仍一本我国父的遗教，以及中国国民党历次宣言……务使国内各宗族一律平等，并积极扶助边疆各族的自治能力和地位，赋予以

---

① 林恩显：《国父民族主义与民国以来的民族政策》，台北，"国立编译馆"，1994，第 193 ~ 195 页。
② 世界知识出版社编《国际条约集（1934 ~ 1944）》，世界知识出版社，1961，第 337 ~ 338 页。
③ 《西藏之政治制度及其对于中国之关系》（1942 年 12 月 25 日），中国国民党党史委员会藏国防最高委员会档案，档案号：005/14。

宗教、文化、经济均衡发展的机会……这是中国国民党革命的一贯精神，亦即是中国国民党对内政策的唯一使命。"① 这说明国民政府在战后解决国内民族问题的指导原则仍是扶植边疆各民族的自治能力，而绝不可能应允所谓的"民族独立"。

抗日战争胜利在望，中华民族迎来解放的光明前景，似乎也看到了国家统一的曙光。威望增高的国民政府要趁此良机解决国内问题。1945 年 5 月 5 ~ 22 日，中国国民党在重庆召开了第六次全国代表大会，对战后统治中国政策进行全面阐述，其中包括对西藏的政策。5 月 18 日，大会通过《本党政纲政策案》，宣称："实现蒙、藏各民族之高度自治，并扶助各民族经济、文化之平衡发展，以奠定自由统一的中华民国之基础。"21 日，大会通过宣言："为贯彻民族主义之目的，本人会特重申第一次代表大会时，'于革命获得胜利以后，当组织自由统一的中华民国'之宣言，必以全力解除边疆各族所受日寇劫持之痛苦，亦必以全力扶助边疆各族经济、文化之发展，尊重其固有之语言、宗教与习惯，并赋予外蒙、西藏以高度自治之权。民族主义彻底实行之日，即为我国家长治久安永保团结之时。"② 国民党正式宣布赋予西藏高度自治的权利。康区藏族代表格桑泽仁等人，响应国民政府的号召，在 7 月召开的国民参政会四届一次大会上，提交了《请确立蒙藏自治区制度载诸宪法案》，称"实现蒙藏各民族之高度自治"，"不仅使蒙藏同胞同深感奋，而国际听来亦为之一新"，建议"外蒙、西藏各设为特别自治区，实行高度自治"。③

1945 年 8 月 24 日，蒋介石在国防最高委员会与中央常务委员会临时联席会议上发表讲话："我们各民族，亦必须对其祖国以和睦亲善的态度，循合法的程序，向其政府提出愿望，以达成其目的，不可采取反抗祖国的行动，以引起民族之间相互的仇恨。"④

蒋介石指示宋子文、王世杰在莫斯科于 1945 年 8 月 14 日深夜，秘密签

---

① 蒋介石：《中国之命运》，正中书局，1943，第 12 页。
② 荣孟源主编《中国国民党历次代表大会及中央全会资料》（下），光明日报出版社，1985，第 934 页。
③ 国民参政会秘书处编印《国民参政会第四届第一次大会纪录》，1946，第 194 ~ 196 页。
④ 蒋介石：《完成民族主义　维护国际和平》（1945 年 8 月 24 日演讲），秦孝仪主编《先总统蒋公思想言论总集》卷 21，台北，中国国民党中央委员会党史委员会，1984，第 171 ~ 173 页。

署了《中苏友好同盟条约》，承认了外蒙古通过"全民投票"可以实现独立。此时蒋介石讲话的目的是"说服"党内同志接受外蒙古即将独立的现实。其中谈及西藏是在中央主导下实施的民族地方自治。西藏只有在经济等条件具备的情况下，政府才会扶助其所谓的"自治"，加上了限定条件。

正是基于这种认识和主权坚守原则，1945 年 8 月，国民政府拟定了《西藏地方高度自治方案草案》："甲原则：一、在国家领土主权完整之前提下中央允许西藏地方高度自治。二、西藏地方自治政府必须遵行中央建国原则，凡地方一切设施不得与之抵触。三、西藏地方自治政府之权限应予明确规定。四、西藏地方自治以旧有之区域为范围。乙办法：五、西藏地方除国防、外交权属于中央外，其余均由地方自治政府负责办理，中央予以经费及技术上之协助。六、西藏原有军队视实际需要，由中央整编后改编为国防军或保安警察队，保安警察队之编练、配备、经费及指挥、调遣等事项，由地方自治政府负责，国防建设及国防军之编练、配备及指挥、调遣等事项由中央统筹办理。七、西藏过去与外国订立之一切条约完全无效，如有订约必要，由中央与该订约国重行商订新约。八、西藏地方各级政治机构之形成（如噶厦及宗）暂仍其旧，各级官吏比照内地，简任职者呈由中央任命，荐任职者呈请中央备查，其薪俸由中央支给之。九、充实西藏原有之人民大会为西藏地方议会（除政府及寺庙代表外，各宗应有代表），人民大会得选举国民大会代表出席国民大会，其名额另定之。十、中央派遣驻藏办事长官正付各一人，办理国防、外交及行政上之联络，暨经费或技术上之补助等事宜。十一、西藏地方人民居住内地任何地方或内地各处人民居住西藏地方均享有与当地人民相同之一切权利义务，不得别为违反民族平等原则之待遇。十二、内地及西藏地方人民之往返旅行及贸易运输等事应绝对自由。十三、中央尊重西藏人民之愿望，对其信仰习俗概予维护。十四、西藏宗教首领如达赖、班禅及各大呼图克图等之转世事宜应报请中央依照旧例办理。十五、康藏划界由中央召集关系各方以会议方式解决之。十六、中央扶助西藏文化、经济、交通、卫生等事业之发展，办法另定之。"①

---

① 《国民政府蒙藏地方高度自治案会议拟定西藏地方高度自治方案草案》（1945 年 8 月），中国第二历史档案馆藏国民政府蒙藏委员会档案，档案号：141/25580。

国民政府比较具体地提出了实施西藏自治的指导方案，核心原则是遵照孙中山民族平等的遗教及建国大纲中的地方自治，在国家领土主权完整之下，中央允许西藏自治，中央统辖西藏地方的国防、外交权，任命各级官吏，尊重藏族宗教风俗，国家再以人力、财力扶植西藏地方的经济、交通、文化、卫生等事业的建设。所谓西藏自治，并非脱离中央造成割据局面，而是在不违背国家根本大法之下，由西藏藏族管理自己地方之事，实施的是民族地方自治。

二　沈宗濂入藏冲破英人阻挠，力邀西藏代表团赴南京

围绕战后的国民大会，蒋介石打算着手解决藏事。鉴于蒙藏委员会驻藏办事处处长孔庆宗为噶厦所不容，已经无法开展工作，1943 年 10 月，国民政府决定派遣军事委员会委员长侍从室第四组秘书沈宗濂入藏接替孔庆宗。蒋介石亲自任命侍从官员赴任驻藏办事处，打破了用人成例。沈宗濂可不通过蒙藏委员会直接言事，俨然一特派大员，名义上为处长而不变更，是恐怕引起英人的怀疑。① 蒋介石亲自召见沈宗濂，面示入藏后工作方针："应着重于宣扬中央德意，尽力为藏胞谋福利，以增进感情，泯除隔阂，故对于当地社会福利事业尤应注重，当嘱照此方针拟订具体计划呈核。顷据呈拟工作计划前来，查所拟充实办事处组织，增设宣传科及附设医疗所及流动医务队暨图书馆各项，尚切实扼要，应准照办。兹核定该处经常费每月印币五万盾，并一次拨发临时费印币四十八万盾。"② 这显示出蒋介石解决西藏问题仍是以政治手段为主的策略，对藏工作侧重于社会民生福利方面，目的是争取人心。

沈宗濂秉承蒋介石意旨，到藏后发现所面临的困难超乎想象，不仅面对噶厦中的分裂分子，还要应付更为难缠的英国人。1944 年 4 月 15 日，沈宗濂抵达加尔各答，停留 1 月之久，其间以私人身份与英印政府外交部部长卡罗会谈五次，借机试探英人对战后西藏地位的态度。卡罗说："在西藏人之观念中，西藏为一独立国家，事实上三十年来亦确如此；在中国人看来，

---

① 陈锡璋：《西藏从政纪略》，《西藏文史资料选辑》第 1 辑，第 277 页。

② 中国藏学研究中心等编《元以来西藏地方与中央政府关系档案史料汇编》第 7 册，第 3125 页。

西藏为中国之一部份。此两种观念，距离过远，不易融合。在英人态度，一面不愿令西藏人感觉不快，一面对中国之宗主权亦向所承认，此实为一种折中办法。"沈宗濂指出："中国正在推行宪政，全国各处均实施自治制度，西藏当然可以配合其特殊之人情风俗实行自治。宗主权虽可有各种解释，然宗主国对其属地必须有外交代表权，否则宗主权即无异不存在。"纵观卡罗谈话，主要表达的意思有三点：一是说出英国的目的不是侵占西藏而是希望西藏成为"独立国"；二是中国对西藏拥有"宗主权"；三是中英谈判解决西藏问题。① 这体现了英国一贯的政策，并没有什么新意，反映出经过二战，大英帝国仍抱着不合时宜的帝国梦，想维持旧有的势力范围，殖民主义思维仍在作祟，不愿接受世界政治格局已经改变的现实。

1944 年 7 月 1 日，英国驻锡金政治官古德邀请沈宗濂到岗多盘桓三日，设宴并彼此以私人身份讨论西藏问题。沈反复向古德说明西藏为中华民国领土的一部分，中英现在并肩作战，战后经济复兴，尤需密切合作。古德一再声明，英国对西藏无任何野心，不应因西藏使两大民族情感产生裂痕，主张签订类似"西姆拉条约"一样的协定，打算在印度独立之前解决西藏问题。② 古德对沈宗濂表达的意思与卡罗是一样的，并暴露出英国急迫解决西藏问题的一个真实原因就是唯恐印度独立后，自身无力顾及。

1944 年 8 月 8 日，沈宗濂抵达拉萨，与达札摄政、噶伦、僧俗官员及三大寺广泛接触，首先着重联络感情，连续三日演戏，招待贵族官员、三大寺堪布及大小活佛，分别访问、宴请、赠送礼物，对三大寺僧众布施。随着世界反法西斯战争胜利趋势越来越明朗化，西藏地方政府觉得战后中国的强大是不可避免的，英国将失去在亚洲的霸权地位。这无形中促使噶厦有意向中央靠拢，汉藏关系一时颇为融洽，感情较前确为好转。

英国的一些官员并不愿看到汉藏关系的改善。按照一贯的对策，只要中国中央官员入藏，英印政府必派遣锡金政治官入藏牵制，向噶厦重申英国的政策和立场。这次也不例外。8 月 31 日，古德携带厚礼到达拉萨。9 月 7 日，古德与噶伦进行会谈，表示英国赞成噶厦同国民政府直接谈判，对其

① 中国藏学研究中心等编《元以来西藏地方与中央政府关系档案史料汇编》第 7 册，第 3154～3155 页。
② 中国藏学研究中心等编《元以来西藏地方与中央政府关系档案史料汇编》第 7 册，第 3158～3159 页。

近来的软弱态度非常不满，竭力诱导和鼓动噶厦公然提出"自治"、"边界"问题，并与中国政府直接谈判。

1944 年 12 月 1 日，沈宗濂向蒙藏委员会报告古德在藏煽动独立，要求噶厦"（一）派外交代表常川驻印；（二）停派赴中央代表"。① 12 月 9 日，沈宗濂报告："英驻西藏沙利文少校及驻锡金行政官果尔德最近以我桂战失利，遂在拉萨作不利于我之宣传，煽动藏人脱离中央独立。""据闻（古德）对藏方提出保证于将来战后和会中，英国决提出西藏独立问题讨论，并支持西藏达到此一目的。"②

在拉萨，沈宗濂告诉古德：蒋介石只接受西藏是中国的一部分的观点，不能忍受除此以外的任何关系，也不容忍所谓的中国、西藏、英国的三方协议，但中国不会改变西藏现行的制度。③ 中国愿意让西藏自己管理，但是中国民众不能接受西藏"自治"（Autonomy）、"宗主权"（Suzerainty）的任何主张。④ 明确指出西藏是中国的一部分，反对借"自治"之名行"独立"之实的行径。

1945 年 8 月 29 日，蒋介石指示蒙藏委员会电告沈宗濂："中央现拟予西藏以高度自治，希遵照余八月二十四日在国防最高委员会与中央常务委员会临时联席会议时所宣示之方针，探询西藏地方政府之意见报核，并切实宣扬中央政策为要。"⑤ 沈宗濂按照国民党六大会议决议精神广泛宣传中央将给予西藏自治，并敦促噶厦派代表参加国民大会。古德在向英印外交部报告沈宗濂在西藏的活动时，也称他首先要做的是消除西藏的不信任，宣传中国承认"西藏自治"，但西藏地方的外交事务必须在中国管理之下。⑥

英人则在拉萨鼓动噶厦效仿外蒙古搞"独立"。1945 年 11 月 30 日，国

① 中国藏学研究中心等编《元以来西藏地方与中央政府关系档案史料汇编》第 7 册，第 3166 页。
② 中国藏学研究中心等编《元以来西藏地方与中央政府关系档案史料汇编》第 7 册，第 3167、3168 页。
③ 印度政府外交部致印度事务部电，The British Library India Office Library and Records，L/p&s/18/4217 ext. 3043/1944，1944 年 7 月 8 日。
④ 印度政府外交部致印度事务部电，The British Library India Office Library and Records，L/p&s/18/4217 ext. 4457/1944，1944 年 10 月 4 日。
⑤ 中国藏学研究中心等编《元以来西藏地方与中央政府关系档案史料汇编》第 7 册，第 2986 页。
⑥ 古德致印度外交部关于西藏形势电，The British Library India Office Library and Records，L/p&s/18/4217 ext. 4631/1944，1944 年 9 月 14 日。

民党组织部接获情报："近来英方更加紧分化中藏工作。前英代表曾向藏当局提出，英帝国向以谋西藏之自由与独立为目的，并护助西藏以大量军火及金钱。现国际战事已息，各民族皆得有平等独立之权利，西藏可向中国要求与外蒙同样之独立。他如国际会议、国际联合会均可由英方提出邀请西藏参加。"① 据沈宗濂报告："惟英人近借口外蒙独立，鼓动西藏仿效，并表示可首先承认。"②

此时，噶厦的态度甚为关键。在古德的鼓动下，噶厦向英印政府询问，"西藏是自治的，渴望在英国的帮助下与中国对话"。③ 此时的英印政府官员普遍对英国在印度的统治有强烈的危机感，积极主张在军事、经济、外交上全方位地支持西藏上层分裂集团。英国政府则需要重新评估对西藏政策。中国为世界反法西斯战争做出了重要贡献，国际地位显著提高。中、英友好将会在国际上发挥重要的作用。在这种情况下，英国不愿意因为西藏而损害自身的长远利益，打算支持由中国中央政府和西藏当局达成一种所谓的"双边"协议，由英国躲在幕后以一种温和"中立"的姿态给予西藏有力的外交支持，不希望以过激的举动触怒中国，令双边关系陷入困境。正是基于整体利益的考虑，英国不愿意对"西藏独立"活动给予直接的军事援助，指示英印政府答复噶厦："英印政府全力外交支持西藏取得他希望的结果。"④ 英国政府的"温和"政策对英印政府内部的强硬侵藏分子是一个制约。但是，英国政府、英印政府对藏政策并没有根本性的分歧，不过是考虑的角度不同。英国政府的"保留态度"使得以达札为首的分裂分子不敢公开宣布"独立"。

1945 年 11 月 6 日，沈宗濂向蒙藏委员会报告西藏地方各界对中央赋予西藏自治权利一事的反应和态度："全藏官员对于中央深仁厚德，同深感戴。在民众方面，久苦差役繁重，极度剥削，纵能获得自治，仍望中央予

---

① 中国藏学研究中心等编《元以来西藏地方与中央政府关系档案史料汇编》第 7 册，第 3172 页。
② 中国藏学研究中心等编《元以来西藏地方与中央政府关系档案史料汇编》第 7 册，第 2987 页。
③ 印度外交部致印度事务大臣电，The British Library India Office Library and Records，L/p&s/18/4217 ext. 4382/1944，1944 年 11 月 3 日。
④ 印度事务大臣致印度政府外交部电，The British Library India Office Library and Records，L/p&s/18/4217 ext. 5258/1944，1944 年 11 月 25 日。

以扶持，出诸水火。在僧侣方面，全藏僧众来自西康、青海者占十之六七，因宗教种族关系，向来倾中央。西藏自治后，仍愿拥护中央，保持密切联系。在官吏方面，老成一派深知西藏缺乏独立条件，惟冀保全禄位、财产，今得中央许以自治，认为私人权利不受影响，表示欣慰庆祝，推选代表在渝参加国大。此派在藏政府会议中极力主张，可见中央政策已收实效。此外仅有少数意志薄弱者，则在中央势力未达到前，不敢吐露真意。揣其心理，一系慑于英人虚声，且亚东、江孜有英驻军威力，幸未有所畏惧；一面心存观望，欲挟英以自重。倘我能向英交涉，取消驻军，此少数人之心理亦将大有改变，中藏关系必易调整。"① 沈宗濂的汇报虽有夸大之词，但大体符合西藏实情，普通僧侣心向中央，闻西藏自治非常惊喜，一般官吏只要能保全个人财产，何乐不为？只有少数掌握实权的分裂分子，挟英图谋独立。更重要的是"抗战胜利与蒋主席之领导中国已跻于强国之林"，"印人反英浪潮澎湃，藏人对于英人在印势力是否能维持长久已生怀疑"。② 由于得不到英国政府的公开支持，再加上大多数僧俗官员和寺院喇嘛的压力，以达札为首的当权派决定采取"骑墙"观望策略，以到南京"慰问同盟国胜利"的名义，派遣西藏代表参加国民大会。

1945 年 10 月，据沈宗濂报告，噶厦"连日开会讨论代表应向中央商请各项问题，虑英人阻挠，内容极密"。③ 1945 年 11 月 3 日，摄政达札召集僧俗官员会议，决议："（1）赴渝（后改赴南京——引者注）国大代表，应向中央报告全藏人民希望协助之意。（2）对于英人仍保持英藏和好之关系。此次会议时并未召集三大寺堪布参加。"因为三大寺喇嘛是亲汉、拥护中央的，达札摄政图谋独立，"恐三大寺堪布参加国民大会于彼不利，曾于上月二十三日召集三大寺堪布，提出决定不准三大寺堪布赴渝"。④ 在国大代表中排斥了亲中央的官员，意图在南京实现其分裂的计划。

---

① 中国藏学研究中心等编《元以来西藏地方与中央政府关系档案史料汇编》第 7 册，第 2991 ~ 2992 页。

② 《国民政府蒙藏委员会委员邦达饶干关于西藏出席国民大会代表团在德里活动及西藏人民倾向中央政府情况的报告》（1946 年 3 月 19 日），中国第二历史档案馆藏国民政府蒙藏委员会档案，档案号：141/1017。

③ 中国藏学研究中心等编《元以来西藏地方与中央政府关系档案史料汇编》第 7 册，第 2989 页。

④ 中国藏学研究中心等编《元以来西藏地方与中央政府关系档案史料汇编》第 7 册，第 2995 页。

11月12日，西藏"外交局"告知新任锡金政治官霍金森，将选派两名高级官员前往印度和中国内地，并从印度前往南京访问中央政府。英印政府指示霍金森称西藏派代表违背了"西姆拉条约"，将不利于西藏"自治"，并提醒噶厦向中央政府解释"使团"访问印度和南京具有同样的性质，避免中国视代表团为出席国民大会的代表。①

实际上，噶厦中的分裂分子也有自己的想法。1946年1月，达札摄政召集噶厦要员，决定出席国民大会代表在月内首途，议定："一、以保持现有特殊地位为原则，不可任意发言，引起中央对藏用武力之决心。二、如中央仍采怀柔政策，则要求独立，最低限度要求完全自治。三、如获准独立，则中藏地界之划分依据西姆拉会议之条款。"② 达札打算在国民大会上提出"独立"要求，这才是他的真实想法。

霍金森则恫吓西藏官员、贵族："如西藏派员参加国民大会，是无异承认西藏为中国之一部分，则西藏现行政治体制自不容存在，现任官吏及贵族亦在淘汰之列。"眼见噶厦坚持，当局又自我宽慰："惟其使命，则表面参加国民大会，实际仅代表西藏向中国庆贺胜利而已，又必要时并赴英伦作同样之庆贺。"③

霍金森筹划邀请西藏代表先到印度新德里，再设法阻止其到南京，最理想的结果是请他们到伦敦访问，再转往南京。这样在政治上就可以表明西藏代表到南京仅是祝贺二战胜利，与到英国是同样的性质，从而淡化西藏为中国一部分的意义。面对霍金森邀请西藏代表到新德里"参观"的建议，"藏方开会多次，迄未决定"。④ 霍金森坚请西藏代表赴新德里，理由是：印度将在3月4~9日举行胜利庆典活动，有阅兵游行、表演节目，"有各土王百余人参加"。⑤

① 印度外交部致霍金森电，The British Library India Office Library and Records，L/p&s/12/4266 ext. 605/1946，1946年1月6日。
② 中国藏学研究中心等编《元以来西藏地方与中央政府关系档案史料汇编》第7册，第3003页。
③ 中国藏学研究中心等编《元以来西藏地方与中央政府关系档案史料汇编》第7册，第2992~2993页。
④ 中国藏学研究中心等编《元以来西藏地方与中央政府关系档案史料汇编》第7册，第2988页。
⑤ 中国藏学研究中心等编《元以来西藏地方与中央政府关系档案史料汇编》第7册，第3002页。

霍金森的主意最终为达札当局接受。噶厦拼凑了一个所谓"慰问同盟国代表团"，宣布到印度、英国、美国慰问。这包含了上层分裂分子不可告人的目的：首先，他们先到印度向英、美表示慰问，然后到南京向国民党慰问，慰问了这几个"同盟国"，就意味着向世界宣布西藏不是"同盟国"的成员，是独立于中国政府以外的"国家"。其次，利用国际场合游说和到南京活动，并在国民大会上提出"西藏独立"要求，争取批准，达到目的。为此噶厦专门召开会议，拟定了向大会提出的报告，为了保密，命令昌都总管派专人送往南京交给代表团。西藏代表出席南京国民大会一事则对英人严密封锁消息。

1946 年 1 月 2 日，沈宗濂先行离藏赴印筹备。西藏国大代表以札萨喇嘛图丹桑批和札萨凯墨·索朗旺堆为僧俗团长，成员包括土丹桑布、策旺顿珠、土丹参烈、土丹策丹等代表和家属、仆从，共分两批在 1 月 14 日、25 日自拉萨启程赴印，预计 4 月抵达上海。

英印政府由于无法确定西藏代表是否要出席国民大会，不得不多次指示霍金森询问噶厦，如果西藏代表参加国民大会就违背了 1914 年的"西姆拉条约"，并要求得到权威的官方消息。霍金森多次向噶厦及摄政达札提出警告，要求保证西藏代表团不参加国民大会，不提出任何问题。噶厦向英印政府保证西藏代表团只是纯粹的礼节性使团。①

西藏国大代表抵达新德里，英印政府颇为重视，"招待甚为隆重，已派定锡金行政长官主持其事。自到岗多之日起，一切费用均归印政府负责，并准备专机专车迎送"。② 霍金森在 1946 年 1 月 31 日就离开拉萨，急往岗拖，迎接西藏代表，亲自陪同经加尔各答到新德里。

据代表团成员强俄巴·多吉欧珠回忆，英印政府在车站举行了隆重的欢迎仪式，英驻印总督维瓦和夫人接见代表团成员，进行会谈，赠送礼品，合影留念，并设宴招待。这就是所谓的对英国的慰问情况。对美国政府表示慰问的仪式是在美驻印度大使馆内进行的，代表团拜见了美国大使，转交了达赖和达札摄政的信件，大使馆设宴招待，宴会后放了电影。在新德

① 霍金森致印度外交部长第 7（22）- p/45 号函，L/P&S/12/4266 ext. 0607/1946，1946 年 1 月 30 日。
② 中国藏学研究中心等编《元以来西藏地方与中央政府关系档案史料汇编》第 7 册，第 3005 页。

里两个星期，应英印政府的邀请，西藏代表团参加了庆祝二战胜利的活动，包括观看阅兵式、军事表演，参观了一些工厂、学校，游览了一些景区。

英印政府对代表团欲赴国民大会非常不满，却无合适的借口阻拦，在绞尽脑汁之后，找到了一个"绝妙的理由"。霍金森令下属"加意招待先到僧官图丹桑批，暗中监视行动，力阻他往"。由于印度天气炎热、潮湿、毒蚊成灾，代表团成员都长满了痱子。霍金森却说他们患了传染病，必须速返加尔各答治疗。霍金森亲自陪同他们到医院就诊，并恫吓："你们得的是一种极其危险的传染病，不能在热带地方住下去，如果继续留在加尔各答，警察会把你们抓起来关到监狱里，你们还是回岗拖，那里的气候较凉快，又是我们的辖区，条件也很好。"代表团非常恐惧，询问久居加尔各答的藏人，才知道患的是痱子，根本不是什么传染病，这才放了心，向霍金森表示，坚决不回岗拖。霍金森气势汹汹地说：你们这些患了传染病的人住在这里，人家会嘲笑我，影响我的声誉，你们一定要回岗拖。为了摆脱霍金森的干扰，代表团找到了沈宗濂，在他的帮助下，搬到了中国驻加尔各答领事馆。① 西藏代表受到了热情招待，并见到了秘密随行沈宗濂的达赖喇嘛的二哥嘉乐顿珠、姐夫平措扎西。②

英人意在阻挠西藏代表前往南京。西藏代表则非常不满英方的监视式照料，对英方人员说："尔等之照料吾等实不需要。"③ 4月4日，西藏国大代表8人、眷属1人，达赖亲属2人及仆役10人，自加尔各答乘飞机赴京。

英人邀请西藏代表到印度是为了抵消他们出席国民大会产生的影响，所以，也在想方设法加大对此事的宣传。英人督促西藏代表会见事先安排好的媒体，拍了很多照片，有关新闻在印度媒体上广泛宣传。霍金森用英语在电台向全印度发表关于西藏的讲话，渲染达赖喇嘛的地位，西藏与印度宗教文化、交通贸易关系以及牢不可分的传统友谊。但是，效果并不明显。令英人感到沮丧的是，西藏代表到印度都不是致力于维护所谓的印藏友好关系。同时，西藏地方政府摆出"独立国"的架势，"慰问同盟国"也

① 强俄巴·多吉欧珠：《西藏地方政府派代表团慰问同盟国和出席南京国民代表大会内幕》，《西藏文史资料选辑》第1辑，第140～141页。

② 中国藏学研究中心等编《元以来西藏地方与中央政府关系档案史料汇编》第7册，第3010页。

③ 中国藏学研究中心等编《元以来西藏地方与中央政府关系档案史料汇编》第7册，第3011页。

没有得到英美及世界各国的承认。

三　国民大会通过"西藏自治"决议案，西藏代表团无功而返

在西藏国大代表未到南京之前，1946 年 3 月 4 日，军令部拟定了与西藏代表商谈改进中央与西藏关系的范围和要点："（一）原则：本总理民族主义暨主席之提示，扶助西藏发展，促进宗族感情，改进人民生活，充实自卫实力，确保领土之完整为主旨。（二）范围与要点：（甲）促进宗族感情，加强团结。……沟通（汉）藏族间之感情，增进互助合作，为双方所必需之要务。……（乙）充实西藏防卫力量。……中央对西藏之安危异常关切……（丙）发展商业。……所获纯利专供救济西藏政费及供佛之用。"①上述措施都是在和平解决藏事的前提下，以收拾人心为主，唤起藏人心向中央的感情，整体政策并没有改变。1946 年 3 月 12 日，国民党中央执行委员会则建议新宪法应该规定西藏是中国领土一部分。

英印政府指示霍金森将此事告诉噶厦，使其明白国民大会包含的意义以及西藏代表团将遇到的结果，意在阻止西藏代表赴南京。西藏代表团抵达南京后，英印驻拉萨代表黎吉生认为，只有中国国民大会的无限期召开才能挽救西藏代表团，使其不能在世界面前表现出是中国国会的成员。如果代表团必须参加国民大会，那么应想办法使西藏地方政府否认中国宣布的西藏代表参加大会的声明。同时，黎吉生马不停蹄地拜访达札摄政、然巴噶伦、"外交局"索康札萨等主要官员，进行私下劝阻。黎吉生表示西藏代表团参加国民大会不仅破坏 1914 年的"西姆拉条约"，而且违背了之前的承诺；并将内地资助"西藏革命党"的情报转给噶厦，刺激噶厦。霍金森、黎吉生多次与印度外交部官员讨论对西藏进行经济制裁的可能性，自认为印度并没有从与西藏的贸易中获得任何好处，而西藏人却没有给予英印政府充分的感谢和报答。这些措施只有与西藏关系破裂的时候才会真正实施。霍金森、黎吉生等人对噶厦拒绝否认中央政府的声明非常恼火，认为这在世界上造成了西藏承认"中国宗主权"的印象，给了中国进一步以

---

① 中国藏学研究中心等编《元以来西藏地方与中央政府关系档案史料汇编》第 7 册，第 3008～3009 页。

内政为由拒绝其他势力干涉的可能。①

国民大会延至 1946 年底召开，西藏代表不得不在内地停留。霍金森、黎吉生等人在内部通信中表示希望西藏代表不要参加大会，如果参加了，虽然很遗憾，但也不能认为西藏当局的政策发生了明显变化。英印政府应该确定西藏方面对此事的反应，并加以引导，尽力修补所造成的损害。信中透露，英国有意回避自身无力干涉的忧虑，"我们的态度处于有意的消极状态，是出于避免激发西藏问题的矛盾"。令黎吉生等人满意的是，他们看到西藏争取"独立"的愿望依然存在，并夹杂着对中央政府的畏惧以及与英国保持友好关系的愿望。②

自西藏国大代表赴南京后，英人在拉萨向噶厦正式提出抗议，称根据"西姆拉条约"，要求撤回代表。噶厦指令西藏代表尽快离开南京返回拉萨。在这种形势下，1946 年 11 月 2 日，蒙藏委员会呈请蒋介石："倘再展期，藏代表即以不便久候为词，转返西藏，对中央对英国，两不得罪。现会期已迫，更感踌躇，故借题延宕，提出上述表示，我则深堪注意，拟请钧座于短期内接见西藏代表，俾其呈递公文。"蒙藏委员会还代拟接见训词，称："所陈公文阅悉。西藏人民希望恢复前清末年西藏与中央之关系，深为欣慰。各项具体办法，当交关系部会研究后，提出即将召开之国民大会决定，诸位有何高见，亦可在大会上陈述，凡可能办到者，中央一定办理。在抗战时间，西藏与中央之关系逐渐增进，以后建国期中，仍盼精诚团结。中央允许西藏高度自治，本席曾一再申言，今后中央对藏一切设施，必能使西藏同胞满意。"③ 蒋介石批准，令蒙藏委员会委员长罗良鉴口头代复西藏代表。

当时，国民政府正忙于从重庆迁往南京。何应钦先抵达南京，接见并宴请西藏代表。1946 年 11 月 28 日，在总统府礼堂举行祝贺胜利的仪式，上午，先将噶厦赠送的锦缎画轴、藏式银盖、银座、玉器、地毯以及代表团成员个人的礼物陈列，以团长为首的 10 名成员按照职位高低排列等候。

---

① 锡金政治官致印度外交部信函，The British Library India Office Library and Records，L/P&S/12/4226 ext. 4013/1946，1946 年 4 月 16 日。

② 英国驻锡金总督代表致印度政府外交部秘书的信函，The British Library India Office Library and Records，L/P&S/12/4226 ext. 4013/1946，1946 年 5 月 2 日。

③ 《国民政府蒙藏委员会关于英帝破坏西藏代表出席国民大会提出应付办法呈件》（1946 年 11 月 2 日），中国第二历史档案馆藏国民政府蒙藏委员会档案，档案号：141/3075。

随后，蒋介石率人来到主席台就座，大家三鞠躬，蒋介石点头还礼。然后，蒋介石在接待室与西藏代表交谈，大谈国民党的武力强大，他的母亲也信仰佛教。中午，蒋介石夫妇邀宴了前后藏、甘肃、青海地区的国大代表及嘉乐顿珠、平措扎西等人。①

12 月 13 日，图丹桑批在新街口中央餐厅宴请西康、后藏代表刘家驹、计晋美、喜饶嘉措等 60 余人，吐露了真实想法："（一）希望后藏代表对本大会或向政府任何机关及长官要求条件时，应本过去前后藏一家之精神，保持政教合一不受外来干涉。（二）希望甘青康等区所属藏族同胞及各位代表应以释迦牟尼佛之传统精神设法保护西藏。（三）西藏是佛教国，故对西藏之政治地域等不能丝毫变动，更不希望在藏地驻扎国军或政府对藏方有任何举动，以免有污和平神等语。"② 但是，他们的错误言论遭到了喜饶嘉措、计晋美等爱国藏族僧俗上层人士的坚决反对。

国民大会在 1946 年 11 月 12 日至 12 月 25 日召开。出席大会的有西藏地方政府代表僧俗官员 10 人，后藏代表 6 人，还有西康、青海、甘南等藏族地区的代表。12 月 25 日，国民大会通过《中华民国宪法》，其中第一百二十条规定："西藏自治制度，应予以保障。"③ 后藏国大代表计晋美等人向政府提出九项要求："（一）在国家领土与主权完整之前提下，前后藏应分别予以高度自治。（二）前后藏之界限以冈巴拉山以东为前藏自治区域，冈巴（拉）山以西为后藏自治区域。（三）西藏国防、外交由国家直接施行，其余归地方政府处理。（四）前后藏军队各留一千人作为达赖、班禅之保卫队，其余改编为地方警察，并请中央派精锐部队常驻西藏，以备国防之用。（五）自治政府成立后，简任以上之官吏，由中央直接遴派，简任以下之官吏，按当地具有历史之人士分别充任。（六）并请中央派大员二人分驻前后藏指导。（七）西藏应普遍设立民意机构，增进行政效率。（八）言论出版自由，并准许秘密通信。（九）请中央派大批技术人员前往前后藏，开发一

---

① 强俄巴·多吉欧珠：《西藏地方政府派代表团慰问同盟国和出席南京国民代表大会内幕》，《西藏文史资料选辑》第 1 辑，第 142 页。

② 《国防部第二厅报告西藏国大代表土丹桑批宴请西康后藏代表情形电》，中国第二历史档案馆编《中华民国史档案资料汇编》第 5 辑第 3 编《政治》（2），江苏古籍出版社，1999，第 790 页。

③ 《中华民国宪法》（1946 年 12 月 25 日），中国第二历史档案馆编《中华民国史档案资料汇编》第 5 辑第 3 编《政治》（2），第 619 页。

切交通、文化等事业。"① 后藏代表支持在西藏是祖国的一部分的前提下，实行西藏自治，而且是前后藏分治，争的是与前藏平等的政治地位。1947年4月11日，蒙藏委员会回复："原呈请将前后藏分区实行自治一节，查新颁中华民国宪法中，已规定西藏自治制度应予以保障。至如何实现自治，应俟本年下季召开行宪大会时决定，该代表等意见自可届时提出商讨。"② 既没有接受也没有否决前后藏分区自治方案。

西藏代表团团长图丹桑批被安排在主席团就座，严格遵照西藏地方政府的指令：会场上不鼓掌，对决议进行表决时，不举手；在决议内容里，力争不写关于西藏的事宜。按照惯例，代表团的行动均由团长议决。西藏代表团团长既要参加会议，又不能表态，显得茫无所措，进退维谷。分组讨论时，西藏、内蒙古、新疆是一个小组，组长是白崇禧。在对宪法讨论时，因为西藏地方政府指令不得表态，所以代表一直持沉默态度。宪法中有一条是关于西藏自治问题，会上代表也未敢发表意见。散会后，西藏代表回到驻地，立即商量对策，决定直接向白崇禧陈述"宪法中不能写进西藏问题的意见"。白崇禧答："我们的国家是一个大国，就像一个大公司。有汉满蒙回藏各族人民，大家都是这个大公司的主人。我们是五族共和，这样写没有关系。"西藏代表没有提出异议。③

整个会议期间，前藏的国大代表形同木偶，但西藏地方政府责成昌都总管派专人将所谓的"西藏民众大会"报告书送往南京，命令国大代表上呈中央，陈情九项，主要内容是："第一点：我们希望中国政府尽快设法照供施关系的先例，建立一种宽松自然的关系。第二点：作为实行政教合一制度的一个独立国家，西藏将继续独立地发挥作用，维持和保护这种制度。第三点：我们将继续维护历代达赖喇嘛通过政教合一制度进行统治的西藏国家的独立。第四点：我们督促您把川西北藏区归还我们。第五点：西藏已经是一个独立国家，正在管理自己的内政外交和文化军事事务，十四世达赖将履行对各种寺院转世活佛的批准认可的权利，有权任免各级官员，

---

① 中国藏学研究中心等编《元以来西藏地方与中央政府关系档案史料汇编》第7册，第3023~3024页。

② 中国藏学研究中心等编《元以来西藏地方与中央政府关系档案史料汇编》第7册，第3031页。

③ 强俄巴·多吉欧珠：《西藏地方政府派代表团慰问同盟国和出席南京国民代表大会内幕》，《西藏文史资料选辑》第1辑，第142~143页。

有权建立各种法规。中国政府都不应进行干涉。第六点：我们希望国民政府通过设在南京的西藏办事处和通过无线电台这样的渠道和西藏进行外事磋商，尽快批准实施设立打箭炉办事处。第七点：我们希望国民政府承认噶厦政府签发的赴内地的西藏使者的护照，对西藏僧俗逃亡人员，不让他们入境。第八点：进藏的汉商及其他各阶层人士都应当通过国民政府向噶厦政府申请入境签证。第九点：如果外国政府军事入侵西藏，我们请求国民政府随时提供援助和支持。我们督促中国政府接受这些要点，并通过签订一项双边协定做出明确的承诺。"① 其主要意思是，西藏是政教合一的"独立国家"，"汉藏关系是宗教供施关系"，"西藏国的疆域包括川西北藏区"，这充分暴露以达札为首的西藏分裂分子的目的和野心。报告书通过蒙藏委员会转呈后，近半年并无音讯。西藏代表数次询问蒙藏委员会，得到的答复是"政府已成立了以蒙藏委员会委员长为首的小组，专门调查解决此事"。其间代表团长还在南京购买了相当数量的金条，企图通过行贿的手段，促成报告批准。国民政府不同意西藏地方政府要求，只能采取拖延搪塞的办法，告诉他们"这是一个大问题，要西藏地方政府派权力最高人物前来协商"。代表团也认为事关重大，在南京不可能有什么结果，向噶厦电报请示，复电同意以后再说。②

国民政府采取搪塞的方式应付前藏代表，却又指示后藏代表滇增坚赞等人专门上书蒋介石，称前藏代表欲求造成西藏之特殊势力，力求不列入宪章，"拟继外蒙而脱离中国，阴谋毕露，无可讳饰"，"仰赖钧座及国民大会各审查小组之机智，终将西藏纳入中华民国宪章，从此国权巩固，统一完成，全民欢呼"。但恐前藏政府"难改独立封建之野心，自诩西藏已得无限之自治更形嚣张，压迫人民骄横无忌，则民不堪命"，为顾全整个西藏人民之福利与国防安定计，"（一）恳请俯念数百万藏民之疾苦，实施宪法赋予之权利与保障，并画分中央与地方之权限，积极举办边疆教育、文化、交通、卫生、经济、社会等事业，俾使西藏人民亦得平均发展，共享民主之权利。（二）中华民国之主权必待统一，敬恳实施基本国策第一百三十八

① 梅·戈尔斯坦：《喇嘛王国的覆灭》，第458～460页。
② 强俄巴·多吉欧珠：《西藏地方政府派代表团慰问同盟国和出席南京国民代表大会内幕》，《西藏文史资料选辑》第1辑，第143～144页。

条之规定，早遣国军防守边圉，整划地方军队，其详细已经另文呈核"。①
国民政府施展政治手腕，利用前后藏的长期不和，让后藏代表全藏人民
要求按照宪法实行西藏自治，并派军队驻扎西藏。

　　1947年底，蒙藏委员会在回顾上一年度的工作报告中，提到西藏代表
陈情九项并殷切致意有三："一为西藏系盛行佛法之地，请中央对西藏原有
政教各权，准照旧由西藏达赖佛管理。二为请中央划定康藏界务。三为西
藏地方如有外国欲加侵略之事发生，请中央帮助。"含糊描述，避重就轻，
丝毫不提及前藏代表要求"独立"的内容。报告还提到在行政院核议后，
蒙藏委员会回复前藏代表："中央对西藏政教昌隆、僧俗福利及一般人民安
居乐业负有维护之责，关于西藏政教一切旧有成规，中央历来尽力维护，
绝无意加以变更。西藏达赖喇嘛之教权自应照旧维护，俾臻隆盛。关于康
藏界务应如何勘划，以求合理之解决，可由西藏政府派高级负责官员前来
中央，与主管机关商议。西藏地方如有外国侵略情事，中央素极密切注视，
并望西藏政府遇有此类情事发生，以最迅速办法呈报中央，中央当本汉藏
一体、休戚相关之义，立即负责予以保护。"蒙藏委员会并不直接答复噶
厦，只是督促其派高级负责官员来京商谈，而噶厦并无明确回复。在报告
中，蒙藏委员会最后明确阐述了国民政府保障"西藏自治"的原则："西藏
地方现行政教合一制，盖有其历史渊源、地理环境及社会背景，推演已久，
政俗相安，中央对藏政策在尊重人民之信仰及习俗，因应地方固有之政教
形态而予以合法保障，以求安定地方之秩序，及增进人民之福祉。中央历
来对西藏政教当局及僧俗人民所剀切宣示者，无不一本此旨。"宪法规定的
西藏自治制度"自系指西藏现行政教合一制而言"，"此种制度实际之范畴
以及与中央政府之关系应如何明确规定，以及康藏界务之划勘等问题，则
尚待研究，并须与西藏当局进一步商讨"。② 从蒙藏委员会的答复和报告中
可以看出，国民政府仅在宪法中规定西藏自治，只有原则而没有具体的落
实内容，反映出国民政府并没有打算，也没有实力解决藏事，暴露出弱势

---

① 《国民政府文官处抄发西藏代表呈请平均分配国大代表名额和派军驻守西藏以固国防函件》
　（1947年3月13日），中国第二历史档案馆藏国民政府蒙藏委员会档案，档案号：141/
　3076。
② 《蒙藏委员会一九四七年重大措施报告》（藏事报告，1948年2月），中国第二历史档案馆
　藏蒙藏委员会档案，档案号：141/109。

独裁政府的无奈。

1947年2月，西藏地方政府召开重要官员会议讨论国民大会所通过的宪法中有关西藏之部分，"藏方商讨结果，坚决反对国民大会所通过宪法中有关西藏之部分，并图联合西康藏族要求归还旧土"。① 噶厦仍然坚持自己的主张，拒不接受中央赋予西藏高度自治的权利。1947年4月初，除了新任驻南京办事处处长堪穷土丹桑布、孜仲土丹次旦、翻译员强巴阿旺留在办事处任职，嘉乐顿珠留在南京学习外，西藏代表团乘飞机经昆明到加尔各答，返回拉萨。西藏代表团这次到内地的活动，客观上与达札集团的愿望相反，正好说明西藏是中国领土不可分割的一部分。英印官员也承认这是英国政治上的失败，并没有公开承认"西藏独立"。

从国民党宣言和西藏自治方案来看，主旨都是在中央管辖下的民族地方自治。这是维护国家统一和领土完整的重要原则，也符合国内各民族的根本利益，自是应有之义。而民国时期，边疆民族问题的核心是外国支持下的少数民族"独立"。一旦地方自治理论被国内蒙古、新疆、西藏等地区少数民族分裂分子利用，"整合"为脱离中央管辖下的"民族自治"甚至"民族自决"，就成为图谋"独立"的利器，脱离了其建国、民权的本义，例如德王的"内蒙古高度自治运动"、外蒙古的"高度自治"。孙中山曾颇有远见地指出地方自治有分裂国家之虞："中国此时，所最可虑者，乃在各省借名自治，实行割据，以启分崩之兆耳。"② 这在边疆民族地区同样适用。经过几十年的渲染，民族自治似乎已成社会之共识。在1946年的国民大会上，内蒙古、新疆、西藏等地区的代表纷纷要求"民族自治"。群言庞杂，似乎不愿依据国内的现实，对外来"话语"与政治学说进行消化、吸收、改造。

国民政府作为中央政权，要承担解决"民族自治"问题的责任。除了遵循孙中山的三民主义原则，筹划出空泛的方案外，内忧外患的国民政府没有采取更多的具体措施。但是，蒋介石曾尝试用统一的中华民族共同体来弥合各民族之间的政治分歧和矛盾，应对边疆民族的"自治运动"。

1943年3月，蒋介石在《中国之命运》中提到："我们中华民族是多数

①　中国藏学研究中心等编《元以来西藏地方与中央政府关系档案史料汇编》第7册，第3027页。
②　中国社会科学院近代史研究所等编《孙中山全集》第3卷，第296页。

宗族融合而成的。融合于中华民族的宗族，历代都有增加，但融合的动力是文化而不是武力，融合的方法是同化而不是征服……四海之内，各地的宗族，若非同源于一个始祖，即是相结以累世的婚姻。诗经上说：'文王子孙，本支百世。'就是说同一血统的大小宗支。""在中国领域之内，各宗族的习俗，各区域的生活，互有不同。然而合各宗族的习俗，以构成中国的民族文化，合各区域的生活，以构成中国的民族生存，为中国历史上显明的事实。这个显明的事实，基于地理的环境，基于经济的组织，基于国防的需要，基于历史上命运的共同，而并不是全出于政治的要求。"就地理环境而论，"没有一个区域可以割裂，可以隔离，故亦没有一个区域可以自成一个独立的局面"；就经济组织而言，"为政治统一以至于民族融和的基础"；以国防的需要而论，内外蒙古、新疆、西藏"无一处不是保卫民族生存的要塞"。"至于各宗族历史上共同的命运之造成，则由于我们中国固有的德行，足以维系各宗族内向的感情，足以感化各宗族固有的特性"，中国五千年的历史，"即为各宗族共同的命运的记录。此共同之记录，构成了各宗族融合为中华民族，更由中华民族，为共御外侮以保障其生存而造成中国国家悠久的历史"。[1] 他突出了在历史的长河中，中华各民族已经形成了休戚与共的中华民族共同体，试图以此来统合国内各民族，强调国内各民族都是中华民族的宗支，来论证"中国没有民族问题，没有少数民族问题，只有政治问题"。[2] 国内各民族在政治、经济、教育、权利义务上，只存在是否平等的问题，进而说明"民族自治"、民族"高度自治"没有存在的必要。不足之处在于仅承认国内只有一个中华民族，否认了各民族的区别，这是对边疆民族特殊的历史文化和民族矛盾的刻意回避，反映了弱势独裁的蒋介石已没有足够的能力处理棘手的边疆民族问题。

---

[1] 蒋介石：《中国之命运》，第2、5~8页。
[2] 李祥金：《民族自治、高度自治与地方自治》，《边铎月刊》1946年第9期。

第三章　中央人民政府和平解放西藏

1949 年 10 月 1 日，毛泽东在天安门庄严宣告中华人民共和国诞生，各族人民迎来了历史的新纪元。中央人民政府根据西藏的历史和现实情况，决定采取和平解放的方针，维护祖国统一。党中央贯彻党的民族政策，经过艰苦的斗争，粉碎了帝国主义和西藏上层分裂分子的幻想。

第一节　和平解放西藏是党的民族政策的胜利

1951 年 5 月 23 日，在首都北京，中央人民政府全权代表和西藏地方政府全权代表正式签订《中央人民政府和西藏地方政府关于和平解放西藏办法的协议》。西藏人民步入了一个新时代。回顾这段历史，和平谈判的时间仅仅一个月，但它经历了一个极其复杂曲折的过程。

一　严正谴责、警告西藏上层分裂势力

民国期间，西藏地方当局在英国唆使和支持下大搞分裂活动。在中华人民共和国成立前夕，1949 年 7 月，西藏地方当局以"防止共产党混迹西藏"为理由，捣毁蒙藏委员会驻藏办事处，限令国民政府所有驻藏人员一律两星期内离藏，制造了"驱汉事件"。原噶厦官员土丹旦达（后曾任西藏地方政府和谈代表团成员）揭穿了英人和噶厦的阴谋："理查逊还给当时的噶厦'外交局'局长札萨柳霞·土登塔巴、札萨索康·旺钦次登出主意说：'拉萨有许多共产党的人，留他们在这里，将来就会充当内应，把解放军引进

来．'二札萨听后，大吃一惊，急忙问：'我们不知道拉萨有共产党，他们在哪里？于是，理查逊就说出了不少人的名字和地址。两个札萨甚为感激，答应马上把这些人赶走，并立即将此事报告了噶厦和摄政，很快就把一批所谓共产党汉人和国民党驻藏办事处的职员，全部限期驱逐出藏。"① 国民政府指斥西藏地方当局"自失立场，违法悖理"，同时严厉要求"迅自纠正此项错误措施"，"以免召〔招〕致不良之后果"。②

1949 年 9 月 2 日，中共中央通过新华社社论发表声明："这次英、印侵略者嗾使西藏地方当局，以'反共'为借口，发动变乱，企图混水摸鱼，更是极端冒险的蠢事。……外国侵略者在西藏散布反共的谣言，借以欺骗恐吓西藏当局，其目的是想使他们陷于极端危险的地步，这难道还不明白吗？""中国人民解放军必须解放包括西藏、新疆、海南岛、台湾在内中国全部领土，不容有一寸土地被留在中华人民共和国的统治以外。西藏是中国的领土，绝不容许任何外国侵略；西藏人民是中国人民的一个不可分离的组成部分，绝不容许任何外国分割。这是中国人民、中国共产党和中国人民解放军的坚定不移的方针。任何侵略者如果不认识这一点，如果敢于在中国领土挑拨，如果敢于妄想分割和侵略西藏和台湾，他就一定要在伟大的中国人民解放军的铁拳之前碰得头破血流。我们警告这些侵略分子立即在西藏和台湾的面前止步，否则他们就必须担负他们这种行为所引起的一切后果的全部责任。"中国共产党首次就西藏问题公开表态，向国内外宣告了一定要解放西藏地方的决心和信心。

中华人民共和国宣告成立后，以摄政达札为代表的西藏上层少数亲帝分裂主义分子为保住封建农奴统治和特权利益，违背全藏人民的意愿，要把西藏从祖国大家庭中分裂出去，与英国人、印度驻拉萨总领事理查逊密谋策划"西藏独立"。据土丹旦达回忆，"理查逊给他们献计说：'不能坐喊西藏独立，应当向联合国致信呼吁．'在理查逊的唆使下，达札便指示噶厦（西藏地方政府）草拟了'西藏独立'宣言，然后由理查逊修改定稿，并译成英文，决定派遣嘉洛顿珠和夏格巴·旺久顿典二人去联合国呼吁，请求

---

① 土丹旦达：《关于和平解放西藏办法的协议签订前后》，《西藏文史资料选辑》第 1 辑，第 20 页。

② 中国藏学研究中心等编《元以来西藏地方与中央政府关系档案史料汇编》第 7 册，第 2940、2943 页。

支持。另外，理查逊、美国特务劳威尔·托马斯还和摄政达札等秘密商定
成立了一个非法的'亲善代表团'，打算分别派往美、英、印（度）、尼
（泊尔）四国请求援助。任命堪穷土登桑杰、四品官丁甲·多吉坚赞为赴
美、印代表，札萨宇妥·札西顿珠、堪穷土登钦绕为赴英代表，台吉次松
平康、堪穷罗桑旺杰为赴尼代表。各代表均携带有达赖喇嘛和摄政达札印
鉴的书信。信中称：'共产党已占领内地多数省，业已临近藏界，请求四国
指导我们如何作战，并希望派来一批能够使用的第二次世界大战的新式武
器（如飞机等）、具有技术专长的人员，借贷一批美元，为实现西藏独立，
加入联合国组织给予支持。'"① 达札视向美、英乞求支援为唯一的救命稻
草，因为分裂祖国的"藏独"活动，一开始就是在英国唆使和支持下搞起
来的，是西方列强侵华的历史产物。

　　但是，西藏地方当局和外国反华势力错误地估计了形势，打错了算盘。
中国共产党领导的人民当家做主的新中国，已经屹立于世界民族之林，不再
像旧中国一样软弱可欺。1950 年 1 月 20 日，中国外交部发言人就西藏问题发
表讲话："西藏是中华人民共和国的领土，这是全世界没有人不知道也从没有
人否认的事实。既然如此，拉萨当局当然没有权利擅自派出任何'使团'，更
没有权利去表明它的所谓'独立'。西藏的'独立'要向美国、英国、印度、
尼泊尔的政府去宣传，并由美国的合众社加以宣布，使人们不难看出这种消
息的内容即令不是出于合众社的制造，也不过是美帝国主义及其侵略西藏的
同谋们所导演的傀儡剧。西藏人民的要求是成为中华人民共和国民主大家
庭的一员，是在我们中央人民政府统一领导下实行适当的区域自治，而这
在人民政协的《共同纲领》上是已经规定了的。如果拉萨当局在这个原则
下派出代表到北京谈判西藏的和平解放的问题，那么，这样的代表自将受
到接待。但是如果不是这样，如果拉萨当局违反西藏人民的意志，接受帝
国主义侵略者的命令，派出非法的'使团'从事分裂和背叛祖国的活动，
那么，我国中央人民政府将不能容忍拉萨当局这种背叛祖国的行为，而任
何接待这种非法'使团'的国家，将被认为对于中华人民共和国怀抱敌
意。"② 在我国外交部严正抗议下，美、英等国不得不致电噶厦政府，要求

---

① 土丹旦达：《关于和平解放西藏办法的协议签订前后》，《西藏文史资料选辑》第 1 辑，第
　　19 页。
② 《人民日报》1950 年 1 月 21 日。

撤回"代表团"。噶厦向美英乞援活动被迫流产。新中国成立之初，百废待兴，党中央和中央人民政府把解放西藏列为头等大事，作为巩固新生人民政权的重大战略任务，这对于统一全党意志、激发前方指战员的斗志、争取广大藏族群众、警告西藏地方当局及国外反华势力都有着重要意义。

二 靠政策开路、靠政策取胜

政策和策略是党的生命，这是革命斗争历史经验的总结。实现解放西藏战略目标的关键就在于政策和策略。新中国刚刚成立，党中央和中央人民政府就专门制定了和平解放西藏、发展西藏的政策。

和平解放西藏靠的就是党的民族政策。党中央、毛泽东以及西南军政委员会多次指示进藏部队十八军，反复强调这个问题的极端重要性，邓小平说："坚决执行党的方针政策，对于我们进军解放西藏具有决定的意义。到西藏去，就是靠政策走路，靠政策吃饭，政策就是生命。必须紧密联系群众，依靠群众。要用正确的政策去扫除中外反动派的妖言迷雾，去消除历史上造成的民族隔阂和成见，把康藏广大的僧俗人民和爱国人士团结到反帝爱国的大旗下来。"[①]

1949年9月29日，在中国共产党领导下，各民主党派、各人民团体和各族各界人民代表参加的中国人民政治协商会议第一届全体会议，通过了共同制定的《中国人民政治协商会议共同纲领》（简称《共同纲领》），规定："第二条 中华人民共和国中央人民政府必须负责将人民解放战争进行到底，解放中国全部领土，完成统一中国的事业。""第九条 中华人民共和国境内各民族，均有平等的权利和义务。"其中规定了新中国的民族政策，共四条："第五十条 中华人民共和国境内各民族一律平等，实行团结互助，反对帝国主义和各民族内部的人民公敌，使中华人民共和国成为各民族友爱合作的大家庭。反对大民族主义和狭隘民族主义，禁止民族间的歧视、压迫和分裂各民族团结的行为。第五十一条 各少数民族聚居的地区，应实行民族的区域自治，按照民族聚居的人口多少和区域大小，分别建立各种民族自治机关。凡各民族杂居的地方及民族自治区内，各民族在

---

① 张国华：《十八军进藏纪实》，《西藏文史资料选辑》第1辑，第192页。

当地政权机关中均有相当名额的代表。第五十二条　中华人民共和国境内各少数民族，均有按照统一的国家军事制度，参加人民解放军及组织地方人民公安部队的权利。第五十三条　各少数民族均有发展其语言文字、保持和改革其风俗习惯及宗教信仰的自由。人民政府应帮助各少数民族的人民大众发展其政治、经济、文化、教育的建设事业。"《共同纲领》规定的民族政策适用于包括藏族同胞在内的中华各民族，也是中国共产党和中央人民政府制定对藏政策的法律依据。

1950 年 5 月，负责领导西南解放事业的西南军政委员会，根据中共中央的指示和《共同纲领》的有关规定，以及西藏的具体情况，提出了和平解放西藏的十条具体政策，其主要内容是："（一）西藏人民团结起来，驱逐英美帝国主义侵略势力出西藏，西藏人民回到中华人民共和国祖国的大家庭来。（二）实行西藏民族区域自治。（三）西藏现行各种政治制度维持原状，概不变更，达赖活佛之地位及职权不予变更，各级官员照常供职。（四）实行宗教自由，保持喇嘛寺庙，尊重西藏人民的宗教信仰和风俗习惯。（五）维持西藏现行军事制度不予变更，西藏现有军队成为中华人民共和国国防武装之一部分。（六）发展西藏民族的语言文字和学校教育。（七）发展西藏的农牧工商业，改善人民生活。（八）有关西藏的各项改革事宜，完全根据西藏人民的意志，由西藏人民及西藏领导人员采取协商方式解决。（九）对于过去亲英美和亲国民党的官员，只要他们脱离与英美帝国主义和国民党的关系，不进行破坏和反抗，一律继续任职，不究既往。（十）中国人民解放军进入西藏，巩固国防。人民解放军遵守上列各项政策。人民解放军的经费完全由中央人民政府供给。人民解放军买卖公平。"[①]经中共中央批准后，它成为人民解放军进藏宣传的方针政策，也是中央人民政府和西藏地方政府和平谈判的蓝本。

1950 年 11 月 10 日，西南军政委员会、西南军区用汉、藏两种文字发布进军西藏布告：

　　人民解放军入藏之后，保护西藏全体僧俗人民的生命财产，保障西藏人民之宗教信仰自由，保护一切喇嘛寺庙。帮助西藏人民发展教

---

① 　西藏自治区党史资料征集委员会编《和平解放西藏》，西藏人民出版社，1995，第 81 ~ 82 页。

育和农、牧、工、商各业。改善人民生活。对于西藏现行政治制度及军事制度，不予变更，西藏现有军队成为中华人民共和国国防武装之一部分。各级僧俗官员头人等照常供职。一切有关西藏各项改革事宜，完全根据西藏人民意志，由西藏人民及西藏领导人员采取协商方式解决。过去亲帝国主义与亲国民党之官吏，一经事实证明与帝国主义及国民党脱离关系，不进行破坏和反抗，仍可一律继续任职，不究 [咎] 既往。

人民解放军纪律严明，忠实执行中央人民政府上述各项政策，尊重西藏人民宗教信仰和风俗习惯；说话和气，买卖公平，不妄取民间一针一线；借用家具，均经物主同意，如有损毁，决按市价赔偿，雇用人畜差役，均付相当代价，不拉夫，不捉牲畜。人民解放军为中国各族人民的军队，全心全意为人民服务，望我西藏农、牧、工、商全体人民，一律安居乐业，切勿轻信谣言，自相惊扰。①

广泛宣传党的方针政策非常重要。正确地贯彻执行方针政策，特别是进藏官兵和工作人员的身体力行、现身说法，具有巨大的社会效应。藏族广大僧俗群众正是从他们身上了解、体会党的方针政策的。早在十八军进军西藏之初，1950 年 7 月 21 日，邓小平在《关于西南少数民族问题》的报告中总结解放川边藏区的经验时，就特别说明了这个问题："过去藏族与汉族的隔阂很深，但是我们进军西南，特别是宣布了解放西藏的方针，提出十项条件以后，发生了很大的变化。过去他们的情况怎样呢？过去西康的反动统治把他们搞苦了。我们进去以后，首先宣布了共同纲领的民族政策，同时我们军队的优良作风也在一些具体问题上体现出来，例如执行三大纪律八项注意，尊重藏民的风俗习惯、宗教信仰，不住喇嘛寺等，这样就赢得了藏族同胞的信任。他们说，我们的军队太好了，老百姓的房子，就是下大雨，不让进就不进，不让住就不住，这是实行正确政策的结果。历史上的统治者，何尝没有宣布过好的政策，可是他们只说不做。我们的政策只要确定了，是真正要实行的。"②

---

① 《西南军政委员会、中国人民解放军西南军区进军西藏布告》，西藏自治区党史资料征集委员会编《和平解放西藏》，第 105～106 页。

② 邓小平：《关于西南少数民族问题》，张羽新主编《和平解放西藏五十周年纪念文集》，中国藏学出版社，2001，第 46～47 页。

历史证明，进藏部队模范地贯彻执行了党的民族宗教政策。这也是和平解放西藏的关键之一。张国华在回忆文章《十八军进藏纪实》中，特别说明了这个问题：我各路部队进藏途中，一直牢记着毛主席和军区首长的指示，"在任何情况下，首先要想到党的民族政策和宗教政策。在进军途中，我各路部队无论是在大风雪里，在茫茫的黑夜里，或是冰雹劈头盖脸打来或大雨淋透全身的时候，从来不进寺庙，不驻民房，不动群众一草一木、一针一线。饿了，几个人分碗炒面，喝点雪水，从不向群众征一粒粮。我军入乡问俗，每到一地即进行调查研究和政治宣传，对于藏族人民的经幡、经塔、神山、神树、麻尼堆等和一切宗教建筑及风俗习惯，一律加以保护和尊重"。实行行动的宣传，影响力是巨大的，它赢得了民心，也分化瓦解了敌方阵营。张国华还写道："我军这些行动，在藏族人民面前展开了一个新的天地。他们祖祖辈辈也没有听过、见过的'新汉人'来了，躲到深山去的藏胞纷纷回来了，当我军又匆匆向他们告别继续前进时，那些热情、朴实的男女藏胞们尾随在部队后面，有的欢呼'菩萨兵，菩萨兵！'有的主动要求给我们带路，有的修补被匪军破坏了的桥梁道路，纷纷叫回被欺骗和裹胁去与我军为敌的藏族子弟。许多占据'一夫当关，万人莫过'的山头要口阻挡我军前进的'僧兵'，也纷纷倒背着枪回来了。他们说，打这样的'新汉人'，要受神的谴责呵！人们看到了真理在哪一边，看到了光明的前途。我南路部队在澜沧江边的察雅，一次就接受了五百多被欺骗和裹胁的所谓民兵的投诚。在十几天里，共有三千多名'民兵'和'僧兵'携械归顺，反动派原想利用大批'民兵'、'僧兵'扭住和拖散我军的企图完全粉碎了。在这种形势下，担任金沙江下游防务的第九代本——德格·格桑旺堆，响应我党和平解放西藏的号召，在宁静宣布起义，站到反帝爱国的大旗下来了。"① 这是靠政策取胜的有力证明。

三　一个目的，两手准备——以解放战争促和平解放

新中国成立前夕，西藏地方政府中坚持分裂立场的人极为恐慌，图谋武装对抗人民解放军入藏。据土丹旦达回忆：

---

① 张国华：《十八军进藏纪实》，《西藏文史资料选辑》第 1 辑，第 195 页。

由于人民解放战争在全国节节胜利，青海、四川、云南等省已先后宣告解放，帝国主义和亲帝分裂主义分子更加惊恐万状。理查逊和摄政达札等为阻止人民解放军进藏，一面慌忙调派藏军主力七千余人，布置在金沙江西岸和昌都周围的交通要道设防，妄图负隅顽抗；一面加紧扩军备战，成立应变指挥机构。成立的三个指挥机构和负责官员是（具体人名略）……同时，授予上述机构和官员以文武各项事务的决定权。

在扩充军备方面，那曲原有驻军一百人，又抽调定日玛噶五百人作为援兵，并从后藏各宗、谿（卡）征粮十万克，运至那曲，以供军需。当时，羌基是我和四品官夏格巴·洛色顿珠。我们认为那曲驻军火力十足，曾从七代本中抽出八名士兵，到拉萨学习轻机枪的使用技术，噶厦得悉后，迅即给我们发了三挺轻机枪和数箱弹药。为了增强藏军武装力量，噶厦还决定成立仲札玛噶，在前藏每个宗、谿指定僧俗官员二人负责，征集富裕户子弟共千人，并任命了代本卡纳和代理代本郭卡尔，加紧进行军事训练，准备竭力抵抗解放大军。[1]

有鉴于此，党中央和中央人民政府在力争和平解放西藏的前提下，不得不做好和平谈判和武装解放的两手准备。1950 年 9 月 30 日，周恩来总理在全国政协为新中国成立一周年举行的庆祝大会上，郑重宣布："人民解放军也决心西去解放西藏人民，保卫中国边防。对于这个为祖国安全所必须的步骤，我们愿以和平谈判的方式求得实现。西藏的爱国人士对此已经表示欢迎，我们希望西藏的地方当局不再迟疑，好使问题能得到和平解决。"[2]党中央为力争以和平谈判的方式解决西藏问题，在新中国成立之初，指示西南局和西北局派得力干部偕同知名藏族人士，前往拉萨说服西藏地方当局。1950 年 2 月，西南局派同西藏上层僧俗有广泛联系的志清法师赴藏做说服工作，行至金沙江岗拖被西藏当局下令阻拦。5 月，西北局组织青海寺院劝和团赴藏，塔尔寺当采活佛（达赖喇嘛之兄，后参加分裂活动）为团长、黄南加荣寺夏日仓活佛和先灵活佛为副团长，另派出西北局有关部门

---

[1] 土丹旦达：《关于和平解放西藏办法的协议签订前后》，《西藏文史资料选辑》第 1 辑，第 20 页。

[2] 《人民日报》1950 年 10 月 1 日。

工作人员做随团秘书、机要、翻译，该团于 7 月中旬出发，在藏北那曲为西藏当局所阻，夏日仓、先灵两位活佛和随团人员被送往拉萨软禁。7 月，西南军政委员会委员、西康省人民政府副主席、著名藏传佛教大师格达活佛，主动请求赴藏劝和，在昌都遭西藏当局和英国特务暗害。

党中央深知西藏地方当局分裂势力的顽固，在努力争取和平谈判收效甚微之时，不得不准备以军事斗争促和平解放。1949 年 11 月 23 日，毛泽东致电彭德怀并贺龙、习仲勋、刘伯承，指示："西藏问题的解决应争取于明年秋季或冬季完成之。……解决西藏问题不出兵是不可能的。"此后不久，正在苏联访问的毛泽东又致电党中央以及彭德怀、邓小平、刘伯承、贺龙，对解放西藏做了详细指示和具体工作安排："西藏人口虽不多，但国际地位极重要，我们必须占领，并改造为人民民主的西藏。"①

根据党中央、毛泽东的指示，十八军承担了进军西藏的任务。1950 年春，十八军开始了伟大的历史进军。西藏地方当局仍妄图顽抗，"除将藏军一部分置于阿里、黑河地区外，把号称能征善战又用英美武器装备起来的三、九、十等七个代本和三个代本的一部在昌都一带摆开，企图依据金沙江之险，与我作战，要我军就此止步；和谈之门被反动派关死之后，就不可避免地产生了一个具有决定意义的军事行动——昌都战役"。② 1950 年 10 月，昌都解放。它的政治意义远远超过了军事意义——打开了和平谈判的大门。

首先，解放军官兵现身说法，宣传党的民族宗教政策，使广大藏族僧俗群众感受党的温暖，人心安定，为和平谈判创造了良好的社会环境和群众基础。在此之前，由于西藏地方当局的造谣煽惑，藏族广大僧俗普遍存在疑畏心理，流传着人民解放军"消灭宗教"、"杀害藏人"等种种谣言。昌都解放后，西南军政委员会广为印发布告，宣传党的民族宗教政策和三大纪律八项注意。更主要的是对战斗被俘藏军官兵一律予以优待，伤者治疗，死者按藏族风俗安葬。对官员还发给骡马和枪支，回家的发给路费，他们在回去的路上和到家之后，积极向群众宣传党的民族政策，称赞人民解放军是"新汉人"、"好心肠的人"。人民解放军尊重广大僧俗群众的宗教

① 张羽新主编《和平解放西藏五十周年纪念文集》，第 27 ~ 29 页。
② 张国华：《十八军进藏纪实》，《西藏文史资料选辑》第 1 辑，第 194 页。

信仰和风俗习惯，尽可能帮助他们解决一些实际生活困难，赢得了民心，扩大了政治影响。阿沛·阿旺晋美回忆："在中国人民解放军进藏前，拉萨谣言很多，耸人听闻。说共产党要吃胖人，见妇女就奸淫，见东西就抢。但昌都解放后，我们与解放军接触了两个多月，耳闻目睹，解放军的行为并不像谣言所说的那样。他们不住民房，不住寺庙，而是不论刮风下雨，都住帐篷，买卖公平，不拿群众一针一线，严格遵守'三大纪律、八项注意'，所作所为完全是为人民服务的。他们为群众治病，建立学校，为人民解除疾苦。我们看到解放军的模范行动，就主动召集了（和谈）会议。"①党的民族政策深入广大藏族僧俗群众内心，是和平谈判最坚实的政治基础。

昌都的解放展现了解放军的军威，促使西藏上层一些爱国人士觉醒，加入解放西藏的事业中。率部起义的藏军第九代本格桑旺堆在回忆录中谈到了他起义前的思想斗争："我对于西藏地方政府有多大能耐是十分清楚的，尤其是它的军事力量如何，更是了如指掌。如第九代本，仅有代本一人、如本二人、甲本四人、定本十人，加上士兵，总共只有五百来人。多数官兵年纪已大，并带有妻儿老少，军事技术又很差，武器装备也只是每人一支英式步枪，一个代本几挺机枪。我深知这样一支军队绝对不可能战胜共产党。同时想到，一旦开战，不仅个人丧生，官兵妻儿伤亡，而且当地寺庙建筑将被破坏，黎民百姓倍受灾祸。还不如谈判议和，于公于私都有益。"② 起义之后，他还写信或现身说法，劝说一些僧俗上层人物参加解放西藏事业。这些对分化瓦解西藏上层，促进和平谈判，都起到了积极作用。

最重要的是，它促使西藏地方当局由顽固坚持分裂转变为同意和平谈判。土丹旦达回忆："昌都解放的消息传到拉萨，达札等亲帝分裂主义分子惊慌万状，立即召开有摄政、噶伦、基堪、仲译、孜本和三大寺堪布参加的西藏全区大会，商量对策，但没能提出任何切实可行的办法。"又按宗教仪式求神问卜，没有获得任何回答。摄政达札自知已是穷途末路，只得下台，请十四世达赖喇嘛亲政。西藏地方当局正在慌乱之时，昌都总管阿沛·阿旺晋美等四十名僧俗官员签名的建议和谈信函送到噶厦，转达中央

---

① 阿沛·阿旺晋美：《回忆和平解放西藏协议的签订》，西藏自治区党史资料征集委员会编《和平解放西藏》，第213页。

② 德格·格桑旺堆：《我率部起义经过》，《西藏文史资料选辑》第1辑，第77页。

人民政府和平解放西藏的意图，要求噶厦速派和谈代表赴京，并保证在达成协议前不进军拉萨；达赖喇嘛的人身安全、西藏政教事业及贵族利益，保证不受侵犯。这促使西藏上层统治集团在政治上迅速分化，一部分僧俗官员转而支持和平谈判。经过一番激烈的争论、权衡，西藏地方当局终于同意派出以阿沛·阿旺晋美为首的代表团与中央政府和平谈判。

四　抓住开启和平谈判大门的关键——争取西藏僧俗上层人物

　　争取、团结西藏上层是党中央、毛泽东为和平解放西藏制定的一项重要政策。当时旧西藏处于黑暗、落后的封建农奴制度下，以官府、寺院、农牧主为代表的僧俗人物，牢牢控制着社会的一切权力，不争取他们的合作，是很难和平解放西藏的。

　　"西藏和平解放前，封建农奴制已经延续了一千多年，在漫长的历史过程中，封建农奴制与僧俗贵族专政相结合形成了政教合一的政治体制。""在封建农奴制度下，由官家、贵族、寺庙上层僧俗三大领主及其代理人构成的农奴主阶级，虽然只占总人口的5%，却占有西藏的全部土地、草场和绝大部分牲畜。他们野蛮地占有农奴本身，对农奴具有生杀予夺、随意买卖或当作礼品相互赠送的权力。对于触犯了农奴主意志的农奴和奴隶施以剜眼、割鼻、割耳、砍手、剁脚、抽筋、戴石帽、皮包手等十分野蛮、残酷的刑罚，旧西藏是世界上侵犯人权最严重的地区。"① 出生于藏北一个贫苦牧民家庭的原全国人大常务委员会副委员长热地的这段话，深刻地揭露了旧西藏黑暗、腐朽、落后的社会制度。

　　当年进藏部队司令员、十八军军长张国华这样形容旧西藏的社会特点："千余年来，西藏处于政教合一的封建农奴制的社会阶段，生产资料掌握在封建政府、寺院、贵族——三大领主，也就是三大农奴主的手里，人民过着悲惨的生活，农奴们没有任何政治权利，没有起码的人身自由。西藏的反动势力，为了巩固自己的统治，运用他们掌握的专政工具，对广大农奴，除了施以最普通的鞭打外，还有剜眼、割鼻、抽脚筋、挖膝盖骨等各种骇

---

① 热地：《西藏历史的新纪元——纪念西藏和平解放四十周年》，《中国藏学》1991 年第 2 期。

人听闻的酷刑。"[1]

在这种残酷落后的封建农奴制度下，广大农奴是会说话的生产工具，没有丝毫人权。要和平解放西藏，关键在于争取掌握西藏政教大权的三大领主。因此，解决这个问题，不能像在内地一样，发动由下而上的革命，必须自上而下地解决问题，即争取团结西藏上层，影响中层和下层。中央对西南军区明确指示，要"争取上层，影响和团结群众"。1950 年 7 月 21日，邓小平在《关于西南少数民族问题》的报告中，从政策和理论的高度做过深刻论述："所有这些事情，政治的也好，经济的也好，文化的也好，现在都要开始去做。所有这一切工作，都要掌握一个原则，就是要同少数民族商量。他们赞成就做，赞成一部分就做一部分，赞成大部分就做大部分，全部赞成就全部做。一定要他们赞成，要大多数人赞成，特别是上层分子赞成，上层分子不赞成就不做，上层分子赞成才算数。为什么？因为少数民族地区，由于历史的、政治的、经济的特点，上层分子作用特别大。进步力量在那里面很少，影响很小，将来这个力量发展起来，会起很大的影响，现在不起决定影响。现在一切事情都要经过他们上层，要对上层分子多做工作，多商量问题，搞好团结，一步一步引导和帮助他们前进。如果上层这一关过不好，一切都要落空。我们有些同志往往采取激进的办法，以为不通过上层分子能搞得更好。事实上不是搞得更好，而是搞得更坏，不是搞得更快，而是搞得更慢，因为阻力大。对上层分子的工作做好了，推动他们进步了，同我们的合作搞好了，这样，在他们的帮助下来推进工作，就要顺当得多。"[2]

新中国首任国家民委主任、参加和平解放西藏谈判的中央人民政府首席代表李维汉，在回忆文章中也从实际工作需要并结合切身体会，说明了民族政策和策略的重要性。他指出："在西藏，争取团结民族宗教上层人士，具有极大的重要性。在当时的条件下，首先争取团结上层，才有利于团结中层，影响群众。"[3]

和平谈判之前，大部分西藏政教上层对解放西藏充满疑畏心理。1950

---

① 张国华：《十八军进藏纪实》，《西藏文史资料选辑》第 1 辑，第 192 页。
② 张羽新主编《和平解放西藏五十周年纪念文集》，第 53 页。
③ 李维汉：《西藏民族解放的道路》，张羽新主编《和平解放西藏五十周年纪念文集》，第 275页。

年 10 月 10 日，西藏阿里地区总管代表才旦明杰、扎西才让致信毛泽东，请求"对西藏达赖喇嘛大官员不要加罪，其次，西藏的宗教风俗习惯，政治方面给以保障"；"西藏地方很小，容纳不了很多军队，所以请求别让大军入藏"；"以后你们官兵若要到其他地方去，事先给我们通知一下，我们即通知老百姓，以免他们疑惑和害怕"。① 1950 年 10 月 18 日，率所部藏军官兵起义的第九代本格桑旺堆也坦陈当时内心的隐忧和期望，向解放军前线指挥率直地提出："一、保障我的部下全体官兵的人身安全，照顾解决他们衣食住行问题；二、我本人有三个子女，请求保送他们到内地学习，关照他们未来的前途；三、允许我个人作一名普通百姓。"② 他们的这些想法和请求基本上反映了当时多数西藏僧俗上层的思想活动和政治诉求，核心有两点：一是主要想维护本人及家庭固有的社会地位和既得利益，二是维持现有的政教状况。

　　根据这种实际情况，党中央采取了一系列措施，并做了大量工作。除前面所说的广泛宣传对西藏政策外，中央领导还直接做西藏上层工作。在新中国宣布成立的 1949 年 10 月 1 日，因受西藏地方政府打压而羁留青海的宗教领袖十世班禅额尔德尼即致电毛泽东、朱德，表示热烈祝贺，并期盼早日解放西藏。11 月 23 日，毛泽东、朱德复电班禅，明确宣布解放西藏的决策，同时表示"希望先生和全西藏爱国人士一致努力，为西藏的解放和汉藏人民的团结而奋斗"。即希望他多做西藏上层工作，为西藏的和平解放贡献力量。1950 年 1 月 18 日，国家民委召集各地来京藏族知名人士、知识分子座谈西藏问题，中央人民政府副主席朱德出席并讲话，亲自做上层人士的工作。5 月 9 日，藏传佛教大师、青海省副省长喜饶嘉措（曾任国民政府蒙藏委员会副委员长）在西安人民广播电台向达赖喇嘛和全体藏族同胞发表广播讲话，向他们说明了新中国的大好形势以及党中央对西藏的政策，发出真诚号召："望我西藏同胞快快行动起来，努力争取和平解放，迅速派遣全权代表赴京进行和平协商，使西藏人民避免不必要的损失，经由和平途径达到解放。这不单是前后藏人民和佛教的幸福，全国各族人民也是一

---

① 《西藏阿里地区总管代表才旦明杰、扎西才让致毛主席信》，张羽新主编《和平解放西藏五十周年纪念文集》，第 38 页。

② 德格·格桑旺堆：《我率部起义经过》，《西藏文史资料选辑》第 1 辑，第 79 页。

致欢迎的。"① 由于他在藏族僧俗中拥有崇高威望，讲话使西藏僧俗上层产生很大震动。这些充分说明党中央对于争取西藏上层的高度重视。同时，充分调动已参加新中国建设事业的藏族著名人士的爱国热情，鼓励他们争取团结西藏上层。实际效果很明显。例如，代本格桑旺堆谈了他的切身体会："1950 年春，解放军进入西康甘孜地区，我的熟人、原德格土司管家夏格刀登从甘孜给我来信说：'共产党已到甘孜。共产党的根本目的是要解放全国受苦受难的人民。红军长征时，朱总司令路过甘孜，对我施恩甚重，我准备去北京，希望见到朱总司令。'他的来信分明是说，共产党并没有什么可怕，也不会虐待我们这些人。"② 这对格桑旺堆思想触动很大，是他下定决心率部起义的一个重要动力。

党中央的政策收到了预期效果，促进了西藏上层集团的分化，一部分人逐渐觉醒，爱国主义力量逐渐增强。阿沛·阿旺晋美回忆说："1950 年 10 月（藏历五月底），昌都解放。当时我是西藏地方政府昌都地区的总管。……我们看到解放军的模范行动，就主动召集了会议。在会议上，我们在昌都的 40 个人讨论了当时的局势。听说拉萨谣言很多，我们处于惊慌失措的状况之中。现在毛主席已经决定要解放西藏。如果对前、后藏实行武力解放，就必然引起战乱，人民要受战争之苦，以十四世达赖喇嘛为首的地方政府的多数僧俗官员和富有的人很可能逃跑到印度。如发生这样的情况是不好的。会上大家提出，应该向达赖喇嘛提出建议，希望他和中央人民政府谈判。建议的主要内容是，如能和平解放西藏，西藏僧俗免受战争之苦，寺庙、家园不被战火毁坏，大家仍可过上团圆的生活。我们已看到了共产党的政策和解放军的模范行动。请不要听信谣言。我们真心实意提出同中央进行和平谈判的建议，供达赖喇嘛考虑。报告写了后，我们 40 个人都签了名。"③ 在一些西藏爱国上层人士的支持下，西藏地方政府接受了和谈建议，向和平解放西藏迈出了关键的一步。它证明党中央争取团结西藏上层决策的胜利。

李维汉同志对此做过深刻的历史总结，他说："和平解放西藏办法的协

① 《人民日报》1950 年 5 月 22 日。
② 德格·格桑旺堆：《我率部起义经过》，《西藏文史资料选辑》第 1 辑，第 76 页。
③ 阿沛·阿旺晋美：《回忆和平解放西藏协议的签订》，西藏自治区党史资料征集委员会编《和平解放西藏》，第 213、214 页。

议的签订，是西藏民族历史发展的一个划时期的转折点。实行和平解放西藏协议的过程，是西藏民族在中国共产党的领导下，沿着新民主主义、社会主义道路，团结、进步、发展的伟大进军。但是，这又是一个极其复杂的、曲折的斗争过程。这是共产党、人民解放军同西藏人民逐步结合，汉、藏两个民族逐步消除隔阂，加强团结的过程；是西藏爱国民主力量逐步发展，壮大的过程；是发展反帝爱国统一战线、团结一切可以团结的爱国力量、促进西藏民族内部团结的过程；也就是两种政权、两种制度、两条道路强烈对比，谁战胜谁的过程。"这是党的民族政策的胜利。同时，他还指出和平解放西藏协议的各项基本原则经受住了历史的考验，顺应了西藏民族解放和发展繁荣的客观规律，"协议的这些基本原则不但在今天仍有重大现实意义，而且将长期保持它们的效力。无论何人要破坏、推翻这些原则，都是不允许的"。①

第二节　周恩来与印度关于西藏和平谈判的交涉

周恩来是中华人民共和国第一任总理，贯彻和执行党中央制定的方针和政策，为新中国的建设和发展贡献了毕生的力量。同样的，在和平解放西藏问题上，周恩来也发挥了其他人无法替代的关键作用，做出了重要贡献。其中，1949～1951 年期间，遵照党中央和平解决西藏问题的战略决策，周恩来具体指挥西北局、西南局、中央民委、中央统战部、外交部等机构的同志筹备西藏和平谈判工作，坚决反对外国干涉，围绕西藏和平谈判，领导外交部工作人员与印度进行外交斗争，捍卫中国主权，粉碎了西藏当局的幻想，促成西藏代表团赴北京谈判，签订了和平解放西藏的"十七条协议"。

一　贯彻执行党中央反对外国干涉的基本方针

1949 年 2 月，毛泽东在与苏联共产党中央政治局委员米高扬谈话时，

---

① 李维汉：《西藏民族解放的道路》，张羽新主编《和平解放西藏五十周年纪念文集》，第273、287 页。

就表示要稳步前进地解决西藏问题，不能操之过急。1949 年 3 月，党的七届二中全会上，毛泽东提出在全国大进军解放新的地区时，可以参照北平方式和平解决问题。1949 年 8 月，毛泽东电令彭德怀注意保护在青海的班禅及其他西藏人，11 月电令西北局做好进军西藏的准备。1949 年 12 月至 1950 年 1 月毛泽东在苏联访问期间，多次致电中央，指示进军西藏宜早不宜迟，责令西南局承担进军及经营西藏主要任务。毛泽东确定了进军西藏、解放西藏的战略决策后，周恩来在内政、外交方面坚决贯彻和执行，进行一系列的部署。

在党中央和毛泽东的领导下，周恩来主持制定了《共同纲领》，在 1949 年 9 月 29 日中国人民政治协商会议第一届全体会议上通过，确定了党的民族政策的基本原则。从苏联回国后，周恩来召集中央统战部和中央民委，贯彻执行《共同纲领》，加强各级干部对民族政策的学习和干部的培养，遵照毛泽东的指示，成立了"藏族干部研究班"，培养和训练藏族、汉族干部。1950 年 4 月 27 日，周恩来为藏族干部研究班学员做报告："西藏派出代表与我们商谈，我们是欢迎的，但驱除英帝国主义出西藏是坚决要执行的。解放军必须进入西藏，目的是赶走英帝及美帝的侦探，保护西藏人民，使其能实行自治，组织地方武装、公安部队，像内蒙、新疆一样。我们要共同坚决彻底地打垮共同的敌人。"[①] "各民族内部都有压迫者与被压迫者。对少数民族的压迫者，我们不能一概反对，而要看他的表现态度，如果跟着国民党、帝国主义走，我们要反对他，凡是赞成反对共同敌人，特别是反对帝国主义与国民党的人，我们就与他合作。如果达赖喇嘛愿意反帝反国民党，我们仍要团结他。"[②] 周恩来的报告深入浅出、通俗易懂地阐述了党中央关于西藏工作的方针政策，人民解放军必须进驻西藏，解放西藏，坚决反对外国对中国内政的干涉，号召党员干部处理好西藏民族、宗教问题。

解放西藏首先面临的问题是外国对中国内政的干涉，其中一个主要的国家就是印度。印度是南亚大国，是中国的邻居，在西藏问题上始终怀有私心，对中国处理西藏问题有直接的影响。1947 年 8 月印度独立后，就宣

---

① 《周恩来在中央民委举办的藏族干部研究班上的报告》，西藏自治区党史办公室编《周恩来与西藏》，中国藏学出版社，1998，第 111 页。

② 多杰才旦：《回忆敬爱的周总理》，西藏自治区党史办公室编《周恩来与西藏》，第 292 页。

称继承了英国在西藏的"殖民特权",派驻藏代表,仅承认中国对西藏的"宗主权"地位,派兵占领"麦克马洪线"以南中国西藏领土,仍幻想实现西藏的"缓冲国"地位,维护所谓的印度东北边境的安全。在这种战略利益指导下,印度不愿意看到西藏顺利地回归祖国大家庭。同时,印度干涉中国内政背后也有着美国和西藏分裂集团的影子,彼此配合又相互牵制和利用。新中国成立前后,英、美都非常重视西藏对中国的牵制作用,其中以美国最为关切。美国与中国没有建立正式的外交关系,对华遏制政策还未定型,距离西藏较远,不利于大规模地公开援助西藏分裂分子,希望假手印度,由印度政府出面援助西藏当局。西藏当局的分裂分子眼见国民党失败已成定局,也打算借助印度、美国的军事、外交支持,断绝与中央政府的关系,阻止人民解放军进入西藏,把西藏从中国领土分裂出去。而印度出于私利、不愿意人民解放军进军解放西藏,试图控制滞留在印度的西藏代表团,通过外交施压阻挠中国政府解放西藏。所以,中国政府解放西藏首先面临的是一场外交战。

中国政府也要考虑如何处理与印度的关系,既要反对印度干涉中国内政的错误做法,也要尽量维护与印度的友好、这在西藏和平解放问题上表现得尤为突出。但是,中国政府处理自己内部的西藏地方事务并不会以任何其他国家的意志为转移,态度是坚决、明确的。对于印度政府干涉中国内政的做法、周恩来贯彻和执行党中央的战略决策,领导外交部工作人员进行了针锋相对、有理有节的斗争。

1949 年 7 月 8 日,西藏当局制造了"驱汉事件"。7 月 27 日,印度新闻社公然宣布"西藏从未承认中国的宗主权",却又表示印度没有吞并西藏的计划。中国共产党人清楚地知道,西藏的分裂活动与外国势力是紧密相连的,故在 1949 年 9 月 2 日,党中央以新华社社论的形式首次警告英、美、印政府:"中国共产党所领导的四百余万的人民解放军必须解放中国各民族……中国人民解放军必须解放包括西藏、新疆、海南岛、台湾在内的中国全部领土,不容有一寸土地被留在中华人民共和国的统治以外。西藏是中国的领土,绝不容许任何外国侵略;西藏人民是中国人民的一个不可分离的组成部分,绝不容许任何外国分割。这是中国人民、中国共产党和中国人民解放军的坚定不移的方针。任何侵略者如果不认识这一点,如果敢于在中国领土上挑拨,如果敢于妄想分割和侵略西藏和台湾,他就一定要在伟大的中国人民解放军的铁拳之前碰得头破血流。我们警告这些侵略分子立即在西藏和台湾的面前止步，否则他们就必须担负他们这种行为所引起的一切后果的全部责任。'① 9 月 7 日《人民日报》发表何思敬的文章《尼赫鲁政府辩不掉吞并西藏的阴谋》："尼赫鲁之流以一个外国政府底名义，来宣布'西藏从未承认中国的宗主权'，这是公然挑拨中国诸民族底感情，破坏中国诸民族团结，公然干涉中国内政的严重不法行为。……西藏问题不是你们这批和平破坏者有权容喙的问题，而是中国底内部问题，这种问题早已在中共以及毛主席底纲领中有了原则规定，并且中国共产党人不疲倦地正在执行这个纲领，中国诸民族为自己底解放而共同努力的纲领。"②

1949 年 9 月 17 日，噶厦召开官员会议，准备扩充藏军，购买武器，向美国、印度求援，全面对抗人民解放军。1949 年 11 月 2 日，噶厦以"西藏外交局"的名义致电毛泽东，宣称西藏"一直享受着独立自主的权利"，"请不要让军队越境进入西藏领土"，③ 并将抄件寄给美国、英国、印度，寻求政治军事支持。12 月，噶厦打算派出亲善使团，分赴英国、美国、印度、尼泊尔访问，并向美、英寄去求援信，又派一个代表团到北京与中央政府谈判所谓的"独立"。

面对西藏当局与外国勾结的分裂活动，正在苏联访问的毛泽东指示周恩来发表一份声明，表明中国政府的严正立场。周恩来责成李维汉等同志，指导中央统战部、中央民委、外交部等有关部门共同拟定了外交部发言人就西藏问题谈话的文件，经过毛泽东修改批准后，于 1950 年 1 月 21 日发表在《人民日报》上："西藏是中华人民共和国的领土，这是全世界没有人不知道也从没有人否认的事实。既然如此，拉萨当局当然没有权利擅自派出任何'使团'，更没有权利去表明它的所谓'独立'。……西藏人民的要求是成为中华人民共和国民主大家庭的一员，是在我们中央人民政府统一领导下实行适当的区域自治，而这在人民政协的《共同纲领》上是已经规定

① 《决不容许外国侵略者吞并中国的领土——西藏》（新华社 1949 年 9 月 2 日社论），西藏自治区党史资料征集委员会编《和平解放西藏》，第 148～149 页。
② 何思敬：《尼赫鲁政府辩不掉吞并西藏的阴谋》，《人民日报》1949 年 9 月 7 日。
③ 《西藏外交局坚持所谓西藏独立给毛泽东的电报》，西藏自治区党史资料征集委员会编《和平解放西藏》，第 241 页。

了的。如果拉萨当局在这个原则下派出代表到北京谈判西藏的和平解放的问题，那么，这样的代表自将受到接待。但是如果不是这样，如果拉萨当局违反西藏人民的意志，接受帝国主义侵略者的命令，派出非法的'使团'从事分裂和背叛祖国的活动，那么，我国中央人民政府将不能容忍拉萨当局这种背叛祖国的行为，而任何接待这种非法'使团'的国家，将被认为对于中华人民共和国怀抱敌意。"① 这是一份非常重要的文件，是中国政府首次公开阐明和平统一西藏的政策。其主要内容有几点：（1）西藏是中国领土的一部分；（2）在中央政府的领导下实行西藏区域自治制度；（3）对西藏争取和平解放，中央政府与拉萨当局在北京举行和平谈判；（4）不能容忍西藏当局的分裂活动，坚决反对任何国家的干涉。中国政府正式公布了和平解放西藏的方针和基本原则，不允许任何国家在中国内政问题上指手画脚。周恩来则坚决贯彻执行党中央的决策部署，直接领导有关部门为西藏和平解放事业进行了艰苦的工作，在一年多的时间里与印度的外交交涉、与西藏代表的谈判都始终坚持这些基本原则。

此时朝鲜战争还没有爆发，美国内部尚没有清晰的全面遏制中国的计划，也未承认西藏是一个独立的国家，面对中国政府的严正声明，美国暂时不希望公开援助西藏当局而触怒中国共产党。美国国务院打算暗中支持印度出面援助西藏，这样会更便于处理与中国的关系。当时印度政府多数官员的真实想法是在1904年"西姆拉条约草案"的基础上，在中国"宗主权"形式下，实现西藏所谓真正的自治。但是，印度总理尼赫鲁还要考虑中印关系的大前提，认为西藏当局不具备"独立"的条件，军事援助弊大于利，只能促使中国共产党提前向西藏发起进攻，而印度并无能力进行军事干预，故希望找到一种和平解决西藏问题的办法。所以，印度从自己的利益考虑，并不愿意公开在军事上援助西藏当局。1949年12月30日，印度政府不顾一些国家的反对承认了新生的中国，其想法是与中国政府建立外交关系后，希望通过交往，获得中国的好感，甚至某种"感激"，再运用外交手段与中国谈判，迫使中国承认印度在西藏的特殊权益，进而维护自身的最大利益。

在这种战略考量下，尼赫鲁政府一方面坚决抵制美国压力，不愿被美

---

① 《外交部发言人就西藏问题发表谈话》，《人民日报》1950年1月21日。

国牵着鼻子走，力图保持外交独立，树立自己的南亚大国形象，不公开援助西藏分裂分子，表示愿意与中国消除误解和建立合作关系，和平处理西藏问题；另一方面，又与美国相互利用，配合美国的某些做法，不断向中国进行外交施压，希望中国政府妥协让步，维持所谓西藏地方在民国时期的状态。

美国国务院与印度政府磋商后，指示其驻印度大使劝阻西藏代表前往美国，认为洽谈地点设在新德里的美国大使馆比在华盛顿还有利于外交。此时的英国更没有力量支持"西藏独立"，直接要求西藏当局不要派"使团"到伦敦。无奈之下，噶厦派往英美的"使团"只能待在西藏。

西藏当局迫于形势，不得不表示愿意与中国政府谈判，派出以夏格巴为首的代表团，1950 年 2 月离开拉萨，在 3 月 7 日到达印度噶伦堡，希望在某个适当的地方同中央代表进行接触谈判。拉萨当局最初是通过达赖喇嘛的哥哥嘉乐顿珠的岳父、曾任蒙藏委员会委员的朱绥光联系中央政府，要求中央派一名代表到中立区香港商谈汉藏关系。

夏格巴一行计划在 4 月 16 日飞抵香港，要求印度政府派发签证。印度外交部与英国外交部经过磋商，拒绝向夏格巴等人签发护照。英国驻新德里高级专员告诉夏格巴，与即将到任的中国驻印度大使会晤，新德里是比较合适的谈判地点。印度外交部也要求西藏代表在新德里同中央政府展开谈判，印度将给予他们各方面的帮助和便利，实则想借机控制西藏代表，左右谈判结果。在这种情况下，中国政府与印度政府进行一场外交斗争，迫使印度政府放行西藏代表，打消西藏当局的幻想，是西藏和平谈判的一个必要条件。

二　要求西藏代表到北京谈判

1950 年 4 月 1 日，中印两国正式建交。印度委派潘尼迦任驻华大使。中国驻印度大使馆临时代办申健 7 月下旬抵达新德里，开始与印度政府直接交锋。

西藏代表要求到香港谈判。1950 年 5 月 24 日，毛泽东就西藏和谈批示周恩来："西藏代表必须来京谈判，不要在港谈判，请加注意。"① 党中央在

---

① 《西藏代表必须来京谈判》，中共中央文献研究室等编《毛泽东西藏工作文选》，中央文献出版社、中国藏学出版社，2008，第 15 页。

和平解放西藏的战略方针下，要求西藏代表必须到北京谈判，坚定地维护中国主权。西藏问题是中国的内部事务，不接受任何外来势力的干涉，这是必要的，是理所应当的。但是，如何排除印度的干扰，促使西藏代表来京则是一场外交战。周恩来指示外交工作人员与印度政府交涉，坚决要求西藏代表来京谈判。

申健代办到了新德里后，夏格巴递交信件并拜访，称在印度加尔各答机场登机赴香港时被阻拦，提出愿意在新德里进行谈判。申健迅速将西藏代表的要求报告周恩来。1950 年 8 月 2 日，周恩来亲自致电申健：

　　俭电悉。我中央政府对西藏代表团之方针是：

　　西藏为中国领土的一部分，我不能承认该代表团为西藏之外交代表，但可承认其为西藏地方政府或西藏民族的代表、并同意其以此身份和中央人民政府谈商和平解放西藏问题，此谈判应在北京举行。兹拟复函如下：

附：申健给西藏代表团的复信
(1950 年 8 月 4 日)

夏古巴先生：

　　来函悉，西藏为中国领土之一部分，中央人民政府欢迎你们以西藏地方政府代表团名义前往北京，与中央人民政府商谈和平解放西藏等问题。由印经香港去北京既有困难，请考虑转回西藏经由国内其他路线，如青海、西康、云南等地前往北京，国内各地方政府及人民解放军均愿给你们以协助。此复。

申健
一九五○年某月某日①

周恩来代中健拟定答复夏格巴信函，表明了以毛泽东为首的党中央对西藏和谈的高度重视，凡是与西藏有关的问题都要报告给毛泽东，由周恩

---

① 《周恩来关于和平解放西藏问题致中国驻印度大使馆代办申健电》，西藏自治区党史办公室编《周恩来与西藏》，第 4～5 页。

来负责办理，事无巨细，从大的方针政策到落实的细节，周恩来都给予明确的指导。周恩来的电文指示申健等人与印度、夏格巴会谈时要阐明的党中央基本方针：一是西藏是中国领土的一部分，西藏代表不是外交代表，而是西藏地方政府的代表；二是西藏和平谈判只能在北京举行。

夏格巴则拜会印度外交部部长梅农，请求印度像从前的英国那样参与谈判，并要求拜见尼赫鲁，听取他的意见，寄希望于印度出面向中央政府施压。1950 年 6 月下旬，十八军开始向西藏进军。这引起了尼赫鲁的不安。1950 年 8 月 12 日，印度驻华大使奉命向中国外交部提交备忘录，称："印度政府对西藏从未有过、现在也没有任何政治的或领土的野心。他们的唯一愿望是能看到中藏关系通过友好和和平的方式获得解决。"同时又表示，中央对西藏的军事行动已经或即将开始，"印度政府自然关心因军事行动而引起印度边境上的不稳定的可能性，因此诚恳的要求采取一切步骤通过和平谈判解决中藏关系。此事现已因英国政府撤消对发给西藏代表团签证的反对而获得便利。既然西藏代表团愿意、亟望并等待着中央人民政府的答复，希望不致产生采取军事行动的必要"。① 印度政府首先表态对西藏领土没有任何野心，但是反对中国政府对西藏的军事行动，并将西藏代表被拒签的责任全推到英国头上，要求中国政府通过和平谈判的方式解决汉藏关系。

1950 年 8 月 14 日，周恩来拟定了一份将要与潘尼迦会谈，并答复印度外交部的照会上报中央。毛泽东批示："同意这样办。公约十章待其代表团到时作为谈判条款似较妥，目前不要发表，也不要交印大使。"② 8 月 19 日，周恩来将毛泽东所确定的原则首先电告申健："我们认为西藏代表团是地方性的及民族性的代表团，而北京又是中央人民政府所在地，故亟愿西藏代表团前往北京商谈。时间虽稍耽搁，但并不算晚。印度政府曾向我大使馆表示，甚愿我西藏代表团早日到达北京，并闻英国政府已撤消其拒发签证的决定。如此，西藏代表团更可早日动身，我大使馆愿尽一切力量予以帮

---

① 《印度驻华大使馆给中国外交部的备忘录》，西藏自治区党史资料征集委员会编《和平解放西藏》，第 154 页。
② 中共中央文献研究室等编《毛泽东西藏工作文选》，第 20 页。"公约十章"是西南局根据中央指示，由邓小平主持起草的与西藏地方政府谈判的十项条件（亦称"十大政策"），于 1950 年 5 月 27 日报送，5 月 29 日中央复电同意，成为中央部门、进藏部队和工作人员必须遵守的向藏族各阶层宣传和劝和、谈判的具体政策。

助。除上述这段意思外，大使馆与夏古巴代表团可避免触及谈判的内容，如夏古巴要求申述其意见时，应予倾听，但听后只允转报，不给任何回答。实际上，你们以极关心和极友好的态度助其早日成行，并予以很好招待为要。"① 周恩来将印度照会内容告诉申健，由申健转告夏格巴，促夏格巴打消依赖外国的幻想。同时，周恩来遵照毛泽东的批示，指示申健不要与夏格巴谈论涉及谈判的具体内容，不要给予西藏代表任何答复，申健的任务是代表中央极力欢迎西藏代表赴京。

8 月 21 日，周恩来会见潘尼迦，交给他一份备忘录，作为对印方照会的回应："西藏为中国领土，中华人民共和国中央人民政府及中国人民解放军负有解放西藏领土及西藏人民的神圣责任。中华人民共和国中央人民政府赞成并主张以和平友好方式解决西藏问题，但中国国民党反动派在西藏的任何影响必须肃清。我们认为西藏代表团是地方性的及民族性的代表团。他们应该到中华人民共和国首都来商谈和平解决西藏问题的办法。中华人民共和国中央人民政府已命令我驻印度大使在接见西藏代表团时欢迎他们前来北京商谈。"② 照会坚持西藏是中国的领土，西藏问题是内部事务，这一点是毫不动摇、决不妥协的。同时，中国表态坚持以和平谈判的原则解决问题。考虑到与印度的友好关系，中方并没有对印度干涉中国内政的做法表示指责和不满，对其留有余地。

但是，印度并不愿意看到中国顺利地统一西藏地方。8 月 26 日，印度驻华大使馆再次向中国外交部提交备忘录：印度政府听说"（人民解放军）对西藏的进犯已经近在眉睫。印度政府希望知道，关于在西藏境内和附近的军事行动的报道，是没有根据的，而中国政府是全心全意想用和平和友好的方法解决西藏问题的"。印度坚决反对中国对西藏地方采取军事行动，表示印度在西藏没有政治或者领土的野心，希望中国政府向印度政府保证用和平协商的方式使汉藏关系得到解决。"印度政府诚挚地希望，即将举行的协商，将使西藏关于在中国的主权范围内自治的合法要求得到和谐的调整。"③ 印

---

① 《周恩来关于和平解决西藏问题给申健的指示电》，西藏自治区党史办公室编《周恩来与西藏》，第 5、6 页。

② 《中国总理周恩来交给印度驻华大使潘尼迦的备忘录》，西藏自治区党史资料征集委员会编《和平解放西藏》，第 155 页。

③ 《印度驻华大使馆给中国外交部的备忘录》，西藏自治区党史资料征集委员会编《和平解放西藏》，第 156 页。

度政府妄称人民解放军进军西藏是"进犯",要求人民解放军不能采取任何军事行动。这是赤裸裸地干涉中国内政的行径,印度不断向中国施压,妄图达到染指西藏的目的。

中国政府维护国家主权完整的决心是毫不动摇的,解放西藏的战略决策已定。不进行一定的军事斗争是打不赢外交战的。1950 年 8 月 23 日,毛泽东致电西南局、西北局:"现印度已发表声明承认西藏为中国领土,唯希和平解决勿用武力。英国原不许西藏代表团来京,现已允许。如我军能于十月占领昌都,有可能促使西藏代表团来京谈判,求得和平解决(当然也有别种可能)。现我们正采争取西藏代表来京并使尼赫鲁减少恐惧的方针。"① 在党中央的指示下,以邓小平为首的西南局、西南军区筹备进军昌都的工作。8 月 24 日,西南军区报告中央军委,预计在 10 月中旬能占领昌都。毛泽东在报告上批示周恩来:"请注意进攻昌都的时间。请考虑由外交部适当人员向印度大使透露,希望西藏代表团九月中旬到达北京谈判。我军就要向西藏前进了,西藏代表团如有诚意,应当速来,并希印度政府予该代表团的旅行以可能的协助。"同日,毛泽东又给周恩来写信嘱咐:"去电申健叫西藏代表团马上动身来北京,很有必要。电中请说明希望该代表团接电后迅即动身乘飞机至香港,转乘广九、粤汉、京汉火车,九月中旬到达北京。"② 毛泽东知道必须准备文武两手策略,以军事斗争打击西藏当局的分裂行径和依靠外国的幻想,决定西藏和平谈判不能再由印度、西藏当局任意拖延下去,必须尽快促成代表团赴京谈判,以利于西藏尽早和平解放。发起昌都战役,消灭藏军主力,是实现西藏和平谈判的关键步骤,以战促和,是必要的。

周恩来深刻领会毛泽东的决策,迅速部署实施。8 月 30 日,周恩来致电申健,告知新任驻印度大使袁仲贤于 9 月 14 日左右方可抵加尔各答,如待袁约见西藏代表,实太晚,现改由申健以代办身份电约西藏代表迅即至新德里面谈前来北京问题。同时,告其中央的决定:"中央将于八月三十一日面告潘尼迦大使,并告以中国人民解放军在西康西部预定的行动即将开始。我们很希望西藏代表团在九月中旬就能赶到北京,以利于商谈和平解

---

① 中共中央文献研究室等编《毛泽东西藏工作文选》,第 23 页。
② 中共中央文献研究室等编《毛泽东西藏工作文选》,第 27~28 页。

决西藏问题。因此，请印度大使转告印度政府对西藏代表团搭乘飞机经香港转来中国事予以协助。"并嘱咐申健，西藏代表团如在得电后即来新德里商谈，应根据 8 月 19 日去电内容，表示"欢迎西藏代表团立即动身乘飞机经香港转来北京。西藏代表团由港至穗后，我们当派飞机往接；如不便，请其即乘粤汉、京汉火车北上，我们当派人在广州迎接"。①

周恩来把毛泽东的指示及时告诉驻印度使馆官员，使其了解党的方针，按照毛泽东的指示处理问题，尽最大的努力争取尽快实现和平谈判。9 月 6 日，申健与夏格巴进行了会谈，转达了中央的意见。9 月 8 日，周恩来再次致电申健："对西藏代表团应促其早日动身前来北京商谈和平解决西藏问题"，可向他们表示，中央人民政府获悉他们愿来北京、不要第三者参加商谈并相信与中央会很好合作，极为高兴。中央人民政府也相信中央与西藏一定会很好合作的。西藏代表团到北京来商谈，什么事都可提出。中央人民政府准备与西藏代表团商谈和平解决西藏问题的办法。"共同纲领的民族政策一章，是我们商谈的根据；解放军进入西藏，驱除国民党影响，保卫国防，西藏现行政治制度及军事制度概维现状，达赖活佛的地位及职权不予变更，是我们商谈的主要内容。故中央人民政府邀请西藏代表团迅即动身乘飞机经香港、广州北上，中央人民政府已派员在广州接待。人民解放军将按原定计划在西康行动，代表团愈早到京，愈有利于西藏问题和平解决。"② 周恩来电令申健将中央和平解决西藏问题办法的主要原则告诉西藏代表，表示中央真诚地和谈，西藏代表什么事都可以提出，体现了中央真心实意的态度；再次督促西藏代表即刻飞赴北京谈判，并正告西藏代表动身赴京最后期限是在 9 月中旬，中央进军西康的计划不变，希望西藏当局放弃幻想，坦诚与中央和谈。

同时，周恩来会见潘尼迦，告诉其若西藏代表在 9 月中旬仍不动身赴京，人民解放军将展开进军西康的行动。中央的策略是以军事行动促和谈，定下了最后期限，观察西藏当局和印度的反应，如果西藏代表真心和谈尽早主动赴京谈判，人民解放军就有可能不会发起以后的昌都战役了。

面对中央的最后通牒，惶急的西藏当局将希望寄托在印度身上，求助

---

① 《周恩来致申健电》，西藏自治区党史办公室编《周恩来与西藏》，第 7 页。
② 《周恩来为中央起草的关于请西藏代表团速来京谈判致申健电》，西藏自治区党史办公室编《周恩来与西藏》，第 8 页。

于尼赫鲁。9月5日,夏格巴拜会印度外交部部长梅农,表示感谢印度为支持西藏向中国提出的抗议,待中国大使到任后就正式开始谈判,请求印度政府做谈判的中间人。9月8日,尼赫鲁接见夏格巴,夏格巴称希望维护西藏的"独立自主","倘若前往中国,唯有听凭中国人说了算",请印度政府设法在新德里谈判,做中间人参加谈判,督促中国政府不要在西藏边境动武。尼赫鲁答:"印度政府像英国人时期那样,承认表面上西藏是中国的领土,而且内里西藏享有尽可能大的自主权。当然可以督促中国军队不进藏,但若你们诸位代表说西藏是完全独立的,这就难办了。"① 尼赫鲁拒绝西藏当局军事援助的要求,也反对西藏完全"独立"的主张,希望西藏代表通过与中央谈判的方式解决问题。这无疑是对西藏分裂分子的一个打击。

依据周恩来电报指示,9月16日,新任驻印度大使袁仲贤与夏格巴进行会谈,再次传达了党中央的方针。袁仲贤拿出《共同纲领》的小册子,告诉夏格巴党的民族宗教政策,噶厦只有承认西藏地方是中国的一部分,欢迎人民解放军进入西藏保卫国防,真诚地与中央和谈才是解决问题的唯一出路,再次督促西藏当局放弃幻想。9月19日,周恩来致电袁仲贤,首先肯定了他与西藏代表团的谈话甚妥,并指示两个方案:一是,"如西藏代表团已定行期,即可不必再谈正文,只需帮助他们按时动身即可"。二是,"如该团尚迟疑不决,你可邀其团长来馆告以中央人民政府约你们在九月中旬前往北京之限期已过,而刘伯承将军部队依原定计划在西康西部的行动,西藏方面必生疑虑;欲解除此虑,只有西藏代表团早去北京商谈和平解决西藏问题,别无他途"。看他们如何回答,再做定夺。②

9月19日,夏格巴将与袁仲贤大使、梅农、尼赫鲁的谈话内容电告拉萨,要求做出适当让步,建议:"承认西藏名义上是中国的一部分","中国军队不常驻西藏,由西藏守土自卫","西藏同印度、尼泊尔的商务文化谈判,由西藏政府自己处理"。根据这几条与对方谈判,是否妥当,若能谈,我等立即前往北京,否则,边境将发生战争冲突。噶厦迟迟不予明确答复。③ 与此同时,噶厦派官员索康等人赴新德里会见印度外交部、美国驻印

---

① 夏格巴:《藏区政治史》,中国藏学出版社,1992,第235页。
② 《周恩来关于西藏代表团来京谈判复中国驻印度大使袁仲贤电》,西藏自治区党史办公室编《周恩来与西藏》,第9页。
③ 夏格巴:《藏区政治史》,第236~237页。

度大使商谈军援。美国答应给予一定数量的军火援助，但是希望通过印度方面执行。尼赫鲁认为从印度购买武器将激起中国人民解放军发起进攻，更不利于西藏局势，拒绝了西藏当局的请求。

1950 年 9 月 30 日，在中国人民政治协商会议全国委员会庆祝大会上，周恩来做了题为《为巩固和发展人民的胜利而奋斗》的报告："人民解放军也决心西去解放西藏人民，保卫中国边防。对于这个为祖国安全所必须的步骤，我们愿以和平谈判的方式求得实现。西藏的爱国人士对此已经表示欢迎，我们希望西藏的地方不再迟疑，好使问题能得到和平解决。"① 中央再次督促西藏当局放弃幻想，回到和平谈判解决西藏问题的正确道路上来，为争取和平谈判又一次做了真诚的努力。但是，面对中央的反复呼吁和敦请，以达札为首的少数分裂分子，仍然屯兵昌都，毒害格达活佛，拒绝一切和谈。在这种情况下，人民解放军进藏部队不得不于 10 月 6 日发起了昌都战役。

三　坚决反对印度的外交施压，粉碎西藏当局幻想

昌都战役打响后，印度政府以总统普拉萨德、内务部部长帕特尔为代表的强硬派指责中国"侵略"，批评尼赫鲁对中国的"投降"政策，要求军事干涉，得到了一些内阁成员和议员的支持。在这种背景下，10 月 10 日，印度外交部部长梅农约见袁仲贤谈话，称听说中国人民解放军已进入藏东，印方对此表示关切，希望西藏问题能和平解决。袁仲贤将谈话内容报告给中央，毛泽东批示周恩来："西藏是中国领土，西藏问题是中国内政问题。人民解放军必须进入西藏。首先希望不经战争进入西藏，故要西藏代表团九月来北京谈判，该团故意拖延，至今尚未动身。现人民解放军已向昌都前进，数日内可能占领昌都。如西藏愿意谈判，代表团应速来京。"② 这是中国政府对印度干涉内政做法的有力答复，坚决维护国家主权，督促西藏代表尽快赴京才是解决问题的唯一出路。

10 月 12 日，噶厦回电夏格巴，表示西藏若接受条件，其政教权力被

---

① 中共中央文献研究室编辑委员会编《周恩来选集》下卷，人民出版社，1997，第 33 页。
② 中共中央文献研究室等编《毛泽东西藏工作文选》，第 31 页。

毁，若直接答复不接受条件，会立即爆发战争，后果难以预料。现应尽量使用手腕，巧妙地阻止中央军队，又尽量维持友情，设法拖延下去。昌都藏军覆灭后，10 月 23 日，以达札为首的西藏当局仍不悔悟，再次致电夏格巴，称罗布林卡的护法神降神预言，答应共产党的要求，对政教而言不管是目前还是长远来看都有危害，因此在不能接受共产党的条件前提下，西藏代表才能赴北京谈判。①

10 月 21 日，潘尼迦照会中国政府，声称：中国对西藏采取行动，会导致"对中国不友好的那些国家"，借口进行反华宣传，威胁中国。现在联合国召开大会讨论中国参加该组织的事宜，在大会要做决定的前夕采取军事行动，将引起严重后果，印度政府一直在竭尽所能，帮助中国尽早取得代表权资格，中国的这种做法会被解释为扰乱和平的举动，为对中国不友好的国家所利用。照会的结尾部分则威胁道："假如因中国在西藏的军事行动而使反对中国参加联合国的国家获有机会来歪曲中国的和平目的，那么中国的地位将会因此削弱。"② 中国断然予以拒绝。

昌都解放后，藏军主力大部分被消灭，西藏当局已无任何负隅顽抗的本钱。一旦人民解放军向拉萨进军，解放全西藏将指日可待，届时，西藏上层集团更无谈判的资本。而印度与巴基斯坦矛盾日益尖锐，军队主力驻扎边境，处于随时爆发战争的状态，印度无力承担与中国军事对抗的压力，要长久地保持自身的安全必须以中印友好为保障。面对强大的人民解放军，印度不得不做出让步，督促西藏代表尽快谈判。10 月 24 日，印度政府告诉中国外交部，"西藏代表现在已经接到可以前往北京的指示，并且即将离印"，希望中国政府不要采取进一步的军事行动，能够将自己局限于西康西部。③ 印度希望中方的军事行动只局限于西康，不要进军西藏。10 月 26 日，梅农约见申健谈话，称印度政府对中国人民解放军进入西藏深表遗憾，希望中国用和平方式解决西藏问题。毛泽东批示周恩来，申健的态度应更强硬些，"中国军队必须到达西藏一切应到的地方，无论西藏地方政府愿意谈

---

① 夏格巴：《藏区政治史》，第 237、240 页。
② 《印度驻华大使给中国外交部的备忘录》，西藏自治区党史资料征集委员会编《和平解放西藏》，第 162～163 页。
③ 《印度驻华大使馆向中国外交部转述的印度政府的电文》，西藏自治区党史资料征集委员会编《和平解放西藏》，第 164 页。

判与否及谈判结果如何，任何外国对此无置喙的余地"。①

10月28日，潘尼迦照会周恩来，称10月25日西藏代表已经离开新德里，"中国政府已发出命令侵入西藏，和平谈判就难于与此同时进行，西藏人将自然地恐惧，谈判将是在胁迫下举行"，印度政府对此深切遗憾。② 10月30日，中国外交部照会印度大使馆：中央政府曾屡次表示西藏问题将以和平谈判的方式得到解决，欢迎西藏代表团早日来到北京，但是西藏代表团受人唆使，故意拖延来北京的行期。"无论西藏地方当局愿否进行和平谈判及谈判取得如何结果，均属中华人民共和国的内政问题，不容任何外国干预。"如果有些国家利用中国对其领土西藏行使主权一事作为借口，进行威胁，"以阻碍中华人民共和国进入联合国组织，那只是再一次表示这些国家对中国的不友好和敌对的态度而已"。③

11月1日，潘尼迦再次向周恩来发出照会，称印度多次强调西藏问题将以和平谈判方式来解决，并非干涉中国内政，中国政府也多次保证和平解决西藏问题，但是印度政府知道中国对和平民族采取军事行动的时候，非常惊异，"并无任何确证指出西藏人方面采取任何挑衅行为或任何诉诸非和平的方面。因此，无论如何，对他们采取这种军事行动是没有理由的"。印度政府重申对西藏并无政治和领土的野心，在为与中国的友好关系而努力，"最近在西藏的发展已影响到这些友谊关系以及全世界的和平利益，印度政府对此深表遗憾"。"印度政府只能表示，殷切希望中国政府仍将宁愿采取和平谈判与和平解决的方法，而不用强迫与武力的解决。"④ 印度几次递交照会或备忘录给中国政府，以撤销其在联合国的支持为条件，威胁中国不要采取或停止在西藏的军事行动。印度对中国的军事行动甚为不满，配合美国发动了一场外交攻势。11月1日，美国国务卿艾奇逊在记者招待会上，污称解放军入藏是侵略行为，是最不幸最严重的事件。夏格巴起草致联合国的信件，并分致驻印度的各国使馆，要求联合国对中国的"侵略"

①　中共中央文献研究室等编《毛泽东西藏工作文选》，第34页。
②　《印度驻华大使潘尼迦给中国总理周恩来的照会》，西藏自治区党史资料征集委员会编《和平解放西藏》，第166页。
③　《中国外交部给印度驻华大使馆的备忘录》，西藏自治区党史资料征集委员会编《和平解放西藏》，第167~168页。
④　《印度驻华大使潘尼迦给中国总理周恩来的照会》，西藏自治区党史资料征集委员会编《和平解放西藏》，第169~171页。

进行干预，呼吁各国予以支持。15 日，在美国的暗中唆使下，萨尔瓦多向联合国提出"外国入侵西藏案"，要求联合国采取适当措施。印度国内的舆论叫嚣，要政府支持西藏地方政府的呼吁，在联合国大会上谴责中国。

11 月 16 日，周恩来指示中国外交部照会印度大使馆，照会回顾了 8 ~ 10 月以来中国历次照会的主要内容，称中国在争取西藏和平谈判方面的努力都随时通知了印度政府，但是印度政府竟然不顾事实，"将中国政府对其领土西藏行使主权的内政问题认为是势将助长世界上可悲的紧张局势的国际纠纷"。中国人民解放军进入西藏正是为了保障中国领土主权的完整。那些愿意尊重中国领土主权的国家，首先应该在这一个问题上表示出它们对于中国真正的态度。中国政府始终坚持中国内政不容任何国家干涉的基本原则，拒绝印度的任何无理要求。备忘录结尾表示："中印两国的友谊应该得到正常的发展，中印在西藏的外交、商业、文化关系，也可以循着正常的外交途径获得适当的互利的解决。"① 中国政府仍坚持中印友好大局，表示愿意协商解决印度在西藏的商业等方面权益，这给印度留有很大的余地维持自己的权益。印度政府不得不慎重考虑中国政府的态度。

11 月 24 日，印度最终考虑自己的综合对华利益，以及自身面临的政治、经济、军事困境，采取了明智决策，指示其代表在联合国大会上发言，主张放弃讨论萨尔瓦多代表提出的西藏问题，延期审议，搁置起来，这赢得了大多数国家代表的支持。至此表明印度政府基本上放弃了对西藏当局的外交支持。

此时的西藏当局外无援兵，内部陷入争吵和混乱，不得人心的达札摄政无奈辞职下台，请十四世达赖亲政。1950 年 12 月 19 日，达赖喇嘛及部分僧俗官员抵达亚东观望形势。亚东噶厦通过印度驻锡金官员致电印度政府，请求协助达赖至印度居住，仍对印度抱有一丝希望。1951 年 1 月 11 日，亚东噶厦召开官员大会，做出了派遣代表赴北京谈判的决定。1 月 18 日，达赖喇嘛派员到达新德里，给袁仲贤大使送去了哈达、礼品，并转呈毛泽东一封信，称近日已委派和谈代表阿沛·阿旺晋美及随员从速起程去北京，并给阿沛派去两位助手，经印度前往北京。1 月 29 日，周恩来复袁

① 《中国外交部给印度驻华大使馆的备忘录》，西藏自治区党史资料征集委员会编《和平解放西藏》，第 176 ~ 178 页。

仲贤电，认为他接见达赖两代表及所取态度是对的，指示袁大使可邀他们来谈，告诉西藏代表毛泽东及中央人民政府欢迎达赖活佛派代表去北京商谈和平解放西藏问题。达赖活佛派往昌都接洽的两位代表，中央人民政府即通知昌都人民解放军于他们到后，给以很好招待，并负责护送阿沛等人前去北京。唯藏康路远，一时不易到达，仍盼达赖活佛加派代表经印度乘飞机至香港转广州来北京，中国驻印大使馆当予以旅行上的协助，"并望代表毛主席祝贺达赖活佛的执政"。大使馆应好好接待达赖代表，并从旁探询西藏内部情况及达赖执政后的动向。如西藏地方政府已换了人，而三大寺代表又已取得实权，"你可向达赖两代表及彭措扎西表示，达赖活佛不应离开西藏。离开西藏不仅有碍和平解放西藏的商谈，而且将丧失达赖原在西藏的地位"。最后叮嘱如西藏代表确定来京，大使馆应派人同来。周恩来将电文内容一并告诉西南军政委员会的邓小平、贺龙，令他们知道中央的方针，在西康一带做好迎接西藏代表的准备。同时，周恩来代袁仲贤拟定了复达赖的信，内容主要是代表中央对达赖愿意和谈的回应，以袁仲贤大使的语气代表毛泽东祝贺达赖的执政："我很高兴听到你开始执政，能在毛主席和中央人民政府的领导下，使西藏人民生活得更好，祝你多福。"① 信中还表示中央非常欢迎达赖派代表赴北京商谈和平解放西藏，已电告昌都的人民解放军当予以很好的招待，并尽快地护送代表去北京，欢迎加派代表经印度乘飞机到香港转广州赴北京。中国驻印大使馆当给以一切旅行上的便利和帮助。

1951 年 3 月 21 日，周恩来会见潘尼迦并谈话："达赖已在亚东，希望他不要离开西藏。这样对他是有好处的。我们尊重西藏宗教自由，同意达赖作为西藏的宗教、政治领袖来进行谈判。解放军必须进入西藏。如达赖不走，经过谈判解决。解放军可以和平进入西藏，达赖的地位仍然可以保持。如此，中印关系亦可增进一步。从前的摄政（指达札活佛）正在引诱达赖离开西藏去印度。达赖去了印度，就在中印关系上造成一种阴影，因为印度在这个问题上的态度，对西藏和平解放是有影响的。"② 周恩来代表

---

① 《周恩来为中央起草的关于欢迎达赖派代表来京商议和平解决西藏问题复袁仲贤并告邓小平、贺龙电》，西藏自治区党史办公室编《周恩来与西藏》，第 11～13 页。

② 《周恩来就西藏问题与印度驻华大使潘尼迦的谈话》，西藏自治区党史资料征集委员会编《和平解放西藏》，第 124 页。

中国政府表明的严正态度，迫使印度不得不慎重考虑，是中印友好大局重要，还是支持少数西藏上层分裂分子重要。尼赫鲁最终排除了国内的反对意见，表示尊重中国政府的要求。印度政府对西藏代表表示，按照国际公法，达赖喇嘛如为了求得生命安全，印度准许其去避难，但只能作为难民对待。① 印度的态度对西藏上层集团中的分裂分子无疑是一个沉重打击。西藏当局一年多来只想一味地依赖外国，到头来却一无所获。事实证明这些纯属幻想。达赖集团不得不在派代表与中央政府和谈时放弃了"独立"的主张。

达赖方面正式派代表来北京，西藏和平谈判见到了曙光。党中央和毛泽东指示周恩来全力做好接待工作。毛泽东风趣地自称是老夫人，请周恩来、李维汉做红娘，招待西藏的客人，一定要在各方面照顾好，让其感受到祖国的温暖。1951 年 4 月 22 日，西藏代表阿沛·阿旺晋美、土登列门、桑颇·登增顿珠等到达北京前门火车站，受到了周恩来、郭沫若、林伯渠、李维汉等中央领导同志的热烈欢迎。周恩来与代表亲切握手，满面笑容，和蔼可亲，炯炯有神的目光里闪现出内心的喜悦，连声说："欢迎你们，欢迎你们来到北京，这里是我国各民族大家庭的首都，是所有兄弟民族的家。你们长途跋涉很辛苦，现在到家了，先好好休息一下，再说谈判的事。有什么困难和需要，尽管向接待人员提出来。一家人嘛！不必拘礼，不要客气。"到了北京饭店后，周恩来设宴招待，并致祝酒词，希望大家以一家人的态度，本着平等友好、充分协商的原则，从祖国统一和民族团结的大局出发，同中央人民政府全权代表共同努力，搞好谈判，为西藏的和平解放做出第一步的贡献。② 周恩来对西藏代表的讲话真诚地坦露了中央的原则，在北京谈判是一家人商量解决家庭内部的事情，确定了谈判的指导思想。宴会后，周恩来指示李维汉等人做好西藏和谈代表的工作。5 月 23 日，中央人民政府代表与西藏地方政府代表签订了《中央人民政府和西藏地方政府关于和平解放西藏办法的协议》（简称"十七条协议"）。

从 1949 年到 1951 年 5 月，西藏和平谈判的一个关键是中国对印度外交

① 土丹旦达：《关于和平解放西藏办法的协议签订前后》，西藏自治区党史资料征集委员会编《和平解放西藏》，第 227 页。
② 阿沛·阿旺晋美：《功垂青史风范永存——深切缅怀周恩来总理》，西藏自治区党史办公室编《周恩来与西藏》，第 272 页。

斗争的胜利。毛泽东从全局的角度进行考虑，是和平解放西藏的战略制定者。周恩来则是战略决策变成现实的具体组织执行者，负责西藏和平解放的各方面工作，工作内容全面而具体细致。针对印度政府的不友好行为，党中央在《人民日报》上发表的社论，周恩来与潘尼迦的谈话，中印往来的外交照会，申健、袁仲贤与夏格巴等人的交涉，无不表明中国所坚持的最基本方针是：西藏是中国领土的一部分，西藏问题是中国的内政，中国人民解放军必须进入西藏保卫国防，不容任何国家干预，同时，考虑到印度在国际上的不结盟政策及中印未来的友好关系，中国政府在外交上并没有过多地指责印度，保持了必要的灵活性，促成印度政府放弃对西藏当局的外交支持。假如1950年前后，印度政府全力支持西藏上层分裂分子裹挟达赖喇嘛逃到印度"避难"，那么"十七条协议"可能将无从签署，西藏和平解放的政治意义将大不一样。从这个角度来讲，周恩来率领中国外交官员打赢了一场外交战，为西藏和平解放事业做出了历史性的贡献，是一次正确处理错综复杂的西藏问题的成功经验。回顾这段历史对我们今天的西藏工作仍有重要的现实意义。

第三节　西藏上层分裂势力撕毁"十七条协议"

中华人民共和国成立，西藏上层分裂势力反对祖国统一、对抗西藏和平解放。"十七条协议"签订后，西藏上层分裂分子极端敌视这一协议，采取各种手段进行了大量的破坏活动，直至1959年3月发动全面武装叛乱。本节通过揭示这一历史进程中的若干片段，使人们更清醒地认识到某些人搞"西藏独立"的真面目。

一　反对"十七条协议"的签订

中央人民政府在派军解放大西南时，做出进军西藏的战略决策，确定了争取和平解放西藏的方针，正式通知西藏地方当局"派出代表到北京谈判西藏和平解放问题"。

此时，以达札摄政为首的西藏上层分裂势力图谋借助英、美、印的力量与人民解放军对抗到底。达札摄政筹划派遣"亲善使团"到美国、英国、印度、尼泊尔寻求政治、军事支持，表明"独立"；派以夏格巴为代表的"使团"到北京谈判"独立"。1950年1月20日，中国外交部发言人发表谈话，指出如果拉萨当局派出的非法"使团"从事分裂和背叛祖国的活动，任何接待"使团"的国家，将被认为对中国怀有敌意。英、美等国拒绝拉萨当局的"使团"来访。

政治上无计可施的达札摄政，行动上疯狂地对抗和平谈判。分裂分子在西藏散布"西藏历史上不属于中国"、"汉藏关系是宗教上的布施关系"等谣言，阻拦格西喜饶嘉措大师，毒死甘孜格达活佛等进藏和谈代表，派藏军七千多人在昌都一带布防，武力对抗人民解放军进藏。人民解放军通过各种渠道劝告西藏当局和平谈判无效后，1950年10月6~24日，发起昌都战役，消灭、俘虏藏军主力五千七百余人，以战促谈。

昌都解放后，西藏分裂分子惊恐万分，噶厦内部矛盾迅速白热化。噶厦各级官员、三大寺代表多次举行会谈，商讨对策，乃穷、噶东护法神"预示"后，达札被迫辞去摄政之职，十四世达赖喇嘛提前亲政。这就削弱了西藏上层分裂势力，壮大了拥护祖国统一的力量。阿沛·阿旺晋美等四十余名在昌都的西藏地方政府官员，联名致信达赖喇嘛，建议拉萨当局派出代表同中央和平谈判。

西藏上层分裂分子并不甘心，秘密开会，决定策动达赖喇嘛外逃印度，投靠英、美。12月19日，达赖和噶厦部分官员出逃亚东观望形势。临行前，达赖任命大堪布洛桑扎西、孜本鲁康娃为司曹，代理摄政。英、美、印基于当时的国际形势及自身利益的考虑，没有给予西藏上层分裂分子明确承诺，噶厦陷入了进退维谷的地步。这就促使一部分噶厦官员开始醒悟，认为依赖外国纯属幻想，争取和平解放才是最好的出路。

1951年1月，达赖喇嘛召开官员会议，多数僧俗官员主张与中央政府和平谈判，反对到印度投靠外国，达赖喇嘛同意和谈。1951年2月27日，达赖喇嘛致函中央，表示派阿沛·阿旺晋美为首席代表，凯墨·索安旺堆、土丹旦达、土登列门、桑颇·登增顿珠为代表，到北京谈判。噶厦发给每个代表一份盖有印章的全权证书，证书外面注明西藏全权代表五人姓名及身份。实际上，噶厦内部分裂分子并不心甘情愿地拥护和平谈判，据阿沛·阿旺晋美回忆：拉萨代理摄政的委托书内容是可以同共产党建立联系，但不能放弃"西藏独立"，既不承认西藏是中国的一部分，也不准解放军进藏，只能建立一个办事处。亚东的达赖和噶厦官员给代表正式的委托书分内部掌握和公开谈判两种，对外口径是藏汉只是深厚的"施主关系"，现在共产党掌握了政权，西藏祝贺这个政权昌盛等，但不承认西藏是中国的一部分。内部的口径是，在不得已的情况下，对外可以承认西藏是中国的一部分，但内部必须是"独立自主"的，且不能同意派兵到边界。中央驻拉萨的代表及其工作服务人员，总数不可过百人。警卫由藏军负责，而且要求中央派的代表最好是信仰宗教的。[1] 这反映了西藏上层分裂分子对抗西藏和平解放的真实想法。中央人民政府决不答应非法要求。

1951 年 5 月 23 日，"十七条协议"签订。阿沛·阿旺晋美电告亚东谈判经过和协议内容，噶厦召开官员会议激烈争论，掌握实权的赤江·洛桑益西、索康·旺清格来、帕拉·土登为登、洛桑二旦等分裂分子大为恐惧，拼命反对，认为协议使西藏丧失了所有权利，坚决主张应公开否认协议，达赖马上离开西藏，并责备和谈代表擅自签订协议。企图通过公开辩论，借噶厦和全体官员的名义上书达赖，反对协议，外逃印度。会上多数人主张达赖返回拉萨。分裂分子在会议上辩论失败后，又叫嚷抽签决定是出国还是返回拉萨。抽签和会议辩论结果都是返回拉萨有利，这就打乱了分裂分子要挟达赖出国的计划。[2]

1951 年 8 月 17 日，达赖喇嘛返回拉萨。噶厦对执行协议仍然拖延应付，迟迟不表明态度。9 月 12 日，阿沛·阿旺晋美返回拉萨，向达赖报告了在京谈判经过，出面同噶厦交涉，请求召开大会讨论。噶厦无法推托，才于 10 月 20 日召开西藏地方政府全体僧俗官员、三大寺堪布、藏军军官等三百多人参加的大会，阿沛报告了签订协议经过，驳斥分裂分子的主张，经过讨论，大会通过了呈送达赖喇嘛的意见："签订的十七条协议，对于达赖之宏业，西藏之佛法、政治、经济诸方面，大有神益，无与伦比，理当遵照执行。"[3] 10 月 24 日，达赖喇嘛致电毛泽东："西藏地方政府及藏族僧

---

① 《阿沛·阿旺晋美回忆和平解放西藏协议的签订》，西藏自治区党史资料征集委员会编《和平解放西藏》，第 215 页。
② 土丹旦达：《关于和平解放西藏办法的协议签订前后》，《西藏文史资料选辑》第 1 辑，第 26 页。
③ 土丹旦达：《关于和平解放西藏办法的协议签订前后》，《西藏文史资料选辑》第 1 辑，第 26 页。

俗人员一致拥护，并在毛主席及中央人民政府领导下，积极协助人民解放军进藏部队，巩固国防，驱逐帝国主义势力出西藏，保卫祖国领土主权的统一。"① 至此西藏上层分裂分子阻挠"十七条协议"签订以失败告终。

二　成立伪人民会议，破坏民主改革

"十七条协议"签订后，人民解放军顺利进驻拉萨，布防江孜、日喀则、亚东等地。西藏上层分裂势力从一开始就想方设法极力破坏协议的执行。

"十七条协议"主要内容可以概括为几个方面：一是实现祖国统一，人民解放军进驻西藏。二是中央政府承诺维持西藏现行的各种政治、宗教制度，以及达赖、班禅、各级官员的固有职权和待遇不变；加强民族团结，实行宗教自由。三是采取协商的方式，在西藏逐步实行各项民主改革，包括成立军政委员会、改编藏军、民族区域自治等重要内容。这是一套和平解决西藏问题的完整政策，完全照顾到了西藏上层集团的利益，符合西藏人民的长远利益。但是，西藏上层分裂势力反对对西藏任何旧制度进行改革，主张永远不要改革，换言之就是要"西藏独立"。

解放军一到拉萨，噶厦上层分裂分子表面欢迎，暗中的破坏活动就立即开始了。分裂分子叫嚣"解放军不走，饿也要把他们饿死"，阻止上层人士卖粮食给人民解放军，解放军很难买到粮食、蔬菜、柴草，租土地。西藏工委给农奴发放的种子、贷款和农具都落到了农奴主手里。解放军医生给穷苦百姓看病，分裂分子就造谣说"汉人医生毒死人"。

1951 年 11 月，以代理摄政鲁康娃、洛桑扎西为首的上层分裂分子纠集一些商人、头人、庄园主打着代表西藏人民的旗号，成立伪人民会议反动组织，专门搞破坏。伪人民会议制定了一份"请愿书"，狂妄要求人民解放军撤出西藏，永远不能改革西藏现行的制度。

伪人民会议分子有计划、有步骤地制造骚乱，在拉萨散布谣言，污蔑唾骂人民解放军和工作人员，到处寻衅闹事，公开要求赶走人民解放军，

---

① 《达赖喇嘛致电毛主席拥护关于和平解放西藏办法的协议》，《人民日报》1951 年 10 月 27日。

反对"十七条协议",在拉萨城内示威,导致城内秩序混乱。1952 年 2 月 28 日,代理摄政两人在噶厦全体会议上公开声称"西藏是独立国",污蔑人民解放军进藏为侵略;反对"十七条协议"。① 3 月 30 日,伪人民会议分子将"请愿书"送到噶厦,鲁康娃、洛桑扎西两人当即表示支持。3 月 31 日,噶厦派人将"请愿书"送给张经武代表。同时,指挥分裂分子两千多人秘密包围张经武和西藏工委驻所,枪击阿沛·阿旺晋美住宅,向中央挑衅。②

党中央指示:"最近拉萨的示威,不应看做只是两司伦等坏人做的,而应看做是藏政府的大多数向我们所做的表示","他们以保护西藏民族利益的面目出现"。"我们要用一切努力和适当办法,争取达赖及其上层集团的大多数,孤立少数坏分子,达到不流血地在多年内逐步地改革西藏政治经济的目的,但也要准备对付坏分子可能率领藏军举行叛变向我袭击。"党中央指示西藏工委团结争取以达赖喇嘛为首的大多数上层,同少数上层分裂分子进行坚决斗争。3 月 31 日,张经武要求达赖命令噶厦采取措施制止骚乱活动;4 月 1 日,要求达赖责成噶厦维持社会秩序,安定人心,并取缔伪人民会议;4 月 4 日,要求达赖召开噶厦全体会议商讨取缔伪人民会议。③同时,西藏工委和军区采取军事防范措施,使得分裂分子武装骚乱计划未能得逞。

根据中央指示精神,4 月 15 日,张经武通知达赖立即撤销鲁康娃、洛桑扎西两代理摄政职务,指出他们破坏"十七条协议",分裂祖国,不能再继续担任代理摄政的职务。噶厦将伪人民会议骨干分子加央达娃等五十余人逮捕拘押,进行审讯。5 月 1 日,噶厦公告宣布"人民会议"为非法组织,予以取缔。但是,在噶厦上层分裂分子的支持下,伪人民会议名亡实存,仍继续暗中活动,与噶厦里外配合搞分裂活动。

围绕"十七条协议"的斗争仍在继续。噶厦上层分裂分子利用大多数贵族官员"不愿意失去既得利益"的心理,公开表示反对对西藏现行政治体制进行任何改革。"十七条协议"中规定:"三、根据中国人民政治协商会议共同纲领的民族政策,在中央人民政府统一领导之下,西藏人民有实

---

① 赵慎应:《中央驻藏代表张经武》,中国藏学出版社,2001,第 70 页。
② 西藏自治区党史资料征集委员会编《中共西藏党史大事记(1949~1966)》,西藏人民出版社,1990,第 36 页。
③ 西藏自治区党史资料征集委员会编《中共西藏党史大事记(1949~1966)》,第 36、37 页。

行民族区域自治的权利。""八、西藏军队逐步改编为人民解放军，成为中华人民共和国国防武装的一部分。""十五、为保证本协议之执行，中央人民政府在西藏设立军政委员会和军区司令部，除中央人民政府派去的人员外，尽量吸收西藏地方人员参加工作。"① 按照协议，中央人民政府要在西藏成立军政委员会，改编藏军，成立西藏自治区政府。这是中央在西藏进行民主改革的重要内容。对此，西藏地方政府大部分官员是不情愿的，拒绝接受，反对改变西藏现行的政治制度。

考虑到当时的实际情况，1952年4月7日，毛泽东指示："目前不要改编藏军，也不要成立军政委员会，暂时一切照旧。"② 8月16日，毛泽东指出，"你们今后一个较长时期的工作，应以上层统一战线，首先是争取和团结达赖和班禅及其上层集团的大多数，以及争取时间解决生产自给和交通运输问题为主要任务。其他的工作均应服从这一任务"。指示西藏工委暂时不要采取具体措施，慎重稳步，不可急躁。10月6日，毛泽东接见西藏致敬团和参观团时说："成立军政委员会和改编藏军是协议规定了的，你们害怕，就放慢执行。"③

1953年10月18日，毛泽东接见西藏国庆观礼团时讲："西藏政治、经济、文化、宗教的发展，主要靠西藏的领袖和人民自己商量去做，中央只是帮助。这点是在和平解放西藏办法的协议里写了的。但是要做，还得一个时间，而且要根据你们的志愿逐步地做。可做就做，不可做就等一等；能做的，大多数人同意了的，不做也不好。可以做得慢一些，让大家都高兴，这样反而就快了。"④

毛泽东多次讲话，指出暂时停止改编藏军、成立军政委员会等改革事项，目的是争取达赖为首的上层集团。但是，分裂势力并不满足。伪人民会议分子四处煽风点火，分裂活动更加猖獗。1954年7月，达赖去北京参加第一届全国人民代表大会，阿乐群则为首的伪人民会议分子煽动三大寺喇嘛及部分群众向达赖请愿，并指使日喀则等地分裂分子以献礼为名到拉

① 西藏自治区党史资料征集委员会编《和平解放西藏》，第127页。
② 西藏自治区党史资料征集委员会编《中共西藏党史大事记（1949~1966）》，第37页。
③ 西藏自治区党史资料征集委员会编《中共西藏党史大事记（1949~1966）》，第40、41页。
④ 《和西藏国庆观礼团、参观团代表的谈话》，中央文献研究室编《建国以来毛泽东文稿》第4册，中央文献出版社，1990，第368、369页。

萨阻止达赖进京。

达赖一行到京后，毛泽东接见他们，听取汇报和意见，谈了两个小时，再次明确告诉他们："成立西藏自治区筹备委员会，不成立军政委员会，更快的实行西藏民族区域自治，不必再绕远路了。"① 1954 年 10 月 12 日起，李维汉部长遵照党中央和毛泽东的指示精神，召集达赖、班禅及其随行官员和西藏工委在京的负责同志反复协商成立西藏自治区筹备委员会各项事宜。11 月 4 日，西藏自治区筹备委员会筹备小组正式成立。1955 年 3 月 9日，国务院全体会议第七次会议通过《关于成立西藏自治区筹备委员会的决定》，成立西藏自治区筹备委员会，为正式成立西藏自治区人民政府做过渡准备。

"十七条协议"明确规定要成立西藏自治区，在达赖进京期间，党中央决定尽快实施民族区域自治的战略部署。看到党中央决心已下，西藏上层分裂分子非常惊恐，加快了分裂活动和叛乱准备。达赖副官长帕拉、噶伦索康、孜本朗赛林，伪人民会议分子阿乐群则、本唐仲译，日喀则头人拉木秋等分裂分子四处串联，鼓动各地的官员、土司、头人、上层喇嘛反对共产党的领导，破坏"十七条协议"。

达赖身边的经师、随侍也跳出来。1955 年 5 月，离京返藏的达赖随从人员副经师赤江·洛桑益西、噶伦索康·旺清格来借口走南北两路，分别在甘孜、理塘、大金寺等地区，邀集当地土司、头人、上层喇嘛，煽动他们反对民主改革、反对共产党，公开叫嚷"你们组织武装暴乱，噶厦可以提供武器，进行帮助"。②"我们要尽一切办法拖延和阻挠民主改革。阻挠不成，就组织武装叛乱。要叛乱，必须与外国取得联系，才能达到藏族独立的目的。"③

在达赖返藏途中，伪人民会议分子到康定、昌都，向达赖递交"请愿书"，请求达赖搞"西藏独立"。阿乐群则等人到康定、甘孜、理塘一带四处活动，与当地土司、头人歃血为盟，煽动组织武装叛乱，策划搞"西藏

① 张定一:《1954 年达赖、班禅晋京记略——兼记西藏自治区筹备委员会成立》，中国藏学出版社，2005，第 132、133 页。
② 西藏自治区党史资料征集委员会编《中共西藏党史大事记（1949~1966）》，第 53 页。
③ 《西藏日报》1959 年 4 月 30 日。

独立"。①

日喀则头人拉木秋组织日喀则宗政府百姓代表、当地头人、庄园主、宗秘书等在宗政府开会，叫嚷要支援伪人民会议，向噶厦呈报支援伪人民会议的报告，妄称："人民会议所呈的报告，是出于人民自己的意愿，恳请予以扶持。"②

6月29日，达赖返回拉萨后，阿乐群则等又向达赖呈送"请愿书"，要求恢复伪人民会议的地位并继续给予关怀和支持。

9月15日，西藏上层分裂分子针对《国务院关于成立西藏自治区筹备委员会的决定》，指使阿乐群则等以"人民代表"的名义，向西藏工委投交所谓《前后藏、康区人民意见书》，公开提出反对和平解放西藏办法的协议，反对成立西藏自治区筹备委员会，反对改编藏军，反对停发藏钞，反对兴办学校和修筑公路等。

9月25日，党中央对阿乐群则递交"意见书"问题做出指示：伪人民会议分子在自治区筹委会即将成立之际，又出面公开活动，气焰嚣张，显系有人背后支持，应该特别提高警惕。伪人民会议分子的破坏活动，在西藏地方有一定的社会基础，卷入了相当一部分群众和上层贵族、喇嘛，涉及较广。因此，我们必须慎重对待，采取灵活的策略步骤，稳妥地加以处理，应向噶厦表明严正态度，指出阿乐群则等人所谓"意见书"是反对达赖、反对西藏地方政府的领导、反对国务院决定的，责成噶厦出面申斥阿乐群则等所领导的伪人民会议反动分子冒充"人民代表"是非法的，应予以取缔。

在西藏工委的坚决斗争下，噶厦被迫宣布所谓"人民代表"是非法的，将阿乐群则等人逮捕，但这实际上是一种保护，不久即将他们释放。1956年9月，阿乐群则叛逃到印度噶伦堡，继续进行分裂祖国的活动。③

从上可知，从"十七条协议"签订一开始，西藏上层分裂势力就竭力反对，马上实施破坏活动，公开请愿，制造骚乱，筹划武装叛乱，是蓄谋已久的。

---

① 西藏自治区党史资料征集委员会编《中共西藏党史大事记（1949~1966）》，第54页。
② 萨江·朗杰才旦：《日喀则伪人民会议》，《西藏文史资料选辑》第1辑，第382页。
③ 西藏自治区党史资料征集委员会编《中共西藏党史大事记（1949~1966）》，第54、55页。

三 "四水六岗卫教军"发动全面武装叛乱

从 1956 年开始，噶厦纵容并支持一些大商人、头人开展有组织的、公开的叛乱，搞"西藏独立"。"这些叛乱绝不是农奴和牧民发动的群众起义。它们是由部族的头人和富有的商人挑起和领导的。"西藏"大多数上层人士（阿沛·阿旺晋美估计占 70%）是支持分裂集团的"。① 掌握噶厦实权的上层分裂分子利用西藏地方政府的身份，反对民主改革，精心策划了一场全面武装叛乱。

1956 年 4 月 22 日，西藏自治区筹备委员会正式成立。当时全国已经掀起社会主义改造高潮，在大的政治形势影响下，西藏工委加快了民主改革的实践，大批汉族干部调进西藏。西藏上层分裂分子看到民主改革势在必行，非常惊恐。噶厦阻挠各种工作的落实，煽动下层官员和喇嘛搞破坏，威胁进步官员，使得筹委会的工作无法开展。

在噶厦的支持下，西藏东部地区的头人、土司、大商人率先开始发动有组织、有计划的武装叛乱。

1956 年 7 月，昌都解放委员会的主任、江达宗大头人齐美工布参加西藏自治区筹委会成立大会后返回江达，伙同金沙江东的德格土司管家俄马日朗叛乱。8 月，江达地区叛乱分子在川藏公路岗拖至妥坝一带打伏击，袭击道班、车队。

1956 年 9 月 1 日，藏军第一、二、三、四、五、六代本的连、营长，集体对乃穷神发誓："誓死保卫西藏固有的各种制度，保卫神圣宗教，反对在西藏进行任何改革。"②

针对叛乱活动，党中央尽最大可能争取实现和平改革，做出了重大让步。1956 年 9 月 4 日，党中央指示西藏工委："从西藏当前的工作基础、干部条件、上层态度以及昌都地区最近发生的一些事实来看，西藏实行改革的条件还没有成熟，我们的准备工作也绝不是一两年内能够作好的。因此实行民主改革，肯定不是第一个五年计划期内的事，也可能不是第二个五

① 谭·戈伦夫：《现代西藏的诞生》，第 182、195 页。
② 西藏自治区党史资料征集委员会编《中共西藏党史大事记（1949～1966）》，第 62 页。

年计划期内的事,甚至还可能推迟到第三个五年计划期内去。在西藏的民主改革问题上,我们已经等待好几年了,现在还必须等待。应该说这是对西藏民族上层分子的一种让步,我们认为这种让步是必要的、正确的。""至于你们提出改革重点试验,现在肯定应当停止进行;关于改革的宣传工作要适当的加以调整和紧缩。"①

恰在此时,印度邀请达赖参加释迦牟尼涅槃两千五百周年纪念活动。经过中央批准,达赖一行在 1956 年 11 月 22 日赴印度。毛泽东指示对达赖出国后不愿意返藏以及反动分子趁机叛乱活动,都要保持警惕,做好必要的准备和防御,在军事、物资上做好充分、切实的布置。

周恩来总理赴印度访问时,在新德里连续三次同达赖谈话,转达毛泽东西藏民主改革"六年不改"的指示,劝说达赖喇嘛返回西藏不要去噶伦堡。民国以来逃到印度的西藏上层分裂分子在噶伦堡成立分裂组织"西藏幸福事业会",鼓吹"西藏独立",叫嚣要"把汉人赶出西藏",主要的分裂分子有达赖大哥当采活佛、二哥嘉乐顿珠、原孜本夏格巴、伪人民会议头子阿乐群则、前代理摄政鲁康娃等人。他们同美、英、印等国反华势力勾结,与西藏境内分裂势力秘密联系,向西藏派遣特务、偷运武器弹药,支持武装叛乱。噶伦堡成了西藏叛乱分子在国外活动的中心。

达赖到噶伦堡,说明他维护祖国统一的决心发生了动摇。英、美、印及西藏上层分裂分子挑拨达赖留在印度搞"西藏独立",至于他们怎么谈的,外人很难知晓。但是,从 1957 年开始,美国中央情报局加大"援助"西藏的力度。1957 年 3 月当采活佛到美国后,选出 6 名康巴人送到太平洋上的塞班岛接受使用无线电、识别地图、组织暴乱的训练。1957 年底,其中的阿塔、洛才两人被空投回藏,与昌都叛乱头子贡布扎西联系上,又进入拉萨与达赖的副官长帕拉碰头,传达美国愿意提供"援助"的信息。之后阿塔出藏入印度与嘉乐顿珠、美国中情局的官员会晤,谈妥美国武装西藏分裂分子事宜。②

噶厦上层分裂分子策动甘青地区的叛乱是全面武装叛乱的重大步骤。西藏上层分裂分子通过达赖的副官长帕拉与叛乱武装保持联系,派人参加

---

① 西藏自治区党史资料征集委员会编《中共西藏党史大事记(1949~1966)》,第 63 页。
② 程早霞:《美国中央情报局与中国西藏》,《中国边疆史地研究》2004 年第 1 期。

叛乱分子的会议，到青甘藏族地区煽动叛乱，向叛乱武装运送武器弹药。叛乱分子也以朝圣、经商为名到拉萨与噶厦联系。噶厦加紧对叛乱组织的动员和准备，促成叛乱活动的蔓延。

1956 年 11 月 25 日，昌都地区宁静宗人头人普巴本发动叛乱，袭击解放军分队。11 月 30 日，昌都叛乱分子七百多人袭击荣许物资囤积站。

党中央指示西藏工委：昌都叛乱是一部分上层人士对民主改革不满的反抗，目前必须采取政治争取的方针，军事上则坚持自卫原则。针对拉萨等地可能发生的暴乱，指示西藏工委在军事上和物资上做好充分、切实的布置和准备，同时保持冷静的态度。

党中央保持了最大的宽容和忍耐，1957 年 5 月 14 日，党中央指示西藏工委："西藏的民主改革是和平解放西藏办法的协议的重要内容之一，是迟早一定要实行的。""但是，现在实行民主改革的条件还没有具备。四川藏族地区的民主改革开始之后，西藏的一部分上层分子借口所谓江东改革偏差，在昌都地区发动和扩大武装叛乱。目前在西藏地区，分离主义分子还有相当的活动市场，还能够在改革的问题上兴风作浪。""中央重新考虑了西藏地区的历史和现实的情况以后，决定从今年起至少六年以内，甚至在更长的时间以内，在西藏不进行民主改革。"①

西藏民主改革是"十七条协议"中规定了的。党中央坚持和平改革的方针，等待西藏上层分裂势力觉悟，希望他们自觉地进行民主改革。党中央决定"六年不改"，对西藏工作实行大收缩，命令大批驻藏机构和人员撤回内地。

上层分裂分子把党中央的宽容、忍耐、让步看作软弱可欺，执迷不悟，毫不悔改，更大胆猖狂，为全面武装叛乱大做准备。川、青、甘、滇及昌都地区的叛乱分子窜入拉萨、山南等地区组织叛乱。

1957 年 5 月 20 日，以恩珠仓·贡布扎西为首的昌都叛乱分子在拉萨成立"四水六岗"（泛指甘、青、川、滇藏族聚居的地区）分裂组织，决定给达赖献"金宝座"。这得到了噶厦的批准，噶伦柳霞·土登塔巴、夏苏·居美多吉参加了会议。7 月 4 日，"四水六岗"分裂组织在布达拉宫举行给达赖喇嘛献"金宝座"仪式。噶厦以达赖的名义赠送礼品，达赖向所谓甘、

---

① 西藏自治区党史资料征集委员会编《中共西藏党史大事记（1949～1966）》，第 71 页。

青、川、滇及西藏各地代表挂了哈达，叛乱分子呈递达赖"请愿书"，请求领导"四水六岗"地区。8月，"四水六岗"提出保卫宗教、"西藏独立"、反对改革、反对共产党等反动口号。噶厦指使藏军、三大寺、各宗、各庄园支持"四水六岗"。①

1958年4月20日，从川、青、甘、滇及昌都地区窜入拉萨的叛乱分子已有5000人左右，各头人、三大寺、藏军代表结成同盟，正式签订同盟书，各自承担分配的任务。

6月，叛乱分子在山南地区集结，在藏籍美特阿塔、洛孜的帮助下，建立叛乱武装根据地。恩珠仓·贡布扎西召开有27个地区叛乱武装的大小首领参加的会议，成立所谓"四水六岗卫教志愿军"，数量达3000人之多，恩珠仓·贡布扎西为司令，② 通过藏籍美特与美国中央情报局进行无线电通信。7月，美国中情局给西藏分裂分子空投了第一批武器，包括军用物资和自动步枪。1959年2月，美国又空投了一批武器。这两次空投包括403支来福枪、60枚手榴弹、20挺机关枪和26000发子弹。1958～1960年空投行动超过30次。③ 噶厦的多数官员更是全力支持，为叛乱武装发放粮食，提供武器弹药。

1958年，在噶厦的支持下，叛乱分子不顾中央的多次警告和让步，在西藏各地窜扰，发动武装叛乱，攻击人民解放军守备部队和军车，抢劫财物，毁坏公路，围攻人民解放军和党政机关驻地，并残酷迫害积极分子、进步人士及其家属。

1958年12月5～16日，噶厦以争取中央谅解，平息康巴叛乱为名，召集官员秘密开会，制订了在适当时机把达赖喇嘛接到险要地点，在拉萨同解放军进行武装较量的叛乱计划。④ 这是上层分裂势力进一步统一思想，准备发动全面武装叛乱的动员大会。噶厦下令制造谣言，散发传单，反对共产党，做叛乱的舆论准备；命各地支持叛乱武装，给叛乱分子发放粮食，提供武器弹药，允许藏军参加叛乱武装，为全面武装叛乱进行最后的军事准备。

① 西藏自治区党史资料征集委员会编《中共西藏党史大事记（1949～1966）》，第72、73页。
② 西藏自治区党史资料征集委员会编《中共西藏党史大事记（1949～1966）》，第76、77页。
③ 程早霞：《50年代美国的西藏政策及其秘密行动》，《史林》2008年第2期。
④ 阿沛·阿旺晋美：《坏事变好事——纪念西藏平息叛乱和民主改革》，中国西藏杂志社编《西藏民族的新生》，中国藏学出版社，2009，第4页。

　　党中央深刻洞察叛乱分子的活动，指示西藏工委会见达赖，指出美国特务和叛乱分子准备在西藏搞武装叛乱，噶厦对叛乱武装的纵容态度是完全错误的，"中央的方针是力求和平改革，如果反动分子一定要武装叛乱，中央就一定实行武装平息叛乱"。

　　此时的达赖为分裂分子所包围。1959年2月7日，达赖提出到军区礼堂看文艺演出。噶厦上层分裂集团密谋在达赖到军区看戏的3月10日这一天，发动全面叛乱。西藏分裂分子散布"军区要毒死达赖喇嘛"、"汉人要把达赖劫往北京"等谣言，召开"人民会议"，公开提出"西藏独立"，在拉萨大街上张贴公告，妄称"西藏是独立自主政教合一的国家，从今天起，我们西藏怎样独立自主，完全由我们自己决定"。① 数百名叛乱分子召开所谓的"西藏独立国人民会议"，选举叛乱武装领导人，成立叛乱武装指挥部，并下令西藏各地发动全面武装叛乱，命令18岁至60岁的男子迅速赶到拉萨。叛乱武装集团又给印度噶伦堡的分裂分子发电报，寻求外国势力的支持。3月17日，分裂分子噶伦索康、柳霞、夏苏及副官长帕拉、副经师赤江等上层分裂集团的头子挟持达赖出逃印度。3月20日，叛乱武装向驻在拉萨的人民解放军、西藏工委、西藏军区等各单位发起全面进攻，撕毁"十七条协议"，背叛祖国。"在西藏上层人士中，据统计全区共有贵族、大头人642户，其中叛乱的有462户，约有70%的人参加叛乱，有一部分人叛乱后外逃，这是由其阶级本性所决定的。"② 中央人民政府命令西藏军区、西藏工委平叛、改革，彻底平息了叛乱，废除了西藏封建农奴制度。

　　1949～1959年，西藏上层分裂势力未间断过反对祖国统一、反对西藏和平解放、反对"十七条协议"、反对民主改革的分裂活动，直至发动全面武装叛乱失败。正如李维汉1981年5月23日在《西藏民族解放的道路》一文中指出的："西藏反动派破坏协议，最根本的就是破坏西藏和祖国的统一，闹所谓'西藏独立'。他们这条道路，实际上就是使西藏沦为帝国主义的殖民地和附庸。这不但为三十年的历史所证明，也早已为近一百多年的历史所证明了。所以，他们走的不仅是背叛祖国，也是背叛西藏民族、分裂西藏民族的道路。这条道路过去走不通，今后也永远走不通。"③

---

① 西藏自治区党史资料征集委员会编《中共西藏党史大事记（1949～1966）》，第85、86页。
② 多杰才旦：《记西藏的民主改革》，第17页。
③ 张羽新主编《和平解放西藏五十周年纪念文集》，第282页。

第四章　中央人民政府团结争取
西藏上层人士

毛泽东高度重视西藏工作，亲自制定了和平解放西藏的战略决策和一系列政策。从 1951 年到 1959 年 3 月，毛泽东多次指示西藏工委，尊重达赖喇嘛的宗教地位、团结争取达赖喇嘛，使其拥护祖国统一和中央决策，体现出了最大的诚意、宽容和忍耐。今日重温于此，仍对我们了解新中国成立初期中央的政策及十四世达赖喇嘛政治面目有很大的裨益。

第一节　毛泽东致达赖喇嘛信函解读

1951 年至 1957 年，毛泽东多次致信十四世达赖喇嘛，本节从中选录 6 篇，加以解读，以助于我们了解毛泽东所确立的治藏方针政策。同时，也可以帮助我们了解当时西藏地方的社会、政治状况和十四世达赖喇嘛的态度。

一　1951 年 5 月 24 日的信

1951 年 5 月 23 日，中央人民政府和西藏地方政府的代表签订了《中央人民政府和西藏地方政府关于和平解放西藏办法的协议》。之后，在中南海丰泽园，毛泽东接见中央赴藏代表张经武，分析西藏形势，把写给达赖喇嘛的一封信交给他，嘱咐他赴藏的首要任务是"一定要说服达赖喇嘛返回拉萨"。6 月 13 日，张经武从北京出发，绕道香港、印度到达西藏亚东。7

月 16 日，张经武会见达赖喇嘛，转达毛泽东的话说："您亲自派代表到北京谈判，签订了和平解放西藏的十七条协议，对您这种爱国态度，毛主席非常赞赏，非常高兴。"① 并转交了毛泽东的亲笔信与"十七条协议"抄本。毛泽东在信中写道：

> 达赖喇嘛先生：
>
> 感谢你经阿沛·阿旺晋美先生带给我的信和礼物。
>
> 西藏地方政府在你亲政以后，开始改变以往的态度，响应中央人民政府和平解放西藏的号召，派遣以阿沛·阿旺晋美先生为首的全权代表来到北京举行谈判。你的这项举措是完全正确的。
>
> 现在，中央人民政府全权代表和西藏地方政府全权代表，在友好基础之上，经过多次商谈，已签订了关于和平解放西藏办法的协议。这个协议是符合于西藏民族和西藏人民的利益，同时也符合于全中国各民族人民的利益。从此，西藏地方政府和西藏人民在伟大祖国大家庭中，在中央人民政府统一领导下，得以永远摆脱帝国主义的羁绊和异民族的压迫，站起来，为西藏人民自己的事业而努力。我希望你和你领导的西藏地方政府认真地实行关于和平解放西藏办法的协议，尽力协助人民解放军和平开进西藏地区。我特派张经武代表同你的代表们一道前来你处，以资联络。如你有需要他协助的地方，可随时与他接洽。附来礼物，至希收纳！
>
> 中央人民政府主席　毛泽东
一九五一年五月二十四日②

毛泽东信中礼称达赖喇嘛为先生，称赞达赖喇嘛派代表和平谈判的举措是完全正确的，现在祖国统一，符合包括西藏民族在内的各族人民的共同利益，希望达赖喇嘛领导的西藏地方政府认真执行贯彻协议，有什么问题都可以与张代表联系。

毛泽东致信达赖的背景是，在中央人民政府派军解放大西南时，以达札摄政为首的噶厦当局顽固拒绝和平解放西藏，在藏东昌都一线武力抵抗。

---

① 赵慎应：《中央驻藏代表张经武》，第 18 页。
② 中共中央文献研究室编《建国以来毛泽东文稿》第 2 册，第 329、330 页。

昌都解放后，西藏噶厦当局惊恐万分，内部矛盾迅速白热化。噶厦各级官员、三大寺代表多次会谈，商讨对策。乃穷、噶东护法神"预示"后，达札被迫辞去摄政之职，达赖喇嘛提前亲政。但是，掌握实权的分裂分子打算挟持达赖喇嘛出走国外。1950 年 12 月 19 日，达赖喇嘛及部分官员到亚东观望形势。当时，美、英、印各国并不公开积极支持达赖喇嘛到国外。达赖喇嘛一行进退维谷。1951 年 1 月，达赖喇嘛接受了和平谈判的意见，同意派代表到北京和谈，亚东噶厦派人到印度新德里请袁仲贤大使转交达赖喇嘛致毛泽东的信："在我尚未成年之时，发生了汉藏冲突的事情，甚感痛心。如今西藏僧俗人民同声呈请我亲政，实难推卸责任，不得已于藏历十月八日亲政。盼望毛主席关怀，施恩于我本人和全体西藏人民。"① 1951 年 2 月 27 日，达赖喇嘛致函中央，表示派阿沛·阿旺晋美为首席代表，凯墨·索安旺堆、土丹旦达、土登列门、桑颇·登增顿珠为代表，到北京谈判。签订"十七条协议"之后的 5 月 24 日，在中南海怀仁堂，毛泽东接见谈判代表，西藏代表呈交达赖喇嘛的信件和礼品。毛泽东的这封信也是对达赖信函的回复。

　　张经武 7 月 16 日到达亚东会见了达赖喇嘛，向他介绍了"十七条协议"产生的经过和中央的民族宗教政策，达赖喇嘛问候毛泽东身体健康，表示在阿沛等代表回到拉萨后，再与噶厦一起讨论对"十七条协议"做出表态。1951 年 7 月 21 日，达赖喇嘛启程，8 月 17 日返回拉萨。张经武一行继达赖喇嘛之后离开亚东，8 月 8 日到达拉萨。阿沛在 9 月 12 日返回拉萨，向达赖喇嘛报告了在京谈判经过。9 月 24 日，西藏噶厦召开官员会议，经过两天激烈辩论，大多数人对"十七条协议"原则表示接受。毛泽东赠送达赖喇嘛的礼品运抵拉萨后，9 月 28 日，张经武举行仪式赠送毛泽东画像、中国人民政治协商会议第一届全体会议纪念刊、伟大祖国全套照片，以及象牙雕刻、玉器、瓷器、绣缎、幻灯片放映机等珍贵物品。达赖喇嘛接受礼物，高兴地向毛泽东画像致敬。张经武传达毛泽东对达赖喇嘛的关怀，说明解放军进藏部队及工作人员将坚决执行"十七条协议"，忠诚地为西藏人民服务。达赖喇嘛表示感谢并敬祝毛泽东身体健康。② 10 月 24 日，达赖

① 土丹旦达：《关于和平解放西藏办法的协议签订前后》，《西藏文史资料选辑》第 1 辑，第 22 页。
② 《张经武将军代表毛主席向达赖喇嘛赠礼》，《人民日报》1951 年 10 月 31 日。

喇嘛致电毛泽东："西藏地方政府及藏族僧俗人员一致拥护，并在毛主席及中央人民政府领导下，积极协助人民解放军进藏部队，巩固国防，驱逐帝国主义势力出西藏，保卫祖国领土主权的统一。"表示拥护协议。张经武完成了毛泽东交给的任务，促成了达赖喇嘛做出返回拉萨的决定，为"十七条协议"的贯彻执行创造了有利条件。26 日，毛泽东复电达赖喇嘛："我感谢你对实行和平解放西藏协议的努力，并致衷心的祝贺。"① 西藏地方政府执行协议，协助人民解放军和平进藏。1951 年 7 月，十八军从甘孜、昌都出发，于 10 月 26 日顺利进入拉萨城。此后，陆续进驻西藏江孜、日喀则、亚东等边防要地。1951 年 12 月，西藏工委成立。1952 年 2 月，人民解放军西藏军区成立。在党中央的直接领导下，中共西藏工委和西藏军区担负了在西藏开展工作的重任。

二　1953 年 3 月 8 日、10 日的两封信

西藏军委和西藏军区成立后，西藏局势基本稳定下来，达赖喇嘛向党中央和毛泽东表示决心做好各方面的工作。1953 年 3 月 8 日，毛泽东致信达赖喇嘛：

亲爱的达赖喇嘛先生：

饶西·彭措扎喜带来的你于一九五二年八月十九日写给我的信及你的相片均已收到。你对祖国和中央人民政府所表示的亲爱，你为西藏僧俗人民谋求幸福生活，做好各方面工作的决心，使我感到很大的欣慰。在为祖国和西藏民族利益奋斗的道路上，你达赖喇嘛先生和班禅额尔德尼先生和西藏僧俗人民永远会得到中国共产党和中央人民政府的帮助。

自然，在建设祖国和为西藏民族谋福利的道路上，我们是会遇到一些困难的；帝国主义和反动破坏分子也会千方百计地阻挠我们，成为我们前进的障碍。因此，必须提高警惕，加强国防，巩固汉藏民族之间和西藏内部的团结，严防帝国主义间谍特务和其他反动破坏分子

---

① 《达赖喇嘛致电毛主席拥护关于和平解放西藏办法的协议》，《人民日报》1951 年 10 月 27 日。

的阴谋活动，并克服我们建设祖国和为西藏民族谋福利的道路上的障碍。只有这样，才能保证西藏僧俗人民的幸福前途。你和西藏人民如果在这一方面遇到困难，中央人民政府会帮助你获得妥善的解决。

西藏的宗教和在国内其他地方的宗教一样，是已经受到尊重和保护，并且还将继续受到尊重和保护。只要人民还相信宗教，宗教就不应当也不可能人为地去加以取消或破坏。

张经武同志不只是中央人民政府的代表，而且是中国共产党的代表，他为西藏僧俗人民谋福利的决心和你是一致的。你遇到任何问题都可以和他商议，他会尽力地帮助你。希望你多找机会和他面谈，如有需要直接告诉我的事情，亦可由他转达。

附送最近相片一张，以志纪念。顺祝

健康！

毛泽东

三月八日①

饶西·彭措扎喜（又作平措扎西）是达赖喇嘛的姐夫，来京参观时呈交了信件。毛泽东很高兴，复信主旨有四：一是，称赞达赖喇嘛一年多来执行协议，对西藏工委工作的支持和配合，有拥护祖国统一的决心。二是，指出在建设西藏的过程中，汉藏民族应加强团结，巩固国防，反对帝国主义和分裂分子的破坏。三是，明确表态中央会尊重和保护西藏民族宗教信仰自由。四是，在西藏建设和发展中遇到的一切困难，中央都会及时尽力地帮助。

1953 年 3 月 10 日，毛泽东再次致信达赖喇嘛：

达赖喇嘛先生：

感谢你一九五二年八月十六日及九月三日（藏历水龙年七月十四日）的信和礼物。

西藏地方政府及人民，在你领导之下，协助人民解放军的入藏部队，加强团结，并争取协议的逐步实现，使我感到很大的欣慰。

你所派的致敬团和参观团代表都肯努力工作和学习，你的办事处已正式成立，办事处的人员也努力工作。

---

① 中共中央文献研究室编《建国以来毛泽东文稿》第 4 册，第 99、100 页。

中央对西藏的政策除已明确地写在和平解放西藏办法的协议中者外，我在接见致敬团和参观团的代表时曾又简要地告诉过他们。这些简要的话，柳霞·土登塔巴已经在他对西藏的广播中谈到，想你已经知道了。

建设新西藏所需要的帮助，凡属能够办到的，中央当尽可能地办到，但因交通阻隔，有些事情一时无法办到，只好等待以后再办。西藏致敬团和参观团的代表们在这里所提出的要求，中央人民政府就是本着以上这种精神处理的。详细情形，相信他们回到拉萨后必会向你报告，兹不赘述。以后你和班禅额尔德尼需要中央帮助之处，均可告诉张代表或请张代表用电报转告我。

祝你领导西藏地方政府和人民逐步地建设，使西藏日渐繁荣，西藏僧俗人民的生活日加改善，藏族的前途日加光明，祖国的边防日加巩固。并祝

健康！

毛泽东

一九五三年三月十日①

随函附送：扩音机两个、附带喇叭四个，电转一个、附带片子十二张，黄缎四匹，长白山人参一个，貂皮衣筒一件。

柳霞·土登塔巴当时是札萨大喇嘛，担任西藏和平解放后第一个赴内地的致敬团的团长。致敬团一行 12 人，1952 年 8 月 12 日从拉萨出发经印度、香港前往北京。毛泽东在 10 月 8 日接见他们，谈话要点是："共产党对宗教采取保护政策，信这种教的或信别种教的，一律加以保护，尊重其信仰。今天对宗教采取保护政策，将来也仍然采取保护政策。""西藏地区现在谈不上分地，将来分不分，由你们自己决定，并且由你们自己去分，我们不代你们分。""成立军政委员会和改编藏军是协议上规定了的，因为你们害怕，我通知在西藏工作的同志，要他们慢点执行。协议是要执行的，但你们害怕，只好慢点执行，今年害怕，就待明年执行，如果明年还害怕，就等后年执行。""共产党实行民族平等，不要压迫剥削你们，而是要帮助你们，帮助你们发展人口、发展经济和文化。人民解放军进入西藏就是要

---

① 中共中央文献研究室编《建国以来毛泽东文稿》第 4 册，第 110、111 页。

执行帮助你们的政策。""以后西藏僧俗各界如果能够有更多的人到内地各处参观，便可以加强我们中国各民族之间的团结友爱的关系。"① 毛泽东简明扼要地阐述了中央对西藏的政策。柳霞·土登塔巴在中央人民广播电台对西藏地方政府和全体藏族同胞的广播中引述了这个谈话要点。

这封信主要意思如下：一是，称赞达赖喇嘛所领导的西藏地方政府在执行协议、加强民族团结等方面做了很多工作。二是，中央的政策是明确的，按照"十七条协议"办，不会改变。三是，中央政府会尽一切力量帮助西藏地方政府发展建设。

为什么毛泽东在3日内连续给达赖喇嘛写了两封信呢？主要是和平解放西藏一年多来，西藏工作在实践中遇到了一些问题。

一是，在某些外国势力的怂恿和支持下，西藏上层分裂分子反对"十七条协议"，搞"西藏独立"，不愿意看到祖国统一，也不愿看到达赖喇嘛心向祖国和拥护党中央的决策，采取各种手段破坏协议，歪曲中央的民族宗教政策，挑拨达赖喇嘛反对"十七条协议"、反对共产党，制造了分裂活动。1951年11月，以西藏代理摄政鲁康娃、洛桑扎西为首的分裂分子，纠集一些商人、无业者等组织了"人民会议"。1952年3月11日起，他们派人在拉萨示威，反对"十七条协议"，要求撤走人民解放军，制造武装骚乱，并递交"请愿书"给达赖喇嘛。

这是解放军进入拉萨后，与分裂分子第一场大的政治较量。毛泽东高度重视，确定了团结争取以达赖喇嘛为首的"中间"上层分子，孤立少数分裂分子，打击为首的叛乱分子的方针。在中央的指示下，张经武多次致信达赖喇嘛，要求达赖喇嘛立即取缔伪人民会议，维持社会秩序，惩罚骨干分子。4月27日，达赖喇嘛撤销了鲁康娃、洛桑扎西的代理摄政职务。5月1日，西藏军区和噶厦发布文告，宣布"人民会议"为非法组织，予以取缔，取得了斗争的胜利。

二是，和平解放西藏前后，某些外国势力和西藏分裂分子造谣污蔑党的民族宗教政策，导致许多上层人士和普通僧民对"十七条协议"和中国共产党存有严重的疑惧，态度摇摆，不信任党的政策，害怕打击或取消藏传佛教。毛泽东在信中明确表态，不会打击或取消藏传佛教，会尊重和保

---

① 中共中央文献研究室编《建国以来毛泽东文稿》第3册，第583、584页。

护西藏人民的宗教信仰。毛泽东深刻洞察在西藏工作中民族宗教问题的重要政治意义，1952 年 10 月 26 日指示西藏工委："必须充分认识到佛教在西藏民族的悠久历史，及其深入人民的传统影响，以及达赖、班禅在各阶层中享有很高的宗教信仰。同时充分认识到宗教问题的长期性、国际关系，从而在西藏地区怎样对待佛教问题在政治上的重要意义。"[1] 他提醒党内同志必须高度认识民族宗教在政治上的重要性，尊重藏族同胞的宗教信仰，这是获得全藏僧俗信任，做好西藏各项工作的基础，是直接关系到西藏和平进步和民族团结的大事。

三是，西藏工委和党内一些同志对西藏的民族宗教特殊性思想认识不足，在执行党的方针政策上是有不同意见的。在西藏统一方针问题上，日喀则分工委主张采取先前后藏分治再统一的步骤。毛泽东指示："在团结达赖和班禅，即力谋和平统一西藏内部时，一方面固然要估计到班禅方面在一定范围和一定程度上的进步性，并善于推动和运用这种进步性。但同时必须认识和估计到达赖的地位和影响，不仅在西藏地区而且在整个西藏民族中都比班禅为高的事实。因此在争取和平解放西藏，和平统一西藏及和平解放西藏后我们在西藏地区的各种工作的政策，都不能不以争取达赖集团为首要任务。凡有利于这个任务实现的事情即应坚决地去做（这里包括团结和斗争两个方面，但斗争是为了团结，采取有理有利有节的原则，例如对'人民会议'的斗争）。凡不利于这个任务实现的，即不应当做，或暂时不做（例如军政委员会和改编藏军就是暂时不做的例子）。""因此，对于以争取达赖集团为首要任务的方针，不可有所动摇。"[2]

对于一些党员干部发动僧俗民众孤立少数上层当权者的做法，1952 年 5 月 19 日，毛泽东指示："我们的方针，不应该是组织下层去孤立上层当权分子，而应该是从上层着手，稳住和争取上层，达到顺利地逐步地巩固地团结群众的目的。"[3] 8 月 16 日，毛泽东答复西藏工委关于今后西藏地区一个时期的工作计划，指出："你们今后一个较长时期的工作，应以上层统一战线，首先是争取和团结达赖和班禅及其上层集团的大多数，以及争取时间解决生产自给和交通运输问题为主要任务。其他的工作均应服从这一任

---

① 西藏自治区党史资料征集委员会编《中共西藏党史大事记（1949~1966）》，第 41 页。
② 西藏自治区党史资料征集委员会编《中共西藏党史大事记（1949~1966）》，第 42 页。
③ 西藏自治区党史资料征集委员会编《中共西藏党史大事记（1949~1966）》，第 39 页。

务。"毛泽东批评急于发动群众是急躁冒进的做法，指示西藏工委的首要任务仍是争取达赖喇嘛为首的上层大多数，稳定西藏政治局势，慎重稳步地工作，对西藏采取任何具体措施，都必须及时地请示报告，不要在中央未同意前即采取行动。①毛泽东指明了今后的工作重点和方向。

正是在这种特殊的历史环境下，毛泽东连续致信达赖，及时明确地讲明中央的政策，消解达赖喇嘛的疑虑，争取使其拥护中央决策，也通过他争取团结西藏上层僧俗人士，结成广泛的爱国统一战线。同时，进一步明确了当时党中央和中央人民政府对西藏工作的政策、策略，统一西藏工委的思想，推动西藏工作的开展。

三　1955 年 11 月 24 日的一封信

上述两封信使达赖喇嘛进一步了解党中央和中央人民政府的方针政策，感受到了毛泽东的关怀，深受教育。

达赖喇嘛政治上有明显的进步表现。在党中央和毛泽东的正确指导下，西藏工委认真执行党的政策，以实际行动为西藏人民做好事，团结争取以达赖喇嘛为首的西藏上层分子，传达中央的关怀和爱护。从 1952 年到 1954 年，西藏工委组织了西藏地区官员、宗教人士、青年、妇女等各界代表组成致敬团、观礼团、参观团、佛教代表团等，到北京参观访问，了解内地的建设情况。返藏之后，他们宣传中央政策方针，畅谈祖国建设。西藏工作开展得卓有成效，消解了部分上层人士和僧俗民众的疑虑，汉藏民族团结进一步加强，西藏工作呈现出朝气蓬勃的团结局面。在这种形势感召下，青年的达赖喇嘛表现出了一定的爱国思想，表示拥护祖国统一、执行"十七条协议"，努力建设好西藏。

1954 年 4 月，中央指示西藏工委邀请达赖喇嘛出席第一届全国人民代表大会，达赖喇嘛排除了分裂分子的阻扰，决定赴京参加会议。1954 年 9 月 11 日，毛泽东在中南海勤政殿接见达赖喇嘛与班禅额尔德尼，达赖喇嘛敬献了哈达和礼物，千辐金轮底座镌刻铭文："1954 年，我——达赖喇嘛担任代表出席我国第一届全国人民代表大会时，谨以西藏政教礼俗向我国各

① 西藏自治区党史资料征集委员会编《中共西藏党史大事记（1949～1966）》，第 40 页。

民族人民的伟大领袖毛主席恭献千辐金轮，借表无上颂祷。"金边"毛主席唐卡像"镜框下刻着一行字："敬爱的毛主席，永远跟着您，建设新西藏，建设伟大祖国。达赖喇嘛·丹增嘉措　一九五四年十月。"毛泽东与他们亲切交谈，达赖喇嘛非常高兴，感到毛泽东"亲切和蔼"、"英明伟大"。1954年9月16日下午，达赖喇嘛在第一届全国人民代表大会第一次会议上发言："我们有坚强的信心，遵守宪法，执行十七条协议，逐步把西藏建设成为一个政教昌盛繁荣幸福的地方。"① 9月23日，达赖喇嘛当选为全国人民代表大会常务委员会副委员长。

10月10日，毛泽东在中南海再次接见了达赖喇嘛和班禅额尔德尼，听取了他们对西藏工作的意见，做出重要指示：在西藏不成立军政委员会，要成立西藏自治区筹备委员会，不必再绕远路了。达赖喇嘛特别高兴，无限欢欣。

1954年12月21日下午3时，中国人民政治协商会议第二届全国委员会第一次会议召开，达赖喇嘛和班禅当选为主席团成员。22日下午，达赖喇嘛在会上发言："我们终于在1951年获得和平解放，摆脱了帝国主义的羁绊，回到了祖国大家庭，并由于中国人民解放军进藏部队和进藏工作人员正确地执行了民族政策，使得西藏人民日益深刻感受到祖国大家庭的温暖和看到他们未来的光明前途，因而西藏人民的爱国主义精神日益增长起来，衷心拥护祖国的统一。"②

1955年1月3日，达赖喇嘛一行赴华东、东北参观内地城市，目睹了各族人民大团结、热火朝天建设新家园的动人气象，深受鼓舞。1955年2月23日，达赖喇嘛、班禅额尔德尼返抵北京，与毛泽东等中央领导人欢度藏历木羊年新年。下午，他们到中南海向毛泽东、刘少奇、周恩来拜了年。2月24日，中南海举行盛大宴会庆祝藏历新年，毛泽东主席出席了宴会。宴会前，达赖喇嘛、班禅额尔德尼分别坐在毛泽东两侧亲切交谈，合影留念。这时的达赖喇嘛真挚地表示在毛泽东、中国共产党的领导下，他们参加了全国人民代表大会会议，制定和通过了国家的宪法，选举了主席和国家机关的领导人员，实际享受到了民族平等的权利。他们完全相信，各兄弟民族亲密团结，拿出一切力量，西藏民族有着无限光明幸福的前途。③

---

① 张定一：《1954年达赖、班禅晋京记略——兼记西藏自治区筹备委员会成立》，第112页。
② 张定一：《1954年达赖、班禅晋京记略——兼记西藏自治区筹备委员会成立》，第155页。
③ 张定一：《1954年达赖、班禅晋京记略——兼记西藏自治区筹备委员会成立》，第227页。

　　达赖喇嘛在愉快友爱的气氛中，结束了在京参观访问，1955 年 3 月 12 日离开北京，6 月 29 日安抵拉萨。达赖喇嘛怀着无限喜悦和对毛泽东的崇敬之心，7 月 6 日，给毛泽东写信，大意是自北京出发，到西北、西南各地参观建设情况，在当地工作人员的陪同下，一路平安地抵达拉萨，特地向泽东汇报抵藏平安。他还亲自撰写赞文，称呼毛泽东为"祖国伟大领袖中央人民政府毛主席"，颂扬毛泽东是"照耀一切的太阳"，"保护吾人如慈母"。这是短短几年来，在中国共产党和毛泽东领导下，在全国人民共同努力下，对各条战线上取得伟大成就的衷心信服；是对民族平等团结、宗教信仰自由政策的深刻感受。此时的达赖喇嘛心情澎湃，真心拥护祖国统一、中国共产党的领导，表现出一定的爱国思想，这是他真实感受的流露。

　　1955 年 11 月 24 日毛泽东复信给达赖：

　　亲爱的达赖喇嘛：

　　一九五五年七月六日给我的信收到了，很高兴。我时常想念你，想念你在北京的时候我们相处的那种愉快的情形。何时再能和你见面呢？大概要再等三年，等到第二届全国人民代表大会开会的时候那时你也许会来这里吧。你回去以后的许多活动，我觉得都很好。西藏自治区筹备委员会不久可以成立，各族人民都会很高兴。西藏是在前进。当然不要性急，每年有一些进步就好了。希望你好好保养身体。我们这里的情形还好。也做了一些错事，正在批评改正。中国是一个大国，但是现在还是不富不强，希望经过各族人民的共同努力，在几个五年计划之后，变为一个又富又强的国家。西藏是很有前途的地方，希望你们好好做去。很高兴地看到你在信里附寄的西藏鲜花，我在这里也附寄一朵给你。希望经常看到你的信，随便写几句，不拘形式，就是好的。余事请问张国华同志。我已嘱咐张国华同志，叫他好好向你请教。

　　祝你健康、愉快！

毛泽东

一九五五年十一月二十四日①

　　毛泽东亲切随和，像对一位老朋友拉家常一样，语言朴素真挚，如

---

①　中共中央文献研究室编《建国以来毛泽东文稿》第 5 册，第 451、452 页。

"时常想念你"、"好好保养身体"、"不要性急"等，殷切希望达赖喇嘛下次来京参加第二届全国代表大会，赞扬达赖喇嘛返回拉萨后，拥护党中央的决策，积极配合西藏工委的工作。针对达赖喇嘛在京表示西藏还很落后，希望先进的汉族兄弟能帮助西藏建设的恳求，毛泽东表示不要着急，西藏建设会稳步前进的，勉励达赖喇嘛同各族人民团结起来，共同努力将祖国建设好，最后嘱咐达赖喇嘛有事多咨询西藏军区司令员张国华同志。这封信衬托出毛泽东平易近人的伟大领袖魅力。周恩来总理于同年 12 月 2 日看了毛泽东的信后指示：过去我们在政治活动中的来往信件，往往存在公式化的缺点，因而表达不出真挚的感情。毛泽东最近给达赖喇嘛和班禅额尔德尼的信，值得我们很好地学习。① 毛泽东在与达赖喇嘛政治活动来往信件中，流露出了真挚的感情，这也是看到达赖进步的一种喜悦和赞赏。

四　1956 年 8 月 18 日、1957 年 8 月 18 日的两封信

1954 年 11 月，中央有关部门的负责同志和在西藏工作的同志，遵照党中央、毛泽东指示精神，就成立西藏自治区筹备委员会各项事宜，分别同达赖、班禅及其随行官员，其他爱国人士进行协商，交换意见，一致表示要公平合理地解决问题，按照中央指示办，正式成立西藏自治区筹备委员会筹备小组。

在达赖喇嘛衷心崇敬毛泽东，相信党中央政策，汉藏民族感情友好融洽之时，西藏分裂分子不甘心失败，加大了叛乱活动力度，派人向达赖请愿，请求"西藏独立"；又向西藏工委提交"意见书"，公开反对"十七条协议"、反对成立西藏自治区筹备委员会等，进行破坏活动。在这种形势下，毛泽东指示西藏工委更积极地开展统战工作，团结争取以达赖喇嘛为首的"中间"人士，坚持有理、有利、有节的原则，不能打击面过宽；拉萨市的治安应责成噶厦办理，支持由达赖命令噶厦追查，为建立西藏自治区创造条件。

经过一年多的筹备，1956 年 4 月 22 日，西藏自治区筹备委员会将举行成立大会。党中央和毛泽东十分重视和关怀，派出以陈毅副总理为团长，

---

① 张定一：《1954 年达赖、班禅晋京记略——兼记西藏自治区筹备委员会成立》，第 365 页。

由各民族、各民主党派、各人民代表团体组成的中央代表团，赴西藏祝贺，并慰问演出，受到了西藏地方政府和当地群众的隆重欢迎。

4月22日下午，达赖喇嘛宣布西藏自治区筹备委员会成立大会开幕，并致开幕词："我们衷心拥护中国共产党和中央人民政府的实行民族区域自治，民族平等、团结和保护宗教信仰自由的政策。"① 陈毅副总理发表讲话，代表党中央、国务院和毛泽东向达赖喇嘛、班禅额尔德尼和西藏人民致以热烈的祝贺。毛泽东、周恩来等党和国家领导人都发来了贺电。

在西藏自治区筹备委员会成立前，邻近几省实行民主改革的消息已经传到西藏，成为上层人士普遍关心的问题。所以，达赖喇嘛、班禅额尔德尼、陈毅副总理、张国华同志在讲话和报告中都谈到了民主改革问题。达赖喇嘛在报告中也谈了自己的看法：什么时候改革，如何改革，这得看工作发展和各方面的具体情况，同时要西藏的领导人员和广大人民自己商量去进行，而不是由别人强迫包办。毛泽东明确指示，改革是要把大家的生活改好，而不是改坏，改革必须慢慢来，不能性急。所以，对于改革的顾虑和害怕是不必要的，也用不着过多地去考虑。②

当时全国已经掀起社会主义改造高潮，在大的政治形势影响下，也促发了西藏工委党员干部的乐观情绪，他们加快进行建团、建党以及民主改革的实践，大批汉族干部调进西藏。这引起了西藏上层集团的疑惧和不满，昌都地区分裂分子以此为借口趁机进行武装骚乱活动。在新的形势下，达赖喇嘛的信心动摇，给毛泽东写信，谈了自己的想法。

1956年8月18日，毛泽东复信给达赖喇嘛：

亲爱的达赖喇嘛：

给我的两封信都收到了，很高兴。

西藏自治区筹备委员会已经成立，得到各族人民的拥护，大家满意。

西藏社会改革问题，听说已经谈开了，很好。现在还不是实行改革的时候，大家谈一谈，先作充分的精神上的准备，等到大家想通了，各方面都安排好了，然后再做，可以少出乱子，最好是不出乱子。四

---

① 张定一：《1954年达赖、班禅晋京记略——兼记西藏自治区筹备委员会成立》，第416页。
② 张定一：《1954年达赖、班禅晋京记略——兼记西藏自治区筹备委员会成立》，第432页。

川方面出了一些乱子，主要是亲帝国主义分子和国民党残余分子在那里煽动，我们的工作也有缺点。我希望西藏方面尽量避免出乱子。

陈毅副总理回来，转达了你的意见。我们大家对你很了解，相信你能把西藏的工作做好。我总是担心，汉人在那里和你们合作得不好，得不到藏人的信任。请你负起责来，对于犯了错误的汉人，给他们以严格的教育，把他们当作你自己的干部看待。

望你保重身体。

有事随时给我写信。

这封信你能看懂否？草字尚多，一时改不过来，但比上次少了一点。

遇到困难，务宜忍耐。困难总可以慢慢克服的。

希望同你见面。

祝你健康！

毛泽东

一九五六年八月十八日①

这封信是针对西藏地方存在的主要问题和达赖主要思想活动写的，反映了以达赖为首的上层集团对民主改革的疑虑。毛泽东明确告诉达赖，西藏社会改革在大多数人想通之后，各方面安排好了，才会进行，希望少出乱子。毛泽东尊重达赖喇嘛对西藏工作的意见，鼓励达赖树立信心，把西藏的工作做好，发挥起西藏自治区筹备委员会主任委员的职责。

西藏民主改革进程的加快，对达赖集团是一个很大的冲击，一些上层人士害怕失去自己的权益，宣称："誓死保卫西藏固有的各种制度，保卫神圣的宗教，反对在西藏进行任何改革。"② 这不能不影响达赖喇嘛的心理和观点，使其开始对我党的民族宗教政策产生疑惧。毛泽东对此已有洞察，指示西藏工委的同志："西藏实行改革的条件还没有成熟……因此实行民主改革，肯定不是第一个五年计划期内的事，也可能不是第二个五年计划期内的事，甚至还可能推迟到第三个五年计划期内去。在西藏的民主改革问题上，我们已经等待好几年了，现在还必须等待。应该说这是对西藏民族

---

① 中共中央文献研究室编《建国以来毛泽东文稿》第 6 册，第 173、174 页。
② 西藏自治区党史资料征集委员会编《中共西藏党史大事记（1949～1966）》，第 62 页。

上层分子的一种让步，我们认为这种让步是必要的、正确的。""至于你们提出改革重点试验，现在肯定应当停止进行；关于改革的宣传工作要适当的加以调整和紧缩。"①

恰在此时，印度邀请达赖、班禅参加释迦牟尼涅槃两千五百周年纪念活动。经过中央批准，达赖一行在 1956 年 11 月 22 日赴印度。毛泽东指示："要尽一切力量作好沿途各项工作，以保证他们的安全。"同时对他们出国后一时不愿意返藏以及反动分子趁机叛乱活动，都要保持警惕，做好必要的准备和防御。达赖一行 25 日到达印度。英、美、印即与西藏上层分裂分子勾结，挑拨达赖留在印度，搞"西藏独立"。周恩来总理赴印度访问在新德里连续三次同达赖谈话，转达毛泽东的指示，大意是：现在肯定先不谈改革，在大家（指贵族、上层官员）都没有安置好前不改革。可以肯定在第二个五年计划以内根本不谈改革，六年之后，如可以改的话，仍然由达赖喇嘛根据那时的情况和条件决定。若是分裂分子搞"西藏独立"，就是叛国的行为，人民解放军就一定要将叛乱镇压下去。毛泽东希望达赖早日回去，不去噶伦堡，到那里去对达赖自身不利。② 达赖喇嘛坚持要去叛乱分子活动的中心噶伦堡，维护祖国统一的决心发生了动摇。

此时，昌都地区的叛乱有蔓延的趋势，是达赖集团对改革不满的反映。中央指示西藏工委做好应对拉萨等地可能发生暴乱的准备，在军事、物资上做好充分、切实的布置。同时，中央指示西藏工委暂停民主改革的实践。

毛泽东对中央关于西藏问题复电稿的修改和批语是："中央和毛主席历来认为改革一定要得到达赖、班禅和僧侣领导人的同意，要各方条件成熟，方能实行。现在无论上层和人民条件都不成熟，所以目前几年都不能实行改革，中央认为第二个五年计划时期是不能实行的，第三个五年计划时期也还要看情况如何才能决定。但如果受外国指挥的反革命分子不通过协商而一定要通过反叛和战争破坏十七条协议，把西藏情况打烂，那就有可能激起劳动人民起来推翻封建制度，建立人民民主的西藏。目前应把在六年内不改革的方针在党内在藏族上层普遍加以传达，工委可以在最近约自治

① 西藏自治区党史资料征集委员会编《中共西藏党史大事记（1949~1966）》，第 63 页。
② 西藏自治区党史资料征集委员会编《中共西藏党史大事记（1949~1966）》，第 65、66、67 页。

区筹委会和噶厦的主要官员座谈，向他们说清上述中央的方针。"①

1957 年 3 月 5 日，中央书记处开会讨论西藏工作，决定在西藏工作的人员、机构、事业、财政等要大下马，目前西藏工作以大下马为紧急任务，要坚决快速地下马，人员坚决快速地内撤。这一时期西藏工作的基本任务是"坚持和平解放西藏办法的协议，继续巩固和扩大反帝爱国统一战线，加强民族团结，巩固祖国统一"。②

1957 年 4 月 1 日，达赖喇嘛自印度返抵拉萨。5 月 14 日，中央批示《西藏工委关于今后西藏工作的决定》，指出："西藏的民主改革是和平解放西藏办法的协议的重要内容之一，是迟早一定要进行的。""中央在重新考虑了西藏地区的历史的和现实的情况以后，决定从今年起至少六年以内，甚至在更长的时间内，在西藏不进行民主改革，六年过后是否即时进行改革，到那时候依据实际情况再做决定。"今后至少六年内，在西藏地区的工作有可为和不可为两个方面，可为的是"要继续进行和开展上层统一战线工作，并以达赖集团为主要对象"。四不为是"一、停止和结束民主改革的准备工作，二、不干涉西藏的内部事务，三、不在社会上发展党员，四、不办不是西藏上层和下层迫切要求和同意的建设事宜"。③ 强调指出西藏工作统一由中央直接领导，中央和国务院各部门不得直接向西藏指示工作。

在中央对达赖集团做出重大让步的同时，分裂分子毫不悔改，骚乱破坏活动越来越严重，5 月 20 日，叛乱分子在拉萨成立名为"四水六岗"的反动组织，向达赖献"金宝座"，请求领导"四水六岗"地区。

此时政治立场动摇、犹疑不定的达赖喇嘛让进京的阿沛携带一封信给毛泽东。1957 年 8 月 18 日，毛泽东致信达赖喇嘛：

亲爱的达赖喇嘛：

你托阿沛·阿旺晋美带给我的信收到了。我很高兴。阿沛我也见到了，并且由周总理和他谈了话。

西藏自治区筹备委员会在你领导下工作是做得好的，有成绩的。去年对实行民主改革提得早了，工作机构也太大了，这是缺点。现在

---

① 中共中央文献研究室编《建国以来毛泽东文稿》第 6 册，第 265 页。
② 西藏自治区党史资料征集委员会编《中共西藏党史大事记（1949～1966）》，第 69、70 页。
③ 西藏自治区党史资料征集委员会编《中共西藏党史大事记（1949～1966）》，第 71 页。

决定在第二个五年计划期内不改革，并且把过大的机构作了精简，这就改正了缺点。

工作中发生缺点总是难以完全避免的。对缺点，我们的态度应该是正确分析，积极改正，记取经验，继续前进。我们改掉了缺点以后，工作就会做得更好一些。

你在访问印度期间，拒绝了那些逃亡国外的反动分子出的坏主意，是做得很对的。他们大概还要找机会进行反动活动，要教育僧俗官员对他们保持警惕。

西藏地方政府和堪厅间的关系问题，希望都能从团结愿望出发，双方好好协商加以解决。

很惦念你，希望你多注意健康，并多来信。

祝你

愉快！

毛泽东

一九五七年八月十八日①

此信所指的周总理与阿沛谈话的重点是达赖访问印度的情况。周总理指出，达赖一到印度，美国就表示欢迎达赖到美国，夏格巴等一批人积极活动，搞"西藏独立"，在拉萨煽动叛乱，这影响了达赖的随行官员和家属，使达赖产生了动摇，下不了决心。美国所谓帮助"西藏独立"，只不过是一个骗局，顶多拿钱把达赖一家养起来。②

在信中，毛泽东对达赖喇嘛前往叛乱分子活动中心噶伦堡的错误行为并没有责备和批评，而是表扬他返回祖国的行为，对达赖喇嘛表现出了最大的诚意和忍耐，殷切期望他悬崖勒马，继续维护祖国统一和民族团结。毛泽东也坦承西藏工委在实际工作中存在一些缺点，正在积极改正，充分听取了达赖方面的意见，明确告诉达赖在第二个五年计划内不进行民主改革，毛泽东以最大的诚意争取"中间分子"达赖喇嘛。

这是目前见到的毛泽东写给达赖的最后一封亲笔信。此时的达赖为分裂分子所包围，立场动摇，已不是对祖国统一、西藏进步繁荣满怀欣喜的

① 中共中央文献研究室编《建国以来毛泽东文稿》第6册，第564、565页。
② 西藏自治区党史资料征集委员会编《中共西藏党史大事记（1949~1966）》，第73页。

达赖，此后不愿意再给毛泽东写信汇报自己的思想情况。1958年，在达赖喇嘛的纵容和姑息下，叛乱分子在西藏各地窜扰，准备发动武装叛乱。西藏工委的负责同志奉中央指示精神，多次约见达赖，转达中央对西藏改革及叛乱分子的既定方针。西藏分裂分子不顾中央的多次警告和让步，于1959年3月10日发动全面叛乱，达赖出逃印度，走上了叛国道路。

上述六封信有几个共同的特点：一是毛泽东尊礼和关怀达赖喇嘛，礼称"达赖喇嘛先生"或"亲爱的达赖喇嘛"，对达赖是有信必复，有礼品必回赠，信中既有殷切关怀和爱护，又有良好的祝愿和期望，流露出真挚的感情。二是毛泽东尊重达赖喇嘛在西藏地方的固有地位和权力，信中可见"西藏地方政府及人民，在你领导之下"，"对于犯了错误的汉人，给他们以严格的教育"等等，这是中央民族宗教政策的生动实践。三是毛泽东在政治上团结争取达赖喇嘛，将达赖喇嘛与分裂分子区别开来，对达赖喇嘛的工作成绩和积极进步都是肯定的和赞扬的，没有因分裂分子的叛乱活动而在信中批评西藏地方政府，为团结达赖表现出了很大的诚意和忍耐。四是毛泽东在信中简略地阐明了中央对西藏的政策，也承认了西藏工作中存在的一些不适当做法，体现了伟大领袖襟怀坦荡的政治魅力。

毛泽东致达赖喇嘛的信是党中央对西藏政策的一个光辉映照。从1951年5月到1959年3月，毛泽东多次指示西藏工委高度重视民族宗教的特殊情况，坚决维护执行"十七条协议"和党的民族宗教政策，首要任务是开展对达赖喇嘛集团的统战工作。指出在土地改革、成立军政委员会、藏军改编、民族区域自治等问题上要稳，不要着急，要听取达赖喇嘛方面的意见，商量办事，没有商量好就不能强做，商量好了，大多数人赞成了，就慢慢做，做好事也要商量着做，以极大的宽容、理解、忍耐团结争取达赖喇嘛拥护祖国统一和党的政策，宽大为怀，在很大程度上促进了西藏上层对祖国统一的拥护，爱国主义在逐渐增长。

第二节　毛泽东与西藏上层人士谈民族团结

涉藏问题本质上是民族问题。民族问题不能靠征服，不能靠收买，只能是靠相互理解、相互尊重、相互帮助来逐步解决，这就凸显了民族团结的重要性。习近平总书记庆祝西藏自治区成立 50 周年的贺匾题词是"加强民族团结 建设美丽西藏",把维护祖国统一、加强民族团结作为工作的着眼点和着力点,是坚持党的治藏方略的鲜明体现。20 世纪 50 年代,毛泽东曾多次对中央有关部门、西藏工委、西藏地方上层人士讲过:"我们的方针是团结进步,更加发展。"① 将民族团结放在了首要位置,指出了它的极端重要性。民族团结是西藏民族进步和发展的基础,这又是以国家统一为前提的。1949 年 9 月 29 日,中国人民政治协商会议第一届会议通过的《共同纲领》规定:"中华人民共和国境内各民族一律平等,实行团结互助,反对帝国主义和各民族内部的人民公敌,使中华人民共和国成为各民族友爱合作的大家庭。反对大民族主义和狭隘民族主义,禁止民族间的歧视、压迫和分裂各民族团结的行为。"② 总结了中国共产党 28 年民族工作的经验,确定了统一国家内民族平等、民族团结的根本原则。

"十七条协议"头三条是:"一、西藏人民团结起来,驱逐帝国主义侵略势力出西藏,西藏人民回到中华人民共和国祖国大家庭中来。二、西藏地方政府积极协助人民解放军进入西藏,巩固国防。三、根据中国人民政治协商会议共同纲领的民族政策,在中央人民政府统一领导之下,西藏人民有实行民族区域自治的权利。"③ 庄严指出中国是统一的多民族国家,在中国共产党领导下,在统一的社会主义大家庭中,西藏人民通过实践民族区域自治,充分享受当家做主的政治权利。

两个具有法律性质的文件都郑重强调国家统一是实行民族政策的根本。西藏地方回归祖国大家庭之后,1951 年 5 月 24 日,毛泽东在庆祝签订和平解放西藏办法的协议宴会上讲话:"几百年来,中国各民族之间是不团结的,特别是汉民族与西藏民族之间是不团结的,西藏民族内部也不团结。……现在,达赖喇嘛所领导的力量与班禅额尔德尼所领导的力量与中央人民政府之间,都团结起来了。这是中国人民打倒了帝国主义及国内反动统治之后才达到的。这种团结是兄弟般的团结,不是一方面压迫另一方面。这种

---

① 《接见西藏国庆观礼团、参观团代表的讲话》(1953 年 10 月 18 日),中共中央文献研究室等编《毛泽东西藏工作文选》,第 103 页。

② 中共中央文献研究室等编《西藏工作文献选编(一九四九~二〇〇五年)》,中央文献出版社,2005,第 3 页。

③ 中共中央文献研究室等编《西藏工作文献选编(一九四九~二〇〇五年)》,第 43 页。

团结是各方面共同努力的结果。今后，在这一团结基础之上，我们各民族之间，将在各方面，将在政治、经济、文化等一切方面，得到发展和进步。"① 毛泽东着重谈民族团结，体现了筹藏、治藏、安藏的思路。西藏有许多内地不易了解的宗教和生活习俗，又山高险远，限制了双方的经济社会往来，这导致过去藏族与汉族的隔阂很深。藏传佛教又分不同的宗派，上层统治者内部也不融洽。中央促进西藏民族内部的团结，推进汉藏民族间的了解和信任，有了兄弟般的情谊，就打好了民族团结的地基，地基牢固了，再建高楼大厦，推行民主改革和各项建设就顺利了，自然就带动了西藏政治、经济、文化方面的进步和发展。这个工作的顺序不能颠倒，欲速则不达。毛泽东视民族团结为西藏工作的中心，是充分考虑到西藏历史、地理环境、宗教文化特点，因地制宜、因俗而治做出的战略决策，并为历届中央政府继承和发展。

一　实现西藏内部的团结

西藏民主改革前，西藏的贵族、僧俗官员仍掌握生产资料和权力，束缚着广大农奴的人身自由。从某种程度上讲，宗教领袖达赖、班禅方面的团结与否以及对中央的态度就关乎西藏的建设事业顺利与否。毛泽东决定首先团结西藏上层人士，多次给十四世达赖喇嘛和十世班禅额尔德尼写信、发电报，与之数次会见面谈；每年都接见来京的西藏致敬团、参观团、观礼团代表，亲自做西藏地方官员、贵族、活佛的统战工作。

1951 年 5 月 24 日，"十七条协议"签订次日，毛泽东专门谈到达赖喇嘛、班禅额尔德尼的团结问题："西藏民族内部团结起来，是西藏民族向前发展的重要因素。过去由于帝国主义侵略势力和中国反动政府的挑拨，使西藏民族的内部长期地发生了分裂，这主要表现在达赖喇嘛和班禅额尔德尼间的仇视和对立。中央人民政府为了实现西藏僧俗人民的愿望，极力说服双方捐弃旧恶，从新团结起来。协议中所规定的解决方法，是完全公平合理的。希望达赖喇嘛和班禅额尔德尼两方面的人员，衷心地理解和实现

---

① 《在庆祝签订和平解放西藏办法协议宴会上的讲话》（1951 年 5 月 24 日），中共中央文献研究室等编《毛泽东西藏工作文选》，第 43 页。

这个方面的协议，永远地团结起来，为建设新的西藏而努力。"①

　　毛泽东指出"十七条协议"的目的之一是恢复西藏民族内部的团结，衷心希望达赖喇嘛和班禅方面和好，这是建设新西藏，发展西藏政治、经济、文化事业的必要保障。1951 年 5 月 30 日，班禅致电达赖喇嘛，称"十七条协议"的签订使西藏民族和中国各兄弟民族空前团结起来，我们西藏民族的宗教信仰和宗教事业得到合理的尊重和保护，愿意和达赖喇嘛精诚团结，为彻底实行协议而奋斗。② 9 月 19 日，达赖复电班禅，欢迎他即速启程回扎什伦布寺。12 月 19 日，班禅一行离开西宁，1952 年 4 月 28 日到达拉萨，次日与达赖见面。6 月 23 日，班禅抵达日喀则。达赖和班禅方面初步恢复了团结和友好。

　　班禅方面一直对中央政府怀有友好的感情，真诚地期望国家统一，西藏政治安定，并协助人民解放军做了大量的好事。1952 年 11 月 3 日，班禅致电毛泽东，后藏地区第一次庆祝国庆节，为了表示对伟大祖国的衷心拥护，捐献粮食 50 万斤，并与达赖喇嘛互赠礼品，西藏民族内部的团结正在逐渐增进。毛泽东回电班禅，感谢他对人民解放军驻藏部队的帮助，并庆贺他在爱国团结工作上的成就。③ 达赖集团内部有少数上层分子亲近西方，反对国家统一，又勾结境内外分裂分子，散布谣言，污蔑党的民族宗教政策，煽动不明真相的僧俗群众，反对人民解放军和西藏工委。1952 年 8 月 16 日，毛泽东指示西藏工委：今后一个较长时期的工作，应以上层统一战线，首先是争取和团结达赖和班禅及其上层集团的大多数为主要任务。④ 西藏工委应将团结多数人，孤立少数分裂分子的统战工作，作为今后工作重点和方向。1953 年 3 月 8 日，毛泽东致信达赖喇嘛："在建设祖国和为西藏民族谋福利的道路上，我们是会遇到一些困难的；帝国主义和反动破坏分子也会千方百计地阻挠我们，成为我们前进的障碍。因此，必须提高警惕，加强国防，巩固汉藏民族之间和西藏内部的团结，严防帝国主义间谍特务和其他反动破坏分子的阴谋活动，并克服我们建设祖国和为西藏民族谋福

---

① 《在庆祝签订关于和平解放西藏办法的协议宴会上的讲话》，《人民日报》1951 年 5 月 28 日。
② 《班禅额尔德尼致达赖喇嘛电》，《人民日报》1951 年 5 月 30 日。
③ 《给班禅额尔德尼的电报》，中共中央文献研究室等编《毛泽东西藏工作文选》，第 91 页。
④ 西藏自治区党史资料征集委员会编《中共西藏党史大事记（1949～1994）》，西藏人民出版社，1995，第 44 页。

利的道路上的障碍。只有这样，才能保证西藏僧俗人民的幸福前途。你和西藏人民如果在这一方面遇到困难，中央人民政府会帮助你获得妥善的解决。"① 毛泽东对达赖喇嘛更多的是鼓励，解释党的民族政策，讲明白党的工作方针，以理服人，以情动人，引导年轻的达赖向中央靠拢。

对于班禅配合西藏工委工作的爱国行为，毛泽东更多的是赞许和由衷的高兴。1953 年 3 月 10 日，毛泽东致信班禅：你回藏后，努力为汉藏两族之间的团结及西藏内部的团结做了许多工作，并为当地僧俗人民的利益做了工作，使我感到很大的欣慰。在爱国和团结的基础上，相信我们的友谊会与日俱增地巩固和发展起来。② 1954 年 4 月，毛泽东回信给班禅：知道你身体很好并经常为团结努力，我很高兴。③ 毛泽东对班禅也是有信必回，虽然很简短，但是，字里行间流露出喜悦之情。

民国时期，噶厦与班禅堪布厅形成了很深的矛盾，并延续到新中国成立初期，在有关西藏地方政治权利和地位上产生了一时难以调和的分歧。此外，在西藏工作的党员干部对执行党的方针政策内部有不同意见。日喀则分工委主张先前后藏分治再统一的步骤。对此，毛泽东指示："在团结达赖和班禅，即力谋和平统一西藏内部时，一方面固然要估计到班禅方面在一定范围和一定程度上的进步性，并善于推动和运用这种进步性。但同时必须认识和估计到达赖的地位和影响，不仅在西藏地区而且在整个西藏民族中都比班禅为高的事实。因此在争取和平解放西藏，和平统一西藏及和平解放西藏后我们在西藏地区的各种工作的政策，都不能不以争取达赖集团为首要任务。凡有利于这个任务实现的事情即应坚决地去做。"④ 达赖的宗教地位、管辖的地方和人口、影响力都大于班禅方面，这就决定了他的政治地位要高于班禅。毛泽东下决心要解决达赖和班禅两方面的不和睦问题以及西藏民族区域自治筹备委员会的领导关系问题，就不得不以西藏内部原有的宗教、政治地位为考虑依据。

1954 年 9 月 15 日，第一届全国人民代表大会在北京召开，之后召开中国人民政治协商会议第二届全国委员会第一次全体会议。达赖喇嘛、班

---

① 中共中央文献研究室编《建国以来毛泽东文稿》第 4 册，第 99～100 页。
② 中共中央文献研究室等编《毛泽东西藏工作文选》，第 98 页。
③ 中共中央文献研究室等编《毛泽东西藏工作文选》，第 107 页。
④ 西藏自治区党史资料征集委员会编《中共西藏党史大事记（1949～1994）》，第 45 页。

禅额尔德尼作为大会代表进京赴会，行使人民赋予的权利，并拜见毛泽东。

1954 年 8 月 2 日，中央发给全国各省的《关于接待达赖、班禅的招待、宣传方针》电报指出："达赖、班禅两集团间很不和好，并且彼此都怀疑中央有偏袒。因此，在有关达赖和班禅之间的关系问题上，我们必须采取十分慎重的态度，尽可能做得恰当，避免刺激他们任何一方，避免引起他们的猜疑，并且适当地促进他们之间的团结。"① 指示各地方省份在招待达赖、班禅方面时要把握分寸，处理好彼此的地位关系。

达赖、班禅进京后，于 9 月 11 日下午，在中南海勤政殿第一次与毛泽东长时间交谈，毛泽东谈话要点主要有三。一是表示慰问：一路上辛苦了，这是中国历史上的大事情，他们是为团结而来，欢迎他们。二是他们这次来参加全国人民代表大会，和过去来的致敬团、参观团的任务不一样，是与全国各族人民的代表共商国家大事。三是用很长时间和他们谈团结问题，指出西藏的建设工作主要靠他们，解放军和进藏人员只能是帮助他们，西藏的团结是最重要的，没有全国各民族的团结，没有汉藏民族的团结，没有西藏民族内部的团结，包括达赖喇嘛、班禅额尔德尼的团结，建设西藏是不可能的，这次他们一同来就是团结的表现。② 达赖喇嘛感到非常高兴，认为毛泽东亲切和蔼、英明伟大，给了很多指示。达赖在同中央工作同志聊天时说，到了内地，感到西藏太落后了，毛泽东和中央官员本领高，同样是汉人，同样的地方，共产党越搞越好。在谈到达赖与班禅的关系时说，他和班禅还是娃娃，也没有什么争执的东西，西藏噶厦与拉章之间的矛盾主要是下面官员之间的问题。③

9 月 16 日下午，在第一届全国人民代表大会第一次会议的发言中，达赖喇嘛说："中国各兄弟民族，特别是汉藏民族正在日益走向亲密团结之中。班禅额尔德尼能回返西藏和我相会，也进一步加强了西藏内部的团结。根据毛主席的各民族间与民族内部应该团结的政策，在西藏业已出现了新的和平友爱的气象。"班禅发言："西藏民族内部的团结以及藏族同兄弟各民族之间的团结已日益加强。""以自己的实际行动，继续加强和巩固我藏

---

① 西藏自治区党史资料征集委员会编《中共西藏党史大事记（1949～1994）》，第 54 页。
② 张定一：《1954 年达赖、班禅晋京记略——兼记西藏自治区筹备委员会成立》，第 102 页。
③ 张定一：《1954 年达赖、班禅晋京记略——兼记西藏自治区筹备委员会成立》，第 107 页。

族内部的团结以及藏族同各兄弟民族之间的团结。"①

10月9日，毛泽东第二次与达赖喇嘛谈话："关于西藏内部的关系问题，中央一定会帮助解决。现在可以把前藏、后藏、昌都各方面代表人物团结起来，组成西藏自治区筹备委员会。究竟好不好，你们研究一下。团结问题，要几方面当面来谈，彼此不满的事都谈出来，目的是使前藏、后藏、昌都能团结起来。大家谈得成熟了的事情，就办，不成熟的就摆一摆。要照顾到各方面的关系，不要使各方面互相怕。"②

10月12日，达赖喇嘛随行官员会议呈送国家民族事务委员会拟去各地参观及工作活动的计划，提出"有关西藏内部的团结问题，趁达赖喇嘛、班禅额尔德尼及其一行随行僧俗官员来到北京集会之时，在中央的领导下，希望做一彻底解决，以求卫、藏、康三者的真正团结"。③达赖、班禅系统分歧明是税收、庄园、寺院、乌拉差役摊派问题，实际上争的是噶厦与堪布厅政治地位。中央统战部李维汉部长向达赖、班禅及其随行官员传达了毛泽东"团结、进步、更加发展"，"相互信任、相互尊重、相互谅解、相互帮助"的指示精神，希望友好协商，圆满解决。达赖谈道："我和班禅都很好，但是贵族和下面的官员如何想，那就难说了"，"好在这次在北京有毛主席主持公道，我和班禅以及双方重要官员都到北京，只要大家能够真实地将过去的情况摆出来，我相信是非会弄清楚，问题一定会得到解决"。④

1954年10月至1955年3月，随达赖来京的噶厦官员与班禅堪布会议厅委员会官员代表进行了历史遗留问题的谈判，双方代表协商拟定了解决的办法。达赖和班禅会面畅谈，称赞双方历史遗留问题解决得很好，表示非常高兴。1955年3月9日，国务院第七次全体会议通过了对西藏地方政府和班禅堪布厅之间关于历史和悬案问题的谈判达成协议的批复。

1954年12月21日，全国政协第二届委员会第一次全体会议上，达赖喇嘛发言：民族工作获得了伟大的成就，加强了各民族之间的团结，巩固了祖国的统一，使伟大的中华人民共和国成为各民族人民团结、友爱、互助合作的大家庭。西藏回到祖国大家庭，使西藏人民日益深刻地感受到祖

① 张定一：《1954年达赖、班禅晋京记略——兼记西藏自治区筹备委员会成立》，第111、114页。
② 中共中央文献研究室等编《毛泽东西藏工作文选》，第111页。
③ 张定一：《1954年达赖、班禅晋京记略——兼记西藏自治区筹备委员会成立》，第137页。
④ 张定一：《1954年达赖、班禅晋京记略——兼记西藏自治区筹备委员会成立》，第169页。

国大家庭的温暖，并看到他们未来的光明前途，因而西藏人民的爱国主义精神日益增长起来，衷心拥护祖国的统一。班禅发言：几年来我们在《共同纲领》的指导下，全国各族人民都空前地、牢固地、亲密地团结起来了，我们藏族人民也才从此结束了被压迫、受歧视的历史，同全国各族人民一样，享受着平等的权利。①

1955 年 1 月 3 日，达赖一行赴华东、东北参观。1955 年 2 月 23 日，达赖、班禅返抵北京，与毛泽东等中央领导人欢度藏历木羊年新年。下午，达赖、班禅到中南海向毛泽东拜了年。毛泽东说：在你们两人的领导下，西藏的事情一定会做好，但不要急，慢慢地来，做事情要取得大多数的同意。固然在三五年之后，做好事还会有人反对，但反对者不是老百姓，而是贵族、官员、头人和寺院的堪布等。你们应该向老师一样地去教育他们，要耐心地团结他们。② 2 月 24 日，中南海举行盛大宴会庆祝藏历新年。宴会前，达赖、班禅分坐毛泽东两侧亲切交谈，合影留念。宴会上，达赖首先致词，称："由于民族政策的胜利，根本改变了各民族间和民族的关系，使我们少数民族永远抬了头，我们各族人民在共产党的领导下，已经建立了团结的新的友好关系，今后我们必须拿出一切力量，进一步加强与各兄弟民族特别是和汉族人民以及西藏内部的亲密团结，建设繁荣幸福的新西藏。"班禅致词：我们要坚决地在中国共产党和毛泽东的正确领导下，进一步巩固西藏内部的团结，和全国各兄弟民族之间的大团结，加强西藏人民反帝爱国的力量，彻底执行和平解放西藏办法的协议。③ 毛泽东致词："我们大家应当努力，进一步加强和巩固我国各民族间的团结，进一步加强和巩固汉藏民族间以及藏族内部的团结，共同建设我们伟大的祖国。"④

达赖、班禅即将离开北京返回西藏之时，3 月 8 日，毛泽东先来看望达赖喇嘛，谈道：凡是派去西藏工作的汉族干部，有和你们搞不来的、团结不好的，你告诉我，我们就调回来。民族之间的帮助是相互的，民族团结搞好了事情就好办了。⑤ 3 月 9 日，毛泽东话别班禅，谈起了西藏内部的团

---

① 张定一：《1954 年达赖、班禅晋京记略——兼记西藏自治区筹备委员会成立》，第 154~156 页。
② 中共中央文献研究室等编《毛泽东西藏工作文选》，第 114 页。
③ 张定一：《1954 年达赖、班禅晋京记略——兼记西藏自治区筹备委员会成立》，第 226~227 页。
④ 中共中央文献研究室等编《毛泽东西藏工作文选》，第 116 页。
⑤ 中共中央文献研究室等编《毛泽东西藏工作文选》，第 117~120 页。

结问题：你们（班禅方面）要拥护他们（达赖方面），他们也就拥护你们，这样团结就会搞好的。你们的政策搞对了，你们能主动地拥护他们，主动地让步，能让达赖喇嘛当主任，你当副主任，计晋美能主动提议让阿沛当秘书长，这是很好的。① 毛泽东指的是达赖喇嘛担任西藏自治区筹备委员会主任一事，班禅方面愿意接受达赖喇嘛的领导，赞许班禅团结的态度。

　　返回拉萨后，达赖喇嘛给毛泽东写信："途经各地时，在进一步加强和巩固各兄弟民族特别是汉藏民族和藏族内部的团结方面，我们做了一些努力。"② 毛泽东回信："你回去以后的许多活动，我觉得都很好"，"西藏是很有前途的地方，希望他们好好做去"。③ 1955 年 11 月 24 日，毛泽东致信班禅，希望他们和拉萨方面的团结日益增进和巩固，希望整个西藏一年一年地兴旺起来。④

　　1954 年 11 月，中央有关部门和在藏工作的负责同志，遵照党中央指示精神，就成立西藏自治区筹备委员会各项问题，分别同达赖、班禅、随行官员及其他爱国人士进行协商，正式成立西藏自治区筹备委员会筹备小组，西藏的民主改革提上了西藏工委的工作日程。这时，毛泽东仍然重点考虑的是巩固西藏内部的团结。1956 年 1 月 21 日，毛泽东致电达赖喇嘛：盼你在新的一年内在领导西藏人民实现民族区域自治和进行各种建设的工作上，取得重大的成就。⑤ 致班禅电报：在新的一年内，你们那里也将会有更大的进步，希望你在新的一年内为进一步加强民族团结，实现民族区域自治，做出更大的贡献。⑥ 做好西藏民族内部团结对西藏自治区筹备委员会建设新西藏，顺利推行民族区域自治，都是必要的前提和保障。

　　1956 年 2 月 12 日，是正月初一和藏历火猴年元旦，毛泽东同来中南海拜年的拉敏·益西楚臣、拉鲁·次旺多吉、桑颇·登增顿珠等谈话，鼓励大家用相互信任代替互相不信任，指出藏族和汉族过去互相不信任，慢慢地就可以互相信任；前藏、后藏、昌都过去也互相不信任，也要用互相信任来代替。毛泽东建议他们回去好好研究和协商，增强他们内部的互相信

　　① 中共中央文献研究室等编《毛泽东西藏工作文选》，第 121～125 页。
　　② 张定一：《1954 年达赖、班禅晋京记略——兼记西藏自治区筹备委员会成立》，第 365 页。
　　③ 中共中央文献研究室等编《毛泽东西藏工作文选》，第 135 页。
　　④ 中共中央文献研究室等编《毛泽东西藏工作文选》，第 137 页。
　　⑤ 中共中央文献研究室等编《毛泽东西藏工作文选》，第 138 页。
　　⑥ 中共中央文献研究室等编《毛泽东西藏工作文选》，第 139 页。

任、互相帮助，也增强汉藏之间的互相信任、互相帮助。

毛泽东还指出："西藏内部要更加团结起来，看见你们团结，我很高兴。你们回西藏后要多去见达赖喇嘛，听听他的指示，多增长些知识。西藏有两三个头不好，我们尊重班禅的重要地位，也尊重昌都的地位，整个西藏要有一个主席，那是达赖为好。你们已经搞清楚没有？你们是否讲我们偏心达赖？拉萨方面又怕我们偏心班禅，我们没有这些。主席让达赖喇嘛当，这样办好，对团结有利。"① 毛泽东赞成达赖喇嘛领导西藏自治工作，鼓励西藏贵族、民族干部服从达赖，体现了对他充分的信任和支持。

在中央的直接领导下，西藏自治区筹备步伐加快，以陈毅为团长的中央代表团准备赴拉萨祝贺西藏自治区筹备委员会的成立。1956 年 4 月 20 日，毛泽东给达赖、班禅致电祝贺西藏自治区筹备委员会成立，希望西藏各阶层人民在他们指导之下更加团结和进步，在发展西藏政治、经济和文化事业上获得更大的成就。② 西藏社会各阶层满怀信心，准备迎接西藏的民主改革。

在党的民族政策日益显现生命力时，国外反华势力不甘心失败，策动西藏分裂分子公开反对"十七条协议"，反对民主改革，制造了武装叛乱，挟持达赖喇嘛逃亡海外。达赖喇嘛在犹疑中，动摇了民主改革的信念，不相信党的民族政策，走上背叛祖国的道路，违背了自己与毛泽东多次通信、谈话中许下的诺言。

党的民族政策是建立在国家统一的基础上，一旦某些民族上层人士坚持搞分裂，会破坏民族团结的关系。1959 年 10 月 6 日，毛泽东同印度共产党代表团讲话时谈到了达赖喇嘛回国问题，表示如果达赖喇嘛赞成以下两条——第一，西藏是中国的一部分；第二，在西藏进行民主改革和社会主义改革，他就可以回来。③ 达赖喇嘛只有改弦易张，赞成国家的统一，才是做维护民族团结的事。

二 平等、尊重、互助能推进汉藏团结

毛泽东指示西藏工委，西藏的一切工作均集中由中央解决，必须认识

---

① 中共中央文献研究室等编《毛泽东西藏工作文选》，第 140~143 页。
② 中共中央文献研究室等编《毛泽东西藏工作文选》，第 145 页。
③ 中共中央文献研究室等编《毛泽东西藏工作文选》，第 212~213 页。

到藏族问题的极端重要性，必须应付恰当，不能和处理寻常关系一例看待。① 他数年间反复告诫党的干部，遵守"十七条协议"、正确执行党的民族政策，如此才能团结西藏大多数，争取民心，孤立少数分裂分子。1951年5月26日，毛泽东审阅《人民日报》社论稿《拥护关于和平解放西藏办法的协议》，改写了一段话："一切进入西藏地区的部队人员和地方工作人员必须恪守民族政策和宗教政策，必须恪守和平解放西藏办法的协议，必须严守纪律，必须实行公平的即完全按照等价交换原则去进行的贸易，必须防止和纠正大民族主义倾向，而以自己的衷心尊重西藏民族和为西藏人民服务的实践，来消除这个历史上留下来的很大的民族隔阂，取得西藏地方政府和西藏人民的衷心信任。如果这些部队和工作人员中有违反民族政策和协议的行为，如果他们不守纪律，如果他们欺负西藏人民和不尊重与人民有联系的领袖人物，如果他们犯了大汉族主义的原则错误，那末领导机关和领导人员就应负责及时纠正。同时，西藏地方政府和西藏人民则有批评的权利和向上级人民政府和中央人民政府反映和报告的权利。这个原则，不但对藏族是如此，对一切兄弟民族都是如此。"② 语气非常严厉，一切进藏部队和工作人员都必须遵守党的民族政策，绝不能搞压迫和歧视，要全心全意为西藏人民服务，取得藏族同胞的信任，实现汉藏民族的团结，这是一项铁的纪律。

从达赖喇嘛致电拥护"十七条协议"到1959年3月外逃的8年时间里，是青年达赖喇嘛人生转折和逐渐进步时期。毛泽东对待达赖喇嘛的主要工作方针可以概括为尊重、团结、争取，表现在三个方面：一是尊重达赖喇嘛的固有宗教地位；二是团结达赖，促进达赖、班禅之间的团结以及汉藏民族的团结；三是听取达赖喇嘛方面对中央政策和西藏工作的意见，争取达赖喇嘛拥护祖国统一和党中央的决策。

（一）尊重达赖喇嘛固有的宗教地位

和平解放前，西藏长期处于政教合一的农奴制度下，中央在制定方针政策时充分考虑到了达赖喇嘛在西藏固有的宗教地位，确定统战工作的首

① 中共中央文献研究室等编《西藏工作文献选编（一九四九～二〇〇五年）》，第72页。
② 中共中央文献研究室等编《毛泽东西藏工作文选》，第51页。

要任务是保护宗教信仰自由，团结争取达赖喇嘛为首的广大上层人士，孤立分裂分子。

1951 年 5 月 28 日，毛泽东指出："在西藏人民中，佛教有很高的威信。人民对达赖喇嘛和班禅额尔德尼的信仰是很高的。因此，协议中不但规定对宗教应予尊重，对寺庙应予保护，而且对上述两位藏族人民的领袖的地位和职权也应予以尊重。这不但是为和解藏族内部过去不和睦的双方，也为使国内各民族对藏族领袖引起必要的尊重。"①

毛泽东明确要求在西藏工作的同志保护宗教、尊重达赖喇嘛的固有地位和职权，这也是对藏族同胞的尊敬。当时的情况是，不仅西藏地方分裂分子反对"十七条协议"，造谣污蔑党的民族宗教政策，而且许多上层人物和普通民众对"十七条协议"和党的政策也存有严重的疑惧，害怕取缔或破坏藏传佛教。毛泽东深知此点，特别指示张经武、张国华等入藏工作人员："你们在西藏考虑任何问题，首先要想到民族和宗教问题这两件事，一切工作必须慎重稳进。"②

1952 年 10 月 26 日，毛泽东指示西藏工委："必须充分认识到佛教在西藏民族的悠久历史，及其深入人民的传统影响，以及达赖、班禅在各阶层中享有很高的宗教信仰。同时充分认识到宗教问题的长期性、国际关系，从而在西藏地区怎样对待佛教问题在政治上的重要意义。"③ 提醒在西藏工作的党内同志，必须高度认识宗教在政治上的重要意义，尊重藏族同胞的宗教信仰，要争取达赖喇嘛为首的多数上层人士的理解和支持。这是一场政治战，是党和政府在西藏开展工作的基础，直接关系到西藏和平进步和民族团结。

1953 年 3 月 8 日，毛泽东致信达赖喇嘛："西藏的宗教和在国内其他地方的宗教一样，是已经受到尊重和保护，并且还将继续受到尊重和保护。只要人民还相信宗教，宗教就不应当也不可能人为地去加以取消或破坏。"④ 毛泽东明确表态不会取消或破坏藏传佛教，尊重和保护西藏人民的宗教信仰，嘱咐达赖喇嘛遇到任何问题都可以和张经武同志商议面谈，并通过他

---

① 中共中央文献研究室编《建国以来毛泽东文稿》第 2 册，第 333 ~ 334 页。
② 西藏自治区党史资料征集委员会编《中共西藏党史大事记（1949 ~ 1966）》，第 26 页。
③ 西藏自治区党史资料征集委员会编《中共西藏党史大事记（1949 ~ 1966）》，第 41 页。
④ 中共中央文献研究室编《建国以来毛泽东文稿》第 4 册，第 100 页。

转告毛泽东。

在毛泽东的指示下，西藏工委的同志采取实际行动尊重和保护西藏人民的宗教信仰，达赖喇嘛深有体会。达赖喇嘛在1954年出席第一届全国人民代表大会第一次会议时，发言表示："关于宗教方面，在敌人的各种挑拨离间中，主要的一项，就是造谣共产党、人民政府毁灭宗教。西藏人民具有很浓厚的宗教信仰，这些谣言，曾经使他们疑虑不安，但是现在共产党、人民政府毁灭宗教的挑拨离间的谣言，已经全部破产了，西藏人民已经切身地体会到了他们在宗教信仰上是有自由的。"[1]

1954年9月27日，第一届全国人民代表大会第一次会议选举达赖喇嘛为全国人大常务委员会副委员长。1955年3月9日，国务院全体会议第七次会议通过了成立西藏自治区筹备委员会的决定，并任命达赖为西藏自治区筹备委员会主任委员。党中央和毛泽东给予达赖喇嘛很高的政治地位和荣誉，这体现了对达赖喇嘛宗教地位的尊重。但西藏上层分裂分子不愿意看到祖国统一。1951年11月，西藏代理摄政鲁康娃、洛桑扎西为首的分裂分子，纠集一些商人、无业者等组织了伪人民会议。1952年3月11日起，他们组织人在拉萨示威，要求撤走解放军，发动武装骚乱，并递交"请愿书"给达赖喇嘛。针对这种情况，毛泽东在给西南局、西藏工委的电报中指示：西藏的情况与新疆不同，在政治、经济上比新疆差得多。新疆有几十万汉人，西藏几乎全无汉人。我们要用一切努力和适当的办法，争取达赖及其上层集团的大多数，孤立少数坏分子。目前不要改编藏军、不要成立军政委员会、不要全部实行，勉强实行，害多利少。[2]《共同纲领》、"十七条协议"、民族区域自治都是党中央关心民族发展的表现，但是西藏广大人民一时还不理解，不能痛快地接受。西藏工委的有些同志，想尽快执行"十七条协议"，成立军政委员会和改编藏军，就会引起部分西藏上层人士的恐慌，反而不利于团结。所以，1952年5月19日，毛泽东指示西藏工委："我们的方针，不应该是组织下层去孤立上层当权分子，而应该是从上层着手，稳住和争取上层，达到顺利地逐步地巩固地团结群众的目的。"[3]即便有些西藏分裂分子打着保护民族、宗教的幌子，煽动闹事，反对改革，

① 张定一：《1954年达赖、班禅晋京记略——兼记西藏自治区筹备委员会成立》，第111页。
② 中共中央文献研究室等编《毛泽东西藏工作文选》，第62～65页。
③ 西藏自治区党史资料征集委员会编《中共西藏党史大事记（1949～1994）》，第42页。

毛泽东也主张宽容忍耐，即使是"十七条协议"规定的事项也应暂停，应慎重缓进地开展工作，先做西藏上层人士的统战工作，争取、团结、教育西藏地方政府的大多数官员，使西藏群众逐步向中央靠拢。

这些分裂活动也在挑战党的决心、工作方式和方法，考验党中央在坚决打击为首叛乱分子、孤立少数分裂分子的同时，是不是始终坚持正确的民族政策不动摇，是不是仍愿意团结中立的多数上层分子。民族政策是宏观的大略方针，执行时涉及很多具体、琐碎的事务。进藏部队和工作人员要将民族政策落在实处，尽力帮助藏族人民改善物质生活，处处为他们利益着想；如何做实事，做好事，如何使西藏多数人得到好处，感受到党的关怀和温暖，信服民族政策，也考验着党员干部的素质和能力。

（二）汉藏平等，团结互助

毛泽东指示进藏工作人员帮助西藏地方，是对汉族干部提出的更高的要求。帮助别人，首先要放低姿态，将自己放在与对方平等的位置上，照顾到对方的合理感受。再三强调要反对大汉族主义。1953 年 3 月 16 日，毛泽东在为中央起草的指示中专门批判：

> 必须深刻批评我们党内在很多党员和干部中存在着的严重的大汉族主义思想……凡有少数民族存在的地方，都要派出懂民族政策、对于仍然被歧视受痛苦的少数民族同胞怀抱着满腔同情心的同志，率领访问团，前往访问，认真调查研究，帮助当地党政组织发现问题和解决问题，而不是走马看花的访问。
>
> ……如果我们现在不抓紧时机进行教育，坚决克服党内和人民中的大汉族主义，那是很危险的。……故须进行认真的教育，以期一步一步地解决这个问题。另外，应在报纸上根据事实，多写文章，进行公开的批判，教育党员和人民。①

1955 年 3 月 21 日，毛泽东在中国共产党全国代表会议上的讲话中指出："要反对大汉族主义。不要以为只是汉族帮助了少数民族，而少数民族也很大地帮助了汉族。……少数民族在政治上、经济上、国防上，都对整

---

① 中共中央文献研究室等编《毛泽东西藏工作文选》，第 100 ~ 101 页。

个国家、整个中华民族有很大的帮助。那种以为只有汉族帮助了少数民族，少数民族没有帮助汉族，以及那种帮助了一点少数民族，就自以为了不起的观点，是错误的。"①

1957 年 2 月 27 日，毛泽东谈如何正确处理少数民族问题："汉族和少数民族的关系一定要搞好。这个问题的关键是克服大汉族主义。……西藏由于条件还不成熟，还没有进行民主改革。按照中央和西藏地方政府的十七条协议，社会制度的改革必须实行，但是何时实行，要待西藏大多数人民群众和领袖人物认为可行的时候，才能作出决定，不能性急。"②

毛泽东的核心意思是汉藏之间应平等相待，而不是从属或附属的关系，汉人不能有救世主心态，要真心爱护藏族。这是处理民族关系的关键问题，是民族工作能否顺利开展的试金石。有了平等的心态，还要无私地帮助，尊重多数人意愿，开展工作，充分信任对方，培养心向祖国的民族干部管理民族事务。

毛泽东告诉达赖、班禅等西藏上层人士，中央是来帮助西藏人民的。1952 年 8 月 18 日，毛泽东复信达赖喇嘛，表示中央政府一定会帮助西藏实现"经济逐渐繁荣，人民的生活逐渐改善"。③ 10 月 8 日，毛泽东接见西藏致敬团代表："西藏地方大、人口少，人口需要发展……还有经济和文化也需要发展。……共产党实行民族平等，不要压迫、剥削你们，而是要帮助你们"，人民解放军进入西藏就是要执行帮助西藏的政策。④

1953 年 10 月 18 日，毛泽东接见西藏国庆观礼团、参观团代表并谈话：

> 只要是中国人，不分民族，凡是反对帝国主义、主张爱国和团结的，我们都要和他们团结。团结起来，按照各民族不同地区的不同情况进行工作。……商量好了，大多数人赞成了，就慢慢地去做。做好事也要商量着做。……我们在西藏的工作有什么缺点和错误，请你们讲，便

---

① 金炳镐主编《民族纲领政策文献选编（一九二一年七月～二〇〇五年五月）》，中央民族大学出版社，2006，第 530 页。
② 中共中央文献研究室等编《西藏工作文献选编（一九四九～二〇〇五年）》，第 196 页。
③ 《给达赖喇嘛的信》（1952 年 8 月 18 日），中共中央文献研究室等编《毛泽东西藏工作文选》，第 87 页。
④ 《接见西藏致敬团代表的谈话要点》（1952 年 10 月 8 日），中共中央文献研究室等编《毛泽东西藏工作文选》，第 89 页。

于我们纠正。有了缺点就马上纠正，这是我们和国民党不同的地方。

西藏政治、经济、文化、宗教的发展，主要靠西藏的领袖和人民自己商量去做，中央只是帮助。这点是在和平解放西藏办法的协议里写了的。但是要做，还得一个时间，而且要根据你们的志愿逐步地做。可做就做，不可做就等一等；能做的，大多数人同意了的，不做也不好。可以做得慢一些，让大家都高兴，这样反而就快了。①

1954 年 10 月 9 日，毛泽东同达赖喇嘛谈话，指出中央要使西藏人民在物质生活、文化生活和人口发展上有改进，否则称不上是帮助。这是不能性急的，性急反倒慢了。改革的事，没有多数人赞同是办不通的。首先是藏人还不信任汉人。要让西藏人看到改革有好处，才肯改革。汉族、藏族要互相了解、信任；汉族要帮助西藏办一些能办的事，使大家觉得有好处。要西藏人民愿意，不能将汉人的意愿强加于西藏人民。必须使西藏在经济上、文化上和人口方面发展强大起来，才是对西藏的真正帮助。②

1955 年 2 月 23 日，毛泽东同达赖喇嘛和班禅额尔德尼谈话时说：我国许多地方还很落后，西藏也是落后的。在我们内部各民族相互学习，亲密团结，共同建设，那么中国各民族都有希望，全国都有希望。西藏的事情一定会做好，但不要急，慢慢地来，做事情要取得大多数的同意。三五年之后，做好事还会有人反对，"你们应该像老师一样地去教育他们，要耐心地团结他们。……请你们放心，我们不会强迫你们办任何事情"。③

3 月 8 日，毛泽东告诉达赖喇嘛，汉族干部是去帮忙，不是去代替西藏人的。汉族干部要全心全意地帮忙，为了帮忙，性命也可以放弃，要把忙帮好，不准帮坏。凡是派去西藏工作的汉族干部，有和当地人搞不来的，团结不好的，就调回来。民族之间的帮助是互相帮助。西藏民族在政治上给汉人的帮助很大，民族团结搞好了事情就好办。④ 3 月 9 日，毛泽东与班禅谈道：我们今后必须多办些好事，才能使西藏人民慢慢相信汉人是帮助他们的，不是搞他们的。人民解放军进了西藏，给西藏人民做的事情还不

① 中共中央文献研究室编《建国以来毛泽东文稿》第 4 册，第 368、369 页。
② 中共中央文献研究室等编《毛泽东西藏工作文选》，第 109～111 页。
③ 中共中央文献研究室等编《毛泽东西藏工作文选》，第 113～114 页。
④ 中共中央文献研究室等编《毛泽东西藏工作文选》，第 118～119 页。

多，修通了公路，办了两个小学，给藏民打了防疫针。这些帮助只能说是才开始，今后会逐年扩大起来。①

毛泽东巧妙地用生活化的语言，而不是僵化、教条地阐述民族政策的伟大意义，用合情入理的家常话，让对方感受到人与人之间的平等和尊重，真诚地请西藏人民监督批评党的干部，做了好事，也要照顾到对方的感受，而不是居高临下，以教训人的口吻交谈。

20 世纪 50 年代的西藏地方确实非常需要汉族各方面的帮助和支持，只靠藏族自己是不行的。但汉族同志是帮助、支援，是"参谋和顾问"，目的是让藏族自己站起来，能建设发展自己。明确这一点，对我们了解党的民族政策，有重要的现实意义。

1955 年 10 月 23 日，毛泽东接见西藏参观团负责人说："你们有自治权，各民族的事自己管，就像新疆维吾尔人的事情自己管一样。汉人只能帮助，不能代替他们管理。"② 说的是藏族有自治的权利，要多培养出好的藏族干部，体现了党中央维护汉藏友好的精神。1954 年 4 月，毛泽东复信班禅额尔德尼，提出西藏每年可以选送一些青年到内地学习，培养更多建设西藏的民族干部。③ 1956 年 2 月 12 日，毛泽东告诉拉敏等人：民族区域自治地区要搞建设，便要有自己民族的干部、自己的科学家。④ 西藏民族要有行政干部，还要有农业、地质、文教、医疗、宗教等各方面的干部。

毛泽东将事关民族团结的统战工作看得重，抓得紧。1954 年初，毛泽东指示在京召开西藏工作讨论会议，会议总结报告指出："巩固和扩大反帝爱国统一战线，是目前党在西藏工作的主要任务之一。"⑤ 要求西藏工委深刻认识到民族宗教在政治上的重要意义，以及爱国统一战线工作是中心任务。但是，不是每个党员干部都能深刻领会、灵活运用中央的方针政策。不同的部门和党员干部对西藏基本情况的分析、工作开展的步骤、统一战线等问题，都会产生分歧意见。1956 年 4 月 22 日，西藏自治区筹备委员会举行成立大会。此时，邻近几省实行民主改革的消息已经传到西藏，全国

① 中共中央文献研究室等编《毛泽东西藏工作文选》，第 122～123 页。
② 中共中央文献研究室等编《毛泽东西藏工作文选》，第 128 页。
③ 中共中央文献研究室等编《毛泽东西藏工作文选》，第 107 页。
④ 中共中央文献研究室等编《毛泽东西藏工作文选》，第 143 页。
⑤ 西藏自治区党史资料征集委员会编《中共西藏党史大事记（1949～1994）》，第 50 页。

掀起了社会主义改造高潮，这也促发了西藏工委一些干部的盲目乐观情绪，他们加快了民主改革的实践。西藏上层集团部分人士对此颇有疑惧。少数民族分裂分子趁机污蔑党的民族宗教政策，反对民主改革，在藏区搞"西藏独立"活动。

毛泽东针对甘孜、凉山自治州的武装叛乱，表现出了最大的宽容。1956年7月22日，他听取李维汉汇报平乱问题时说：民族间有些不信任，是可以理解的，我们要做到民族之间的完全信任，就要听取少数民族的意见。正确的就采纳，不正确的要说服，说不服就等待。民族间的隔阂还会存在很长的时间，我们要缩短这个时期，还要使他们有讲话的机会，把苦处和怨气都吐出来，可以考虑每年开一两次会。不能将汉族的意见强加于人，做好事也不能强迫。叫他们说心里话，不说心里话的是假团结，那种团结是不巩固的。① 指示中央统战部、西藏工委要诚心诚意地欢迎藏族上层人士发牢骚、提意见，召开代表大会，让藏族干部倒苦水，要求汉族干部改进自己的工作方法，听逆耳之言，促进汉藏民族的团结。

1956年8月18日，毛泽东复信给达赖喇嘛："西藏社会改革问题，听说已经谈开了，很好。现在还不是实行改革的时候，大家谈一谈，先作充分的精神上的准备，等到大家想通了，各方面都安排好了，然后再做，可以少出乱子，最好是不出乱子。四川方面出了一些乱子，主要是亲帝国主义分子和国民党残余分子在那里煽动，我们的工作也有缺点。我希望西藏方面尽量避免出乱子。陈毅副总理回来，转达了你的意见。我们大家对你很了解，相信你能把西藏的工作做好。我总是担心，汉人在那里和你们合作得不好，得不到藏人的信任。请你负起责来，对于犯了错误的汉人，给他们以严格的教育，把他们当作你自己的干部看待。"② 毛泽东丝毫没有指责达赖集团的意思，反而是检讨汉族干部的工作，主动要求藏族批评指正，对叛乱事件表现出宽大、忍耐，等待分裂分子悔悟回头，也希望达赖喇嘛本着"十七条协议"的规定及历次诺言，与中央同心，杜绝分裂活动，顾全西藏发展大局。

为了体现党中央照顾西藏地方、维护汉藏团结安定的诚意，毛泽东决

---

① 中共中央文献研究室等编《毛泽东西藏工作文选》，第 150～152 页。
② 中共中央文献研究室编《建国以来毛泽东文稿》第 6 册，第 173、174 页。

定暂缓西藏民主改革。1957 年 5 月 14 日，中央批示《西藏工委关于今后西藏工作的决定》。"六年不改"是党中央对达赖集团的一次重大让步。8 月 18 日，毛泽东再次复电达赖喇嘛："西藏自治区筹备委员会在你领导下工作是做得好的，有成绩的。去年对实行民主改革提得早了，工作机构也太大了，这是缺点。"① 毛泽东勇于做自我批评，对达赖喇嘛集团体现了最大的诚意和忍耐，完全是从维护民族团结出发，照顾到了广大西藏人民期盼民族团结、过幸福生活的意愿，期望西藏上层分子能真诚地维护祖国统一和民族团结。但是西藏少数分裂分子本质上是以维护自己政教地位和农奴制度为最高利益的，不愿意看到广大农奴翻身做主人，最终背叛了祖国，也破坏了汉藏之间友好团结的关系。

毛泽东倡导的民族团结是那个时代许多真正的马克思主义者、共产党人所信奉的，并为之奋斗的一个崇高理想，就是实现各族人民的大团结，共同建设民主富强文明的新中国。1957 年 2 月 27 日，毛泽东在《关于正确处理人民内部矛盾的问题》中指出：国家的统一，人民的团结，国内各民族的团结，这是我们的事业必定要胜利的基本保证。在中国共产党的领导下，团结在以汉族为主体的社会主义大家庭里，各民族人民生活幸福了，就是国家力量的源泉。今日重温于此，仍对我们了解党中央的西藏政策有很大的裨益。

第三节　毛泽东与达赖、班禅谈佛教改革

有学者曾从文化的角度谈论毛泽东与佛教的关系，认为他自幼就有佛缘。革命期间，他长期征战，接触佛教的机会不多。新中国成立后，毛泽东下令人民解放军进军西藏，如何处理西藏地方问题就摆在了案头。他曾多次指示进藏的解放军和工作人员，西藏的一切工作均集中由中央解决，必须认识藏族问题的极端重要性，必须应付恰当，不能和处理寻常关系一例看待，② 非常看重西藏问题对国家统一和稳定的重要意义。西藏全民信仰

---

① 中共中央文献研究室编《建国以来毛泽东文稿》第 6 册，第 564 页。
② 中共中央文献研究室等编《西藏工作文献选编（一九四九～二〇〇五年）》，第 72 页。

藏传佛教，佛教影响藏族社会的各方面。毛泽东多次强调："在西藏考虑任何问题，首先要想到民族和宗教这两件大事，一切工作必须慎重稳进。"[①]民族和宗教是处理西藏事务的中心任务，关乎党的西藏工作的成败。毛泽东亲自做西藏上层统战工作，多次与十四世达赖喇嘛、十世班禅额尔德尼通信、晤谈，其间主动谈起了宗教信仰和佛教经典，体现了他对佛教的认识，以及将佛教与政治、社会生活结合，改革佛教的现实想法。

一 尊重达赖、班禅宗教地位，鼓励他们为人民服务

1949 年夏，中国人民解放军第一野战军进军大西北，8 月 6 日，毛泽东电令彭德怀注意保护和尊重班禅及甘青境内的西藏人，争取藏区大活佛的支持。随着国民党军队的节节败退，西藏分裂势力也焦惧不安，制造了"驱汉事件"，谋求"西藏独立"，散布"共产党毁灭佛教"等谣言，搞得一些贵族、官员、大喇嘛惶恐不安。按照人民解放军的实力，军事解决是完全有可能的。毛泽东考虑到，藏族虔诚信奉佛教，山高险远，与外地人民来往较少，与其他民族隔阂较深。藏传佛教根植人心已经一千多年，广大农奴尊奉僧俗上层人士，单凭军事无法融洽汉藏关系。党中央决定用和平方式解决西藏问题，维护西藏的稳定和民族团结。根据中央的指示，西南局调查研究，拟定《对西藏各种政策的初步意见》，并形成了与西藏地方政府进行和平谈判的十项条件。1950 年 11 月 10 日，西南军政委员会和西南军区司令部联合发布入藏布告，规定：人民解放军入藏之后，保护西藏全体僧侣、人民的生命财产。保障西藏全体人民之宗教信仰自由，保护一切喇嘛寺庙。尊重西藏人民宗教信仰和风俗习惯。[②]"十七条协议"规定："四、对于西藏的现行政治制度，中央不予变更。达赖喇嘛的固有地位及职权，中央亦不予变更。各级官员照常供职。五、班禅额尔德尼的固有地位及职权，应予维持。六、达赖喇嘛和班禅额尔德尼的固有地位及职权，系指十三世达赖喇嘛与九世班禅额尔德尼彼此和好相处时的地位及职权。七、实行中国人民政治协商会议共同纲领规定的宗教信仰自由的政策，尊重西

---

① 西藏自治区党史资料征集委员会编《中共西藏党史大事记（1949～1994）》，第 28 页。
② 中共中央文献研究室等编《西藏工作文献选编（一九四九～二〇〇五年）》，第 37～38 页。

藏人民的宗教信仰和风俗习惯，保护喇嘛寺庙。寺庙的收入，中央不予变更。"① 庄严宣告了党中央的西藏政策，尊重西藏民族宗教信仰自由，尊重达赖、班禅固有的宗教地位。此时，少数分裂分子仍在西藏浩谣污蔑人民解放军，广大群众和上层人士对共产党还有很大的不信任。毛泽东指示西藏工委，必须充分认识到佛教在西藏民族的悠久历史，及其深入人心的传统影响，以及达赖、班禅在各阶层中享有很高的宗教威望。同时充分认识到宗教问题的长期性、国际关系，从而明确在西藏地区怎样对待佛教问题在政治上的重要意义。② 应争取、团结达赖、班禅及其上层集团的大多数，以上层统一战线为中心工作，孤立少数人。西藏农奴制度的上层建筑是政教合一的僧侣贵族专政，僧侣贵族既统治西藏民族，又能代表西藏民族。根据这个实际情况，西藏工委必须以争取达赖集团为首要任务，要多做保护宗教、寺庙的好事、实事，打消人民的疑虑，逐步巩固团结群众。

毛泽东与西藏上层人士多次见面谈话，告诉他们共产党是尊重和保护宗教信仰的。1951 年初，毛泽东在北京亲切接见著名藏族大学者喜饶嘉措③，送给他收音机和一辆小汽车，赞赏他拥护国家统一、维护民族团结的爱国立场。④ 党中央决定邀请西藏各界人士来北京、南京、上海、天津、广州、东北等地参观，接触全国人民，了解国家欣欣向荣的大好局面，看看社会安定、人民生活幸福的情景，感受祖国大家庭的温暖。1952 年 10 月 8 日，毛泽东接见和平解放后第一个来京的西藏致敬团代表，谈道："共产党对宗教采取保护政策，信教的和不信教的，信这种教的或信别种教的，一律加以保护，尊重其信仰。今天对宗教采取保护政策，将来也仍然采取保护政策。"⑤

---

① 中共中央文献研究室等编《西藏工作文献选编（一九四九～二〇〇五年）》，第 43～44 页。
② 西藏自治区党史资料征集委员会编《中共西藏党史大事记（1949～1994）》，第 45 页。
③ 喜饶嘉措（1883～1968），幼年在循化古雷寺出家，在甘肃拉卜楞寺及拉萨哲蚌寺学经十余年。32 岁考取拉仁巴格西学位，主持重刻甘珠尔大藏经。曾任国民参政会参政员、蒙藏委员会副委员长等职。新中国成立后，先后担任青海省人民政府副主席、西北军政委员会委员、西北民族事务委员会副主任。1955 年 8 月，喜饶嘉措当选为全国佛教协会会长。1956 年 9 月，中国佛学院成立，喜饶嘉措任院长。
④ 屈焕：《难忘的教诲　深切的怀念——在喜饶嘉措大师身边的日子里》，中国人民政治协商会议青海省委员会文史资料委员会编《缅怀集（纪念青海解放四十周年人物史料专辑）》，1989，第 22 页。
⑤ 中共中央文献研究室等编《毛泽东西藏工作文选》，第 89 页。

　　随着西藏局势的稳定，西藏工委执行"十七条协议"规定，逐渐加快改革进程，触动了部分僧俗官员的利益。少数分裂分子趁机煽动三大寺喇嘛反对，到处宣传共产党要毁灭佛教了。

　　1955 年，全国掀起了社会主义改造高潮。四川、青海、甘肃等邻近几省的藏区也实行民主改革。5 月，在达赖副经师赤江、噶伦索康的煽动下，四川甘孜藏族自治州部分头人、土司、上层喇嘛发动武装叛乱。1955 年 10 月 23 日，毛泽东与西藏参观团代表拉鲁·次旺多吉、噶雪·曲吉尼玛等人谈话：你们不要怕，汉人里边也有信佛教的，土改以后有人信，社会主义建立以后还会有人信。对于宗教信仰，政府是不干涉的，也不能随便取消。①

　　1956 年 2 月 12 日，是农历正月初一和藏历火猴年元旦，毛泽东同来中南海拜年的拉敏·益西楚臣、拉鲁·次旺多吉、桑颇·登增顿珠等人谈话，针对他们的心理和社会上的各种谣言，承诺西藏宗教信仰也全照老样子，以前信什么，照样信什么。宗教信仰自由，可以是先信后不信，也可以是先不信后信。人们的宗教感情是不能伤害的，稍微伤害一点也不好。除非他自己不信教，别人强迫他不信教是很危险的。这件事不可随便对待。就是到了共产主义也还会有信仰宗教的。② 完全赞成藏族群众信仰佛教，指出佛教信仰不是划分政治立场的标准。

　　按照《共同纲领》、"十七条协议"、宪法的规定，西藏民族区域自治是国家根本方针政策，是必须要实践的。西藏地方的民主改革，必然包括对宗教和寺庙的改革。长久以来，西藏实行"政教合一"的封建领主专政制度。西藏地方统治者制定了《十三法典》、《十六法典》等法律，维护占人口不到5%的官家、贵族和寺院上层僧侣的利益，农奴主随意支配农奴人身，进行残酷的剥削。

　　1955 年 3 月 8 日，毛泽东亲自做达赖喇嘛的思想工作："我们要将全中国都搞好，再把眼光放大，要把全世界都搞好。佛教的教义也有这个思想。佛教的创始人释迦牟尼是代表当时在印度受压迫的人讲话。他主张普度众生，为了免除众生的痛苦，他不当王子，创立了佛教。因此，你们信佛教

① 中共中央文献研究室等编《毛泽东西藏工作文选》，第 129 页。
② 中共中央文献研究室等编《毛泽东西藏工作文选》，第 140 页。

的人和我们共产党人合作，在为众生（即人民群众）解除受压迫的痛苦这一点上是有共同之处的。""在内地有一个观音菩萨，人们将她的像塑得很美丽、庄严、慈祥，对她十分信仰，认为她是大慈大悲、救苦救难的神。"达赖回答："西藏有观音度母，塑像也很美丽、慈祥，像一个十五六岁的少女。"①

释迦牟尼（公元前 565～前 486），古印度北部迦毗罗卫国（今尼泊尔境内）的王子，属刹帝利种姓，看到百姓遭受生离死别、病患贫困的种种痛苦，舍弃王子之位，出家修行，创建佛教，宣扬人人有佛性、人性平等的新思想，极大冲击了婆罗门教的种姓观念与阶级制度。认为低种姓的穷人也有宗教信仰、受教育的权利，体现了他拯救穷苦民众的慈悲大爱。中国共产党信仰马列主义，要废除一切不合理的剥削制度，拯救穷人脱离苦海，实现人人平等，这种精神与佛教有相同之处。毛泽东鼓励达赖喇嘛向释迦牟尼学习，为群众服务，而不是维护自己和权贵阶层的利益，眼光和胸怀要远大宽广，像观音菩萨一样，以慈悲之心关怀穷苦大众。

佛教发展到近代，国内外环境都发生了极大的改变。西藏的农奴制度违背了世界文明发展潮流。而西藏农奴制度又带着佛教的光环，神权思想是达赖喇嘛掌握权力的天命理论。身在传统里的达赖喇嘛要认识到社会变革的不可逆力量，要自我觉悟，拿出佛祖革命的使命感、菩萨度众生的行愿，积极主动地进行精神革命，用新思想代替旧思想，立下利民的宏大志愿，带领上层人士一起努力进步，服务民众，这是本于佛法的菩萨行。达赖在听到毛泽东讲释迦牟尼的精神时，不知内心做何感想，是否真正同情广大的农奴。

1955 年 3 月 9 日，毛泽东看望班禅，并长时间亲切交谈，张经武、汪锋、计晋美等人陪同。毛泽东问："你们回去路上收礼收不收钱？"计晋美答："过去我们来时，沿路老百姓送的礼，有的退还，有的给了寺庙，让他们做点好事。"毛泽东："是不是收一点，表示一下？还是采取收两块，赏三块的办法好？你们今后有些开支，国家可以帮助。你们如果不收礼，老百姓既能见佛爷，又能不花钱，这样老百姓会对你们更好。"② 元明清以来，西部地区

---

① 中共中央文献研究室等编《毛泽东西藏工作文选》，第 118 页。
② 中共中央文献研究室等编《毛泽东西藏工作文选》，第 124 页。

虔诚信教群众宁愿长期忍受着贫困，也愿拿出自己全部的财物，奉献给活佛和寺庙。寺庙和活佛靠信众的供养，积累了大量财产。佛教怜悯众生，寺庙和活佛如果不受限制地接受穷人的全部财产，便违背了教义真谛。毛泽东希望活佛和寺庙，适当地收信众少量财物，如果寺庙入不敷出，可以由政府补助，这样不影响穷苦民众的生活，也能照顾到寺庙的发展，是合情合理的建议，其基本精神是提倡佛教为群众服务，而不是让人民为佛教奉献。

　　毛泽东耐心地等候西藏僧俗上层人士接受社会制度的改革，1956 年宣布此后六年内不实行改革，[①] 对达赖集团拿出了最大的宽容和诚意。但是，西藏少数分裂分子仍然在 1959 年 3 月发动武装叛乱，也让全藏群众看清了他们的真面目。党领导人民粉碎了叛乱，废除西藏农奴制度，让广大农奴翻身做主人的民主改革也顺势开展起来。1959 年 10 月 22 日，毛泽东在中南海勤政殿接见了热爱祖国、拥护社会主义的班禅、阿沛·阿旺晋美、帕巴拉·格列朗杰等人。毛泽东说："从前，释迦牟尼是个王子，他王子不做，就去出家，和老百姓混在一块，作了群众领袖。你们晓不晓得鸠摩罗什[②]？他在后秦时出生在西域龟兹国，后来到长安，住了十二年，死在长安。中国大乘佛教的传播，他有功劳。西藏过去有无《金刚经》？这个经的汉译本就是鸠摩罗什和他的弟子们翻译的。我不大懂佛经，但佛经也是有区别的，有上层人的佛经，也有劳动人民的佛经。如唐代六祖（慧能）的佛经《六祖坛经》就是劳动人民的。"[③] 1958 年 8 月 21 日，在中共中央政治局北戴河扩大会议的讲话中，毛泽东也曾说过：唐朝佛教典籍《六祖坛经》记载，慧能和尚，河北人，不识字，但很有学问，在广东传经，主张一切皆空。这是彻底的唯心论，但他突出了主观能动性，在中国哲学史上是一个大跃进。慧能敢于否定一切。[④]

　　毛泽东赞赏慧能是意有所指的。在佛教各宗的创始人中，只有慧能出身寒微，自幼父亡，艰辛贫苦，卖柴于市，没有受过教育。慧能后承续禅

---

① 西藏自治区党史资料征集委员会编《中共西藏党史大事记（1949～1994）》，第 67 页。
② 鸠摩罗什（344～413），出身天竺贵族，7 岁出家学佛，后秦弘始三年（401）姚兴迎请在长安主持译场，翻译印度佛教经典，极大推动了佛教在中国的流传，有划时代的意义。鸠摩罗什翻译的《能断金刚般若波罗蜜多经》（简称《金刚经》）也是在中国流传最早、最广的译本。
③ 中共中央文献研究室等编《毛泽东西藏工作文选》，第 215 页。
④ 王兴国：《毛泽东与佛教》，中共党史出版社，2009，第 100 页。

宗五祖弘忍大师的衣钵，创立了顿悟的禅学，简释佛教教义，参禅易行，使目不识丁的普通大众不通过读经典，也能学佛、成佛，使佛教普及化、世俗化、中国化，很快流传于南方，掀起了佛教在中国的革命。后人尊崇他的贡献，视其语录同佛经，称为《六祖坛经》。

毛泽东把《六祖坛经》称为劳动人民的，意思是六祖慧能不仅为皇室、公卿传教，而且将教义传播给民间的穷苦大众，开创了佛学思想解放的时代，是一名真正的群众领袖。他是在鼓励班禅向慧能学习，革新教义，使佛教经典和教义也要为大众服务，树立为劳动人民服务的人生观，做一个群众领袖。

毛泽东不是佛教徒，也没有用佛教革命的字眼，却以政治家的眼光和气魄，指出了佛教革新的方向。中国近代政治革命急剧进行，震撼了整个社会，思想、文化等领域也必须响应革命诉求，这就有了顺天意、应民心的感召。西藏和平解放后，农奴开始觉醒，关注个人的生存权。佛教也要承担起相应的角色和使命，完成现代转型。达赖作为佛教领袖，应革新政教制度来解放农奴，校正传统藏传佛教中注重来生、忽视现实社会生活的流弊，以佛法为民众服务。但是一部分上层人士缺乏觉悟，不能主动认识到自身的落后及民众的权利，反而宣传"誓死保卫西藏固有的各种制度，保卫神圣的宗教，反对在西藏进行任何改革"，[①] 仍以维护农奴制度和自己的权利为根本目的，违背了佛教慈悲的本义。

二 佛教生产化、学术化

毛泽东与西藏上层人士谈话时希望西藏更加进步和发展，佛教也要在经济、教育等方面进行改革。1955 年 10 月 23 日，毛泽东会见来京的西藏参观团负责人。扎什伦布寺活佛安庆·定结说：拉萨办了小学校，寺庙的喇嘛害怕将来没人当喇嘛了。我们现在要求，和办拉萨小学一样在拉萨、日喀则开办宗教学校。毛泽东说："西藏今后是会发展的，人口要发展，财产要发展，文化教育也要发展。宗教学校也可以办。几十年后，西藏情况就会有很大改变。你们要学释迦牟尼的样子，为广大群众着想，为全西藏

---

① 西藏自治区党史资料征集委员会编《中共西藏党史大事记（1949~1994）》，第 67 页。

人民谋利益。释迦牟尼领导人民搞改革并没有饿死啊！"①

千百年来，寺庙掌握了西藏地方经济和教育的权利。寺院集团拥有大量庄园、众多的牲畜牧场和差农，也传授因明学、密宗学、医药学、天文历算学、绘画舞蹈学等方面的知识，是青年学文化的主要场所。许多穷苦人家送孩子到寺庙当喇嘛，当作解决生存问题的出路。民主改革前，西藏僧尼总数达十二万人，占西藏总人口的10%以上。② 所以，大批年轻人出家是维持佛教、寺庙兴旺的推动力。和平解放后，西藏工委开办学校，加强寺外教育，六年来，在"全区建立小学三十一所，学生达两千人左右"。③这冲击了一些思想保守的人，多数寺院的上层喇嘛认识模糊，对共产党的政策抱着偏见，思想是非常保守的。西藏要发展，离不开佛教的发展。毛泽东是在等西藏贵族、僧俗官员认清时代潮流，愿意接受政教分离，改革陈规陋习，放弃特权，主动参与改革。

达赖集团叛乱后，中央决定实行寺庙改革。1959年4月15日，毛泽东在第十六次最高国务会议上讲话中谈到西藏问题：西藏本部大概有120万人。我们同情百分之九十几的多数人。少数人是剥削压迫分子。西藏的佛教，我赞成信。有些规矩稍微改一下好。八万喇嘛是不生产的，喇嘛要从事生产，搞农业、搞工业，这样才可以维持长久。④ 1959年5月7日，毛泽东对来京的班禅、阿沛、计晋美谈了自己的想法：宗教寺庙也需要进行改革。改革以后，有一个时期喇嘛可能要减少，有些喇嘛要回家。宗教寺庙如何改革，你们应该考虑一个办法。脱离人民是不好过日子的，站在人民方面是不会吃亏的。上层人士要改变世界观，对农奴态度好些，政治上会有好的地位。⑤ 寺庙要进行与社会主义社会相适应的改革。

毛泽东指出了西藏寺庙经济的一个现实问题。僧侣不事生产，经济上主要依赖亲属接济或施主供养，上层喇嘛垄断了寺庙的财产，很多下层僧侣只能维持温饱。宗教要想繁荣发展就离不开充沛的物质供给。西藏工业、农业基础非常薄弱，自给自足非常困难。六年来，党和政府从内地运输物

---

① 中共中央文献研究室等编《毛泽东西藏工作文选》，第130～131页。
② 西藏自治区党史资料征集委员会编《西藏的民主改革》，西藏人民出版社，1995，第356页。
③ 西藏自治区党史资料征集委员会编《中共西藏党史大事记（1949～1994）》，第63页。
④ 中共中央文献研究室等编《毛泽东西藏工作文选》，第181～182页。
⑤ 中共中央文献研究室等编《毛泽东西藏工作文选》，第203～204页。

资供应西藏地方，合计外汇卢比 2.5 亿盾，从印度购运物资 4647 万驮，内地运进茶叶 2019 万斤，农牧手工业贷款 138 万元，提供无偿农具 170 万元。① 这说明，单靠西藏地方的财政收入，无法养活西藏人民，但西藏也不能永远依赖内地的经济援助。

西藏自身要持续发展下去，经济制度要改革。寺庙要打破落后的经济组织，改变传统经济生活方式，允许部分喇嘛自愿回家，开垦荒地，参加农牧生产，减轻寺院负担。人数减少的寺庙就可以将更多的物质用来维修殿堂，改善僧侣生活和宗教活动条件，满足信教群众需要，救济贫困群众。这对各方都有益处。

毛泽东主张让更多的年轻人参加生产，从事劳动，自力更生，并不是反对佛教信仰，更不是消灭佛教。班禅担任全国人大常委会副委员长和西藏自治区筹备委员会代理主任之后，1960 年 9 月赴京参加国庆庆祝活动。1961 年 1 月 23 日，毛泽东和班禅会面谈话："宗教方面，听说你的意思是保存一部分脱产喇嘛，我同意你的意见，留那么几千人。在这个问题上，我们应该这样看，过去西藏一百二十万人口中间有十一万多人当喇嘛，养活不了，太多了，对发展生产和人口都不利。我还不清楚，过去十一万多人当喇嘛，是不是都念经？"

班禅："不是的。寺庙喇嘛中，真正懂得宗教的，对佛学经典有研究的人，大都是中间阶层。寺庙上层喇嘛中很少有人真正研究经典，下层喇嘛是寺庙的奴隶，忙于支差干活，没有时间学经，有些连字也不识。下层喇嘛中有些人是为了避差当了喇嘛的，有些人是迫于生活而当了喇嘛，还有些是被派差当了喇嘛，比如有的地方一家有三个儿子，必须送一个去当喇嘛。派喇嘛差的情况，在大寺庙中比较少，小寺庙大部分都派喇嘛差。"

毛泽东："我赞成有几千人学经，成为佛学知识分子。你看是不是他们同时还要学些社会科学、自然科学，懂得政治、科学、文化及一般知识。比如你，在宗教方面是专长，如果不懂得政治、科学、文化和缺少一般知识，那你的领导工作就很难做。"

班禅："我曾给李部长谈过，专门学佛学经典的那批人，必须使他们学点政治、科学和文化知识。"

---

① 西藏自治区党史资料征集委员会编《中共西藏党史大事记（1949～1994）》，第 63 页。

毛泽东："佛学不可不学。我们办了个佛学院，两年毕业，专搞政治。我看这个办法不行，得搞四年，再拿两年专门研究佛学。政治上好，在佛学方面却没有学问，还是不行的。我国现在有佛学学问的人，你当然是一个，其他除了喜饶嘉措以外还有谁？"

"《莲华经》和《金刚经》你们西藏的经典都有吗？释迦牟尼著的经典比孔夫子著的书还多吧？""《金刚经》这一部经很值得一看。我也想研究一下佛学，有机会你给我讲讲吧！"

"世界上有那么多的人信教，我们不懂得宗教。我赞成一些共产主义者研究各种宗教的经典，研究佛教、伊斯兰教、耶稣教等等的经典。因为这是个群众问题，群众中有那样多人信教，我们要做群众的工作，我们却不懂得宗教，只红不专，是不行的。西藏像喜饶嘉措那样有学问的人不多吧！"①

毛泽东赞成佛教不仅是宗教，也是一门科学，佛学是一个庞大、深奥的知识系统，佛教研究要学术化，成立佛学院讲授经典，培养新一代学僧，传承佛学。僧人要向喜饶嘉措大师学习，做有大学问的佛教学者。同时，住寺僧人专门研究经典、教法，回归传统的寺院模式。

毛泽东对佛教哲学思想有浓厚的兴趣。龚育之回忆："代表中国几个佛教宗派的经典，如《金刚经》、《六祖坛经》、《华严经》以及研究这些经典的著述，都读过一些。对于禅宗的学说，特别是它的第六世唐朝高僧慧能的思想更注意一些。……《六祖坛经》一书，毛泽东要过多次，有时外出还带着。……哲学刊物上发表的讲禅宗哲学思想的文章，毛泽东几乎都看。"② 1963 年 12 月 30 日，毛泽东批示："对世界三大宗教（耶稣教、回教、佛教），至今影响着广大人口，我们却没有知识，国内没有一个由马克思主义者领导的研究机构，没有一本可看的这方面的刊物。""用历史唯物主义的观点写的文章也很少，例如任继愈发表的几篇谈佛学的文章，已如凤毛麟角，谈耶稣教、回教的没有见过。"③ 佛教为广大人民深深信仰。共产党是为广大人民服务的，就要关注群众的所思所想，通过佛学研究，深入了解佛教知识，并结合社会主义的社会现实，引导民众正确信仰宗教。党的佛教工作，也是群众工作。

① 中共中央文献研究室等编《毛泽东西藏工作文选》，第 220～222 页。
② 龚育之等：《毛泽东的读书生活》，三联书店，2009，第 4 页。
③ 《毛泽东文集》第 8 卷，人民出版社，1999，第 353 页。

毛泽东谈佛教改革，有一个核心的思想，就是佛教要回归菩萨行的精神，为广大人民服务。所以，西藏民主改革后，党中央在保护宗教信仰自由的同时，以生产化和学术化，作为改革佛教旧制度的方向，不让佛教再为权贵操纵牟利；改变某些落后的僧伽制度、寺院财产制度；废除寺庙在经济、政治上的封建特权，使佛教遵守"政治统一、信教自由、政教分开"的原则，真正地发扬释迦牟尼的精神，促进佛教的健康发展。时至今日，他倡导的佛教为人民服务的精神仍有重大的借鉴意义。

第四节　周恩来赴印度三次规劝十四世达赖喇嘛

西藏和平解放后，西藏工委在党中央的直接领导下，执行"十七条协议"，卓有成效地开展各项工作，赢得了广大藏族农牧民的支持。但是，国外敌对势力和西藏上层分裂分子并不死心，处心积虑地谋划一系列分裂活动，妄图将西藏地方从祖国中分离出去。其中，1956 年 11 月，十四世达赖喇嘛赴印参加佛祖释迦牟尼涅槃 2500 周年纪念活动，滞留印度，就是他们蓄意制造的一次严重的分裂活动。周恩来总理在访问印度期间，同达赖单独谈话三次，阐明党的方针政策，关怀规劝达赖及其家属，批评教育达赖随行官员，严厉警告分裂分子，争取印度总理尼赫鲁的支持，为促使达赖抛弃幻想、返回西藏起到了关键作用。

一　同意达赖根据自己意愿赴印

印度同联合国教科文组织专门成立纪念委员会，计划于 1956 年 11 月 24 日开始举办释迦牟尼涅槃 2500 周年纪念大会，将持续三个星期。纪念委员会主任拉达克里希南副总统不通过中国政府就直接向十四世达赖喇嘛和十世班禅发出邀请信，又派出其驻锡金的政治专员潘特专程来西藏活动。

恰在此时，西藏面临着错综复杂的局势。康区的叛乱活动与海外西藏分裂势力的活动有关。此时一些"藏独"分子聚集在印度噶伦堡，有受美国派遣的达赖大哥当采活佛和二哥嘉乐顿珠，有伪人民会议以阿乐群则为首的叛逃分子，有孜本夏格巴、司曹鲁康娃等原噶厦官员。在美国的操纵下，印度少数官员同西藏地方上层分裂主义势力暗中勾结，到处造谣，煽风点火，伺机闹事，搞得西藏人心惶惶。这些都影响了达赖喇嘛的心理和观点，使其开始对党中央的民族宗教政策产生疑惧，信心动摇，并给毛泽东写信，吐露了自己的想法。

印度在这个时候却极力邀请达赖出国，潘特等人积极拉拢西藏上层官员，多次同达赖密谈，噶厦官员和三大寺堪布多数主张达赖去印度，为此积极活动并准备上书请愿，这不能不让中国政府怀疑达赖真实的想法。中央政府考虑到达赖喇嘛若到印度很可能被"藏独"势力包围和左右，导致其长期滞留不归；如果不同意达赖喇嘛赴印度，也将招致一些西藏地方政府官员和宗教人士对党中央的不满。经过慎重考虑，党中央决定由周恩来以书信告知达赖、班禅，是否应邀由他们根据"自己的意愿作出决定"，并建议从拉萨坐飞机直接到印度新德里，以保障沿途的安全。① 周恩来的信非常及时，表示中央完全信任他们，不下任何命令，不派人陪同，避免了三大寺喇嘛的请愿活动。

周恩来的表态代表了党中央和政府对西藏及达赖本人的政策方针。1956年11月15日，毛泽东在八届二中全会上专门谈道：对于达赖喇嘛离开西藏可能出现不愿返回的情况，党内一些同志对允许达赖出国有不同的意见，"中央认为，还是让他去好，不让他去不好。过几天他就要动身了。劝他坐飞机，他不坐，要坐汽车，通过噶伦堡，而噶伦堡有各国的侦探，有国民党的特务。要估计到达赖可能不回来，不仅不回来，而且天天骂娘，说'共产党侵略西藏'等等，甚至在印度宣布'西藏独立'；他也可能指使西藏上层反动分子来一个号召，大闹起事，要把我们轰走，而他自己却说他不在那里，不负责任。这种可能，是从坏的方面着想"。② 11月17日，中央专门对西藏工委下达关于达赖、班禅赴印的指示："在国境内的一段旅程中，要尽一切力量作好沿途各项工作，以保证他们的安全。同时，对达赖、班禅离开西藏以后可能出现的情况，也要加以充分估计，要设想到达赖他们出国后一时不愿返回西藏是有可能的，反革命分子趁机进行破坏甚至掀起叛乱也是有可能的。对此必须保持高度的警惕，有应付恶劣情况到来的充分准

---

① 中共中央文献研究室编《周恩来书信选集》，中央文献出版社，1988，第534页。
② 中共中央文献研究室等编《毛泽东西藏工作文选》，第156页。

备，加紧侦察工作，密切各方联系，在机关和部队中作好必要的防御设施，储备足够的粮食、饮水、燃料等等，以防万一。"① 党中央充分估计到达赖访印可能带来的"风波"，做了最坏的打算，也做好了必要的防御准备。

西藏地方政府为达赖出访，组织了一个庞大的随行官员代表团，有噶伦索康、饶噶厦·彭措饶杰、阿沛·阿旺晋美、仲译土登诺桑、札萨凯墨、机巧堪布洛桑三旦、副官长帕拉·土登为登、经师林仓活佛、副经师赤江活佛等主要官员。达赖一行是在 11 月 20 日到达日喀则，受到班禅方面的热烈欢迎，他们在 22 日离开日喀则，前往锡金。达赖到锡金境内的第一天起，流亡海外的西藏分裂主义分子就把达赖包围起来。在达赖参观访问印度期间，当采活佛、嘉乐顿珠等人就一直追随达赖左右，灌输"西藏独立"思想。夏格巴等"西藏幸福会"的骨干分子则向随行官员鼓吹"独立"的种种好处，进行策反，公然攻击共产党的民族政策，歪曲中央与西藏地方的历史关系，叫嚷西藏是一个"独立国家"，要求达赖留在印度组织流亡政府，搞"西藏独立"运动。美国间谍、印度少数官员，同西藏分裂分子紧密配合，提出欢迎达赖到美国居住。印度政府还公然挂出西藏的"雪山狮子旗"，会上胡说西藏是一个"国家"，故意抬高达赖的接待规格，降低班禅的地位。在这种情况下，达赖产生了严重动摇，对是否返藏犹豫不决，甚至有了留在印度的意向。随行官员则思想混乱，除了阿沛·阿旺晋美等个别人坚持反帝立场外，帕拉等少数人公开与分裂分子合流，其他人对分裂活动表示同情，或态度暧昧，或沉默观望，一时间出现了十分严峻的局面。② 可见，此时达赖的政治态度是关系到西藏地区稳定的政治问题。

二　推心置腹交谈，阐明党的方针政策，消除达赖疑虑

就在这关键时刻，周恩来总理于 1956 年 11 月 28 日抵达新德里，访问印度。11 月 29 日在连续三个外交活动外，专门抽出 4 个小时与达赖、班禅亲切谈话。12 月 30 日，周恩来结束对巴基斯坦访问后回到新德里，当天不顾疲劳，又立即同达赖谈话。1957 年 1 月 1 日，周恩来又与达赖进行第三

---

① 西藏自治区党史资料征集委员会编《中共西藏党史大事记（1949～1966）》，第 65 页。

② 阿沛·阿旺晋美：《功垂青史　风范永存——深切缅怀周恩来总理》，西藏自治区党史办公室编《周恩来与西藏》，第 276～277 页。

次单独谈话。周恩来在这三次个别谈话中，主要涉及的都是西藏改革、康区叛乱问题，西藏自治区筹备委员会、噶厦与班禅堪布厅团结等达赖集团关心的问题。

1. 关于筹委会、康区叛乱、西藏改革问题

在第一次谈话时，达赖就说：西藏自治区筹备委员会常委会开了十六七次会议，取得的成绩是主要的。缺点是协商不够充分，许多藏族官员对当家做主的权利是模糊的，把筹委会叫作汉人机关。只有培养出大批的藏族本民族干部，才能做好当地的各项工作，但由于操之过急，在吸收和动员干部时形成了强迫动员。西康改革中发生叛乱，大家议论纷纷，思想极为不安，现在重要的是做好善后工作，做到使大家都能信服。

周恩来谈道：关于筹委会的问题，"陈毅同志和张经武同志回去后谈了一些情况。这次张经武同志去西藏时，毛泽东同志专门交代了筹委会的工作要做好，必须依靠本民族的干部去做，因此，必需培养民族干部，所有工作均放手让他们去作，固然一开始时有困难，但这不要紧，做好了很好，如果出了缺点和错误再帮助纠正，这样他们就会积累起经验，学会工作。对汉族干部我们要不断教育他们，注意工作方法。有人在那里不好好和藏族干部商量，还有些急躁。这问题回拉萨后应该很好地想一下。关于培养和使用民族干部问题，在筹备委员会研究订出一套具体办法来，大家遵照执行，谁也不能违犯，有人违犯了就要批评他，这样就更好办了。工作一定要让藏族干部去做。在民族地区某些方面的工作，汉族干部去做，做好了很好，做坏了就很不好"。

周恩来还谈道：关于西康的土改问题，"这个工作中有偏差，有些事情没有搞好，不能光怪下面的干部，上面也没有抓紧及时纠正，四川省在制定政策时欠考虑。做出了偏差也没有抓紧纠正，是有责任的。那里改革时，事先准备不好，搞起来后发生了叛乱，有个部队被包围了，面临着全部被消灭的危险，不得已又调别的部队去解了围。现在派去访问团处理善后工作，对寺庙的土地采取妥善的办法，他们不同意就不动，寺庙的武装力量亦不动。已跑出去的人如能回去，政府不予追究，并从生活上予以安置"。

周恩来着重强调："照毛主席看，现在肯定不谈改革，在大家（指贵族、寺庙等）都没有安置好以前不改。而先将自治区成立起来，培养干部，做好其他方面的工作，将西藏的贫困状况予以改变，使大家的生活先好过

起来，这点中央一定帮助，而且也帮助得起。我们目前不做的事就不谈，免得极少数的人有借口搞乱子。"①

12月7日，周恩来专门向中央打报告，汇报会谈情况。毛泽东来电报指示周恩来，再次见面时专门谈下关于西藏的政策问题。12月22日，周恩来离开印度。12月30日，周恩来结束了对巴基斯坦的访问，返回新德里，当天下午，周恩来告诉达赖：毛泽东说，"可以肯定在第二个五年计划期间根本不谈改革，过六年之后如果可以改革的话，仍然由你根据那时的情况和条件决定。将来如何改革，现在也不要讨论，因为讨论时反而容易引起不必要的误会和疑虑。现在主要是搞好建设，发展西藏的经济，改善人民的生活。只有经济发展了，人民的生活好过了，包括贵族、寺庙的生活水平都比现在有所提高时，看情况再谈改革，那时办法也就多了"。周恩来提议，西藏地方政府应与中央政府合作，对西康叛乱分子跑到拉萨的，劝说他们回去。"如果将他们收留在三大寺和地方部队中，并给他们枪支，他们就一定会乱搞。"周恩来继续说："毛主席希望你早日回去，不去噶伦堡，到那里去对你不利。因为到那里后固然对你的安全或者没什么危害，但极可能有些人乱搞在一起，造成一种很困难的局面。"达赖承认主要是随行官员思想发生了很大变化，他们出国后接触了许多在此的藏人，这些藏人"只说坏的，不说好的，使这些随行官员的思想被扰乱了。这是最复杂、最不好处理的"。②

第三次谈话时，达赖告诉周恩来，随行官员仍对西康改革和改革中发生的叛乱问题有很大意见。周恩来表示希望与几位官员谈谈，征询达赖的意见。达赖认为"好"。达赖表态说："本来筹委会成立以来各方面的工作均很顺利，人员都很努力，但中间由于西康改革发生叛乱的影响，曾一度使大家的思想混乱。如果这些事情处理好了，大家都加劲工作"，西藏自治区在1957年底，迟则在1958年初就可以成立。③ 当时的达赖虽然爱国立场不坚定，但还是想干点事，与顽固的分裂分子是有所区别的。

① 《周恩来同达赖谈话记录》（1956 年 11 月 29 日），西藏自治区党史办公室编《周恩来与西藏》，第 142～148 页。
② 《周恩来与达赖谈话记录》（1956 年 12 月 30 日），《党的文献》1994 年第 2 期。
③ 《周恩来与达赖谈话记录》（1957 年 1 月 1 日），《党的文献》1994 年第 2 期。

2. 关于噶厦与班禅堪布厅团结问题

1952 年 4 月 28 日，十世班禅到达拉萨，次日与达赖见面。6 月 23 日，班禅抵达日喀则，回到了扎什伦布寺。达赖和班禅两方面初步恢复了团结友好。

1954 年 9 月 15 日，达赖喇嘛、班禅额尔德尼进京参加第一届全国人民代表大会，毛泽东用很长时间和他们谈团结问题，说："西藏的团结是最重要的，没有全国各民族的团结，没有汉藏民族的团结，没有西藏民族内部的团结，包括达赖喇嘛、班禅额尔德尼的团结，建设西藏是不可能的。"[①] 达赖喇嘛感到非常高兴，在谈到与班禅的关系时说，他和班禅还是娃娃，也没有什么争执的东西，西藏噶厦与拉章之间的矛盾主要是下面官员之间的问题。[②] "我和班禅都很好，但是贵族和下面的官员如何想，那就难说了"，"好在这次在北京有毛主席主持公道，我和班禅以及双方重要官员都到北京，只要大家能够真实地将过去的情况摆出来，我相信是非会弄清楚，问题一定会得到解决"。[③] 1954 年 10 月至 1955 年 3 月，随达赖来京的噶厦官员，与班禅堪布会议厅委员会官员代表进行了历史遗留问题的谈判，协商拟定了解决的办法。1955 年 3 月 9 日，国务院第七次全体会议通过了对西藏地方政府和班禅堪布厅之间关于历史和悬案问题的谈判达成协议的批复。

但是，在实际工作中，达赖、班禅系统下属官员心中仍有芥蒂，彼此不信任，排斥对方。历史遗留下的税收、庄园、寺院、乌拉差役摊派等问题大多没有解决，特别是噶厦与堪布厅政治地位是否平等问题上分歧更大，堪布厅不愿意接受西藏地方政府的领导。在西藏工委领导下的工作中，班禅系统是倾向进步的，愿意在西藏进行民主改革。而西藏地方政府仍希望按照传统政教职权领导全西藏，管辖班禅堪布厅和后藏地区。噶厦和堪布厅的矛盾似乎是不可调和的，这也多少影响了达赖与班禅的关系。

在第一次谈话中，达赖就告诉周恩来，他们和班禅方面的关系总的来看比过去进步得多了，特别是在筹委会成立之后，各机关中两方面的官员

---

① 张定一：《1954 年达赖、班禅晋京记略——兼记西藏自治区筹备委员会成立》，第 102 页。
② 张定一：《1954 年达赖、班禅晋京记略——兼记西藏自治区筹备委员会成立》，第 107 页。
③ 张定一：《1954 年达赖、班禅晋京记略——兼记西藏自治区筹备委员会成立》，第 169 页。

共同工作，一般在团结上做得很好，比较高级的官员中基本上是好的，但在各机关中两方面的一般干部中还有不少问题，因而不论如何努力，两方面的团结看起来总是有困难的。周恩来说："毛主席曾多次讲过，西藏筹委会的工作主要靠你和班禅负责，你为正，班禅帮助你，你们互相商量，把西藏的事情办好。班禅应该尊敬你，你应该多照顾班禅。固然在你们两个人之间是没有问题的，但下面的干部中间还有问题，你应该教育你的部下去主动地照顾班禅，班禅也应该教育他的部下对你尊敬，大家共同努力，把工作搞好。这点我可告诉班禅有事和你商量，尊敬你。"①

随后，周恩来与班禅大师谈话，班禅大师非常顾全大局，当场表示愿努力加强与达赖方面的团结，服从中央的政策。

第三次谈话时，达赖告诉周恩来，随行官员虽然仍有意见，但现在认为与班禅的关系已不是主要问题。周恩来再次强调，中央从过去到现在均认为达赖的领导是主要的，班禅是帮助达赖领导。希望自治区早点成立起来，那样就可以更好地统一领导。行政上统一了，达赖就便于领导了。②

三　争取尼赫鲁，警告分裂分子，促使达赖丢掉幻想

朝鲜战争爆发后，美国开始刻意挑起西藏问题，给中国制造麻烦。在人民解放军进军昌都时，美国政府就拉拢西藏上层分裂分子，计划把达赖喇嘛弄到国外去，由他出面公开搞"西藏独立"。在"十七条协议"签订后，美国中央情报局和美国驻印度使馆，两度策划引诱达赖喇嘛外逃。

1. 争取尼赫鲁，打消达赖集团获得印度支持的幻想

在 11 月 29 日第一次会谈时，达赖在谈到访印期间的感受时说，"我总的感到他们对我们'拉'的力量很大"，我们"对他们的情况不了解，一切听他们安排，觉得很混乱。到此之后，住在噶伦堡的官员和一些藏族代表都来了，他们也在搞他们的活动，因而觉得有些紧张"。达赖将夏格巴、阿乐群则等分裂分子的活动，所造成心中的困惑比较坦诚地告诉了周恩来。

他还告诉周恩来，尼赫鲁于 11 月 27 日和 28 日，来驻地同他进行了较

---

① 《周恩来同达赖谈话记录》（1956 年 11 月 29 日），西藏自治区党史办公室编《周恩来与西藏》，第 143 ~ 147 页。
② 《周恩来与达赖谈话记录》（1957 年 1 月 1 日），《党的文献》1994 年第 2 期。

长时间的谈话。除了问候、询问访问情况外，尼赫鲁还谈到西藏和中央签订协议承认西藏属于中国，但如超出协议范围，西藏有困难时，印度将帮助西藏。这期间，印度媒体报道大会只是说印度、西藏"两国"的友好关系，会场不挂中国国旗，不提中印两国的友好关系。印度组织侨居大吉岭、噶伦堡的藏民前往新德里朝拜达赖，朝拜班禅的却很少。在班禅的住房、乘车、招待等方面故意区别高低上下。印度这种做法的动机是很明显的，对阴谋搞"独立"的势力是一种鼓励和配合。①而英美间谍、传教士，以及西藏分裂分子则在噶伦堡策划"西藏独立"，由美国提供经费，偷运武器，准备在西藏搞武装暴动，使达赖不能回西藏。这些都得到了印度政府某种程度的默许，甚至不公开的支持。这也是西藏上层分裂分子怂恿达赖留居印度的一个主要依据。因此，周恩来争取尼赫鲁对中国政府的支持是打消达赖幻想的一个关键。

第一次谈话时，周恩来告诉达赖，印度与中国友好的关系是主要的，至于印度是否有挑拨破坏的想法，是会有的，但我们不计较。"我们对印度所搞的一些挑拨事情的立场是爱国主义的立场，我国各民族是团结的。这个立场不能丢掉。我们对他们是友好的态度，如果下面有些人做些不好的事情，我们站稳立场，给以严正的态度，那他们就再不好做坏事了。"②

第二次谈话时，周恩来告诉达赖，我们掌握了帝国主义在印度进行挑拨和破坏活动的一些材料，准备请尼赫鲁总理谈一下，因为尼赫鲁总理早在1951年就表明了态度，承认西藏是中国的一部分，西藏有些不满的人在印度搞颠覆活动是不允许的。③

12月31日，尼赫鲁邀请周恩来坐火车去旁遮普邦参观。为迎接新年，火车上举行了晚会，周恩来要同尼赫鲁谈达赖问题，尼赫鲁推托说要庆祝新年，不愿谈。周恩来态度坚决地说，当天一定要谈。

周恩来指出，噶伦堡有坏人活动，那里有一万多名藏民，有人要将达赖请到那里去搞请愿，对西藏搞颠覆活动。尼赫鲁承认噶伦堡是国际间谍的活动地，但推脱说他不知道噶伦堡有那么多的藏民，那里大都是锡金、

---

① 杨公素：《中国反对外国侵略干涉西藏地方斗争史》，中国藏学出版社，2000，第282页。
② 《周恩来同达赖谈话记录》（1956年11月29日），西藏自治区党史办公室编《周恩来与西藏》，第146~147页。
③ 《周恩来与达赖谈话记录》（1956年12月30日），《党的文献》1994年第2期。

不丹、大吉岭等地民众，不知道那里发生了什么事情。周恩来郑重告诉他，估计他们把达赖搞到那里后，组织些坏人请愿，拦着达赖不许其回西藏，进行颠覆活动，反对中央。尼赫鲁表示，他将注意防止出乱子，如果发生乱子，他将采取行动。周恩来说，中央政府发现噶伦堡有人与拉萨的坏人联系搞叛乱，如果他发现噶伦堡有人派人或通过信件在西藏指挥鼓动的证据，将通知印度政府处理。尼赫鲁还表示，印度政府对西藏只是宗教上的联系，没有政治企图。周恩来告诉他，我们欢迎发展宗教关系，但是，反对那种以宗教为外衣而以政治为内容的活动。如果借宗教名义对我们进行颠覆活动，我们就要坚决反对。而且印度政府下面的一些官员在处理宗教问题和政治问题时不注意，说西藏与印度是两个国家。尼赫鲁只好说，这些人无知，不懂得政治。①

尼赫鲁表示当晚6点要同达赖和班禅谈话。

此后周恩来到外地访问，其间多次与陪同他的尼赫鲁谈起达赖，特别关照尼赫鲁注意达赖的安全。他说，达赖和班禅是印度邀请来的客人，在访问结束后，印度政府有责任使他们安全地返回西藏。可是印度方面的所作所为，违反了和平共处五项原则。尼赫鲁自然是不会承认的。周恩来列举了很多事实，尼赫鲁无言以对，在事实面前不得不重申不支持"西藏独立"，并要把达赖安全送回中国。

尼赫鲁的态度具有两面性：一方面，美国策划"西藏独立"，暗合印度的利益，印度政府在私下里会给予一些支持；另一方面，印度在外交上需要维持与中国的友好关系，要尊重中国对西藏的主权，不能公开支持"西藏独立"。所以，对这次达赖访问，印度政府充分暴露了这两面手法，间接支持了西藏上层分裂分子。但由于中国政府和周恩来的严正态度，尼赫鲁也不能做出公开支持"西藏独立"的举动。

在与周恩来谈话后，印度政府不得不对外国间谍和分裂分子的活动采取了一些限制措施，也制止了夏格巴等人计划在加尔各答用汽车劫持达赖到美国总领事馆的阴谋。这些对西藏上层分裂分子是一个沉重打击，也促使达赖本人反思留在印度是否有利。

---

① 《周恩来与达赖谈话记录》（1957年1月1日），《党的文献》1994年第2期。

2. 教育批评随行官员，警告分裂分子

达赖的两个哥哥是受美国政府派遣，拉拢达赖到美国去的，一直与达赖住在一起，随时灌输美国政府的意旨。流亡海外的西藏上层分裂分子则主攻达赖的随行官员，煽动"西藏独立"，在随行官员中造成了很大的思想混乱。随行主要官员的态度对达赖本人有着直接的重要影响。因此，通过对达赖家人及随行官员的教育批评，改变他们的政治态度，也是争取达赖的关键。

第一次谈话时，周恩来对达赖说："对在这里的藏民及地方政府官员，应该给他们做些工作，包括你的两个哥哥在内。但能做多少工作就做多少工作，不要要求过高，不要一次就劝他们回去。能劝说回去就回去，很好，不能回去就算了。不要勉强。你的姐姐的孩子在这里读书很好，不一定回去，在这里也可以学不少的知识。告诉你的姐姐不要因为孩子问题把两个弟弟的关系搞僵了。你的姐姐是你们家庭中的左派，告诉他要给你的两个哥哥做些工作。因为你自己给他们做工作有时不方便，你说了的话他们不好当面反对，但背后不一定同意，同时也不一定能将他们的意见完全给你讲出来。总之是要家庭的关系保持友好，不能一下弄僵，他们马上想不过来也很难怪，因为他们受美国的影响较深。"①

11月30日晚，周恩来出席中国大使馆酒会后，又特意在使馆宴请了达赖及其母亲、姐姐、两个哥哥、经师、噶伦等人，向他们解释中央的政策，打消他们的顾虑。周恩来说，常住国外的嘉乐顿珠、当采活佛，一时对国内的情况看不清没关系，可以在国外多待些时间，多看些时间，愿意住在国外，可以长住下去，不要急着要他们回国。② 12月7日，周恩来在给党中央的报告中谈到，总的来看，达赖出国情况还好，但也有问题，如美国通过达赖的哥哥劝说达赖去美国，此事已经告诉尼赫鲁请印度注意，他答应找时间同达赖的两个哥哥做一次单独谈话。③

第二次谈话时，周恩来严肃地告诉达赖："现在拉萨有些与人民会议分子有关的人总想搞乱子，三大寺也有其想法。据我们从国内得到的消息，

① 《周恩来同达赖谈话记录》（1956年11月29日），西藏自治区党史办公室编《周恩来与西藏》，第147页。
② 杨公素：《难忘的回忆》，西藏自治区党史办公室编《周恩来与西藏》，第316页。
③ 尹锐：《三劝达赖喇嘛》，西藏自治区党史办公室编《周恩来与西藏》，第391页。

拉萨这些人的活动受到噶伦堡方面的支持。他们想搞独立，使西藏脱离中国，这是叛国的行为。如果万一发生了叛乱，我们是一定不能允许的。为了保卫人民的利益，人民解放军一定会将叛乱平定下去。人民也会起来反对他们。这样对那些搞叛乱的人是十分不利的，至少他们的目前利益就会受到损害。现在，我们还是尽量说服他们不要乱搞，我们决不会在那里挑起事件。"现在希望达赖还是早点回去好，"有些人主要想利用你不在的机会搞起乱子，使你处于十分困难的地位，回去后不好处理。毛主席希望你能早日回去。到那里去对你不利"。① 周恩来针对达赖摇摆不定的态度，警告他："你不要听信你两个哥哥和夏格巴等人的所谓西藏独立的欺骗，你之所以有这么大的名望，又被别人尊重，完全是西藏人民赋予你的，你如果留在印度，就和西藏人民脱离了关系，人民在国内，你在国外，人民不会支持你搞独立，离开人民就将丧失一切。""美国的所谓帮助西藏独立，顶多也不过是拿些钱把达赖一家养起来，不要上当。"②

第三次谈话时，达赖说："上次总理和我谈的问题，都详细地给随行官员传达了，并要他们去讨论。现决定尼泊尔不去了，那兰陀要去，要我代表中国政府赠送礼品都同意。关于去不去噶伦堡的问题，几个噶伦不好处理，他们觉得有困难。他们拟见总理报告一下自己的苦衷和意见。我告诉他们，见总理时把自己的任何意见都讲一下好。"③

达赖将与周恩来谈话的内容向随行官员领导小组传达了，要求官员讨论。第三次谈话后，周恩来分别接见达赖的两个哥哥和随行主要官员并面谈。就西藏改革、筹委会工作、西康叛乱等问题，重复了与达赖的谈话内容，着重强调了有人想搞"西藏独立"问题："这是叛国行为，我们决不允许。在印度搞西藏独立，尼赫鲁也不允许。他重申过去的立场，承认西藏是中国的领土，尊重中国的主权，同中国友好，遵守和平共处五项原则。他同我是五项原则倡议者，应该模范地执行五项原则。有人说印度支持和援助，是假的，是骗局。因为尼赫鲁亲自给我讲了，他不允许在印度领土上进行反对中国的政治活动。说美国援助，更是骗局。它离西藏那么远，又不能从印度领土上越过去，只有吹牛。"关于有人想把达赖喇嘛留在印度

---

① 《周恩来与达赖谈话记录》（1956年12月30日），《党的文献》1994年第2期。
② 尹锐：《三劝达赖喇嘛》，西藏自治区党史办公室编《周恩来与西藏》，第393页。
③ 《周恩来与达赖谈话记录》（1957年1月1日），《党的文献》1994年第2期。

搞"独立"问题,周恩来指出:"这是行不通的。达赖喇嘛留在印度是既害达赖喇嘛也害西藏。达赖喇嘛可以留在印度,但西藏不能搬到印度去。达赖喇嘛留在印度,西藏工作不能停止,各项工作照常进行。只是达赖喇嘛留下以后,就成了难民不能搞政治活动,只剩下宗教一方面了。而宗教圣地在西藏,不能搬到印度。这样就把达赖喇嘛放在一个极端困难的处境上了。"① 达赖是西藏的头,留在西藏,还有神的一面,"神只有在庙堂里才有神气,离开了庙堂就没有神气了。你的庙堂在拉萨而不在印度,也不能搬到印度来。你留在了印度就成了难民,没有了政治,只能靠乞讨生活"。②

周恩来同达赖及其随行官员以及他的家人多次谈话,反复申明了中央对西藏的方针政策,揭露了"西藏独立"阴谋的欺骗性,打击了分裂分子的气焰。这对爱国立场并不坚定的达赖是很好的教育和促进。接着随行噶伦邀请夏格巴、嘉乐顿珠等人开会,进行说服工作,结果吵了起来。噶伦们决定保证达赖安全返回西藏,在取得一致意见后,通知夏格巴等人:达赖在噶伦堡只做宗教活动,由印度负责安全。

据阿沛·阿旺晋美回忆:"周总理说,他讲这些话是很诚恳的,希望我们几个人认真考虑,很好地讨论。我们几个人很认真地讨论了周总理的谈话,一致认为这些话的确很诚恳又很实在,使大家的头脑清醒了。于是权衡利害,决定同那些分裂主义分子摊牌,排除他们制造的困难,力争达赖喇嘛早日返回西藏。接着向全体随行官员宣布我们的决定,做了统一思想、统一行动的教育工作,要他们自己选择,是追随分裂主义分子,还是按我们的决定行事,何去何从,必须明确表态。大家都表示保证执行我们的决定,绝不动摇、反悔。紧接着我们几个负责人同分裂主义的核心分子们进行了一次针锋相对的斗争,要他们拿出搞'独立'的依据和外国支持援助'独立'的凭证,不能光说空话,否则一切后果完全由他们负责。他们吱吱唔唔,拿不出任何实实在在的东西,只好接受我们的决定,保证不再制造麻烦,不阻拦达赖喇嘛回西藏。经过这场斗争,我深深地感到,周总理的谈话对于挫败分裂主义分子的阴谋,澄清随行官员中的混乱思想,促成达

---

① 阿沛·阿旺晋美:《功垂青史　风范永存——深切缅怀周恩来总理》,西藏自治区党史办公室编《周恩来与西藏》,第277~278页。
② 李佐民:《言传身教益我终身》,中共西藏自治区党史办公室编《周恩来与西藏》,第330页。

赖喇嘛下决心返回西藏，起了决定性的作用。"①

这时尼赫鲁从印度全局利益考虑，也劝达赖返回西藏，这使达赖感到在印度并不是很好的出路，只好返回西藏。达赖当时曾对中国驻印度大使潘自力说，这次出访，他自己没有主心骨，是一大缺点。许多人要他留在印度不回去，说西康的情况很混乱，他自己也发生过动摇，同周恩来谈话后，思想稳定了，随行的大部分官员也稳定了。②

周恩来离开印度后，班禅大师和阿沛·阿旺晋美即于1月先后乘飞机返回拉萨。达赖一行在去过噶伦堡后也于2月15日回到西藏亚东，4月1日返回拉萨，并致电毛泽东说，已经顺利回国。同日，达赖喇嘛致电周恩来：

亲爱的总理周恩来：

　　去年我赴印度参加佛教大会，在新德里先后会见您的期间，承蒙给予有益的教诲，使我非常高兴。我把这些教诲深深地记在心头，访问了印度政府和佛教信徒，并代表我国在那烂陀把玄奘的顶骨和修建纪念堂的捐款送给印度。现在各项任务完成，我于四月一日平安回到拉萨。此次往印度参加佛教大会，正如您所知道的一样，对于中印两国及佛教徒间亲密友好关系都有很大的利益，特再一次奉闻。祝您身体健康，并求您常常在各种工作方面给我以教诲。

达赖喇嘛

四月一日③

周恩来次日复电：

亲爱的达赖喇嘛：

　　你四月一日给我的来电收到，祝贺你在胜利地完成了访问我们友好临邦印度以后平安地返抵拉萨。想起在印度的时候，我们一起畅谈，是令人愉快的。希望你今后能抽暇多写信来畅所欲言地交换意见。并且希望你在领导西藏的工作中，在团结西藏各方面的工作中作出新的

---

① 阿沛·阿旺晋美：《功垂青史　风范永存——深切缅怀周恩来总理》，西藏自治区党史办公室编《周恩来与西藏》，第278页。
② 杨公素：《难忘的回忆》，西藏自治区党史办公室编《周恩来与西藏》，第317页。
③ 《达赖给周恩来致敬电》，《西藏日报》1957年4月1日。

贡献。祝你身体健康，工作顺利！

周恩来

一九五七年四月二日①

从达赖喇嘛致敬电来看，他遵照了周恩来的指示，安全返回拉萨。周恩来总理运用他的智慧和外交技巧，耐心地做工作，代表党中央宽大为怀，摆事实，讲道理，通情达理，没有对达赖喇嘛进行丝毫指责，非常信任达赖，给达赖留有余地，促使他认真考虑，自己主动回到拥护祖国统一的正确道路上来，挫败了美国间谍、印度右派和西藏分裂主义分子策反达赖的阴谋。

1957年4月22日，毛泽东复电达赖喇嘛："你同班禅额尔德尼出国参加释迦牟尼涅槃两千五百周年纪念和访问印度，为增进中印两国的友好作了重要贡献，并且给各方面人士留下了深刻的印象。经过这次长途旅行，请你对身体多多保重。祝你在加强祖国各民族团结和西藏内部团结的工作中作出新的成就。"② 对达赖喇嘛没有责备和批评，而是慰问，殷切期望达赖喇嘛在维护民族团结方面多做贡献。

"六年不改"是党中央充分考虑到西藏的实际情况，对达赖集团做出的一次重大让步。但是，达赖不愿接受民主改革，不愿意放弃三大领主压迫剥削广大农牧民的农奴制度，不愿放弃自己的特权，最终在1959年走上了叛国道路。50多年的风风雨雨过去了，正如周恩来同达赖谈话时所说，达赖离开西藏就不是神了，美国顶多拿钱把他养起来，他离开西藏就成难民了，只能靠乞讨过日子……这些金玉良言经历了历史的考验，至今仍闪烁着真理的光辉，但达赖违背了自己的承诺。这段历史仍值得流亡海外的达赖集团深思，汲取历史的警示。

西藏上层分裂分子不满足于中央的多次让步，噶厦下令三大寺、贵族组建武装，准备叛乱。1959年3月10日，叛乱分子召开人民会议，公开提出"西藏是独立自主政教合一的国家"。谭冠三政委写信给达赖喇嘛，命令立即制止武装挑衅，平息事态。3月11日，毛泽东指示西藏工委应在军事上采取守势，政治上采取攻势，分化上层，争取可能多人站在我们一边，

---

① 《周恩来致达赖电》，《西藏日报》1957年4月28日。
② 中共中央文献研究室编《建国以来毛泽东文稿》第6册，第436页。

教育下层。3 月 12 日，叛乱分子召开"西藏独立国人民会议"，下令全面叛乱。3 月 15 日，谭冠三政委再次写信给达赖喇嘛，指出中央过去宽大为怀，现在仍希望西藏地方政府改正错误。3 月 17 日，达赖及其随同人员于夜晚逃离拉萨。3 月 20 日，分裂分子发动全面武装叛乱。同日，毛泽东指示对于达赖逃跑暂不向外宣布，暂时不把达赖放在叛国头子之内，只宣传叛国头子挟持达赖。这是宽大为怀，给达赖留有余地，是在争取达赖喇嘛改正错误，回到拥护祖国统一的正确道路上来。

在"十七条协议"签订后的近 8 年里，达赖喇嘛在党中央和毛泽东领导关怀下，确有爱国表现和较大的进步，执行"十七条协议"，拥护祖国统一和中国共产党的领导，承认西藏是中国的一部分。但是达赖喇嘛本质上是以维护自己宗教地位和农奴制度为最高利益的，爱国立场并不坚定，在分裂势力的包围中，患得患失，摇摆不定，不愿意接受民主改革，不愿意农奴解放，最终背叛祖国和广大藏族人民，也背叛了和平解放时期自己的政治承诺，成为西藏分裂势力的总代表。

结　语

中华民国结束了君主专制制度，开辟了通往新时代的道路。但是，它充满了血泪与硝烟。军阀混战，社会动荡，大规模的水灾、旱灾频仍，下层民众数千万人饿死，千万人流离失所，生活多灾多难。更有日本十四年残酷的杀戮和掠夺。民国 38 年的历史，是一部中华民族灾难史，也是经历水与火考验的奋斗史、重生史。这些是研究近现代中央政府治理西藏的历史大背景。

长期自守偏居一隅的西藏与祖国内地一样也经历了列强的侵略，也面临着割去腐肉，凤凰涅槃一样地浴火重生的锤炼。始作俑者是英国。19 世纪末，英国趁机染指西藏，发动了两次大规模侵略西藏战争。1912 年，英国驻华大使朱尔典照会北洋政府，将中国在西藏地方的主权篡改为"宗主权"，企图使西藏在"自治"的名义下脱离中国政府的管辖。1913 年，英国策划召开"西姆拉会议"，唆使西藏代表首次提出"西藏独立"，划分非法的"麦克马洪线"和"大藏区"。此后，持续三十年，英印高级官员常驻西藏，培植亲英分裂分子，煽动西藏地方少数上层分子搞分裂活动；派军队逐渐蚕食我国藏南领土。1947 年，英国策划邀请西藏派代表参加"泛亚洲会议"，视西藏为一个"独立国家"。从中华民族的角度来说，中华各族人民都要反抗外国侵略。所以，民国历届中央政府安边治藏的首要任务是维护国家主权和领土完整。

孙中山作为民国政府的首任临时大总统，宣布中华民国是"民族之统一"、"国土之统一"的汉、满、蒙、回、藏五族共和的中华民族国家。昭示西藏等边疆地区都是中华民国领土。从北洋政府到国民政府，统一的国家观念成为历届中央政府制定治藏政策法规的指导方针。例如，《中华民国临时约法》、《中华民国约法》、《中华民国训政时期约法》、《中华民国宪法》等，都坚持了西藏是中国领土不可分割的组成部分这个基本原则。

北洋政府，处在军阀混战时期，无暇顾及边远的西藏，只是延续清朝治理西藏的一些政策措施以应对西藏乱局，维系中央政府对西藏地方的主权。国民政府成立蒙藏委员会，拟定了《开发建设康藏交通计划》。1929 年6 月，国民党三届二中全会通过了关于蒙藏之决议案。蒙藏委员会先后颁布了《边疆宗教领袖来京展觐办法》、《蒙藏人员参政考试及受勋各种办法》、《管理喇嘛寺庙条例》（1935 年）、《喇嘛转世办法》（1936 年公布、1938 年修正）、《喇嘛任用办法》（1936 年）、《喇嘛奖惩办法》（1936 年）、《喇嘛登记办法》（1936 年）、《征认班禅呼毕勒罕办法》（1942 年）等法规。

国民政府成立伊始，即委派贡觉仲尼、刘曼卿、谢国梁等入藏劝勉，进一步加强与达赖的关系。十三世达赖圆寂，国民政府追赠名号，派黄慕松为专使入藏致祭；准予十三世达赖转世灵童免去金瓶掣签；派蒙藏委员会委员长吴忠信入藏主持十四世达赖坐床典礼。九世班禅返藏途中圆寂后，国民政府在战时陪都重庆举行隆重祭典，派蒙藏委员会委员长关吉玉赴青海主持十世班禅坐床典礼。这些都是在极为艰难的历史条件下，国民政府为维护主权采取的措施，应该给予历史肯定。

20 世纪 30～40 年代，我国正处于抗日战争的艰难岁月，英印军队乘机武装侵入我国藏南部分领土。国民政府多次通过外交途径进行交涉和抗议，却无力对英国的侵略行径做出有效的阻止。1947 年，英国撤出印度。印度继续妄图干涉我国西藏内政。

1949 年 10 月，中华人民共和国成立。中央人民政府根据西藏的历史和现实情况，决定采取和平解放的方针。在排除美、印等国的干扰之后，1951 年 5 月 23 日，中央人民政府和西藏地方政府的代表签订了《关于和平解放西藏办法的协议》。这标志着西藏人民永远摆脱了帝国主义的奴役，回到祖国大家庭。中央人民政府恢复行使国家对西藏地方的主权管理。西藏和平解放后，中央人民政府、西藏工委、西藏爱国人士为贯彻执行"十七条协议"做了大量工作。1954 年，达赖、班禅赴北京参加第一届全国人民代表大会。达赖喇嘛在会上发言，热烈拥护宪法草案中有关民族区域自治的原则和规定，表示愿意在中央人民政府的领导下，在各族人民帮助下，把西藏建设成为繁荣幸福的地方。达赖喇嘛当选为全国人民代表大会常务委员会副委员长，班禅额尔德尼当选为全国人民代表大会常务委员会委员。西藏人民和祖国其他各民族人民一样，依照宪法，行使参与管理国家各项事务的权利。1959年，中国人民解放军平息了美国暗中参与的西藏分裂分子的叛乱。1962年，中国对印度自卫反击战取得胜利，粉碎了印度染指我国领土的图谋。

回顾近现代的西藏历史，不管是中国国民党，还是中国共产党，处理西藏问题都遵循国家利益。

中华民国国民政府处理藏事有两个核心的原则：一是坚持孙中山的三民主义为基本指导原则，宣传五族共和和中华民族思想；以地方自治来制衡西藏"高度自治"的分裂活动。二是坚持中央对西藏地方的主权，即使面临着内部纷争，在日本侵华、中华民族生死存亡之时，国民政府始终维护了这一点，一定程度上遏制了英国和西藏分裂分子的活动。

中华人民共和国中央人民政府处理藏事有三条基本原则：一是坚持和平解决西藏问题，照顾到了西藏特有的习俗和政治环境，使西藏和平回归祖国大家庭。二是尊重团结西藏上层人士，给予十四世达赖喇嘛、十世班禅很高的礼遇和政治待遇，尊重他们合理的意见。面对达赖喇嘛的政治分裂活动，也坚持协商解决。三是坚决维护中国对西藏地方的主权管理，坚决反对任何外国的干涉，坚决反对西藏上层分裂分子分裂祖国的活动。

国民政府、中央人民政府的共同点，就是坚持藏事是多民族统一国家内部的问题，坚决维护对西藏地方的主权，这是最重要、最基本的原则。历史告诉我们，任何国家都不会"仁慈"谦让国家利益给中国。在任何时候，中国人民都要保持头脑清醒，认识到国际关系的复杂性和残酷无情。中国不侵犯其他国家的利益，但在自己国家主权问题上，也绝不能妥协、不能退让、不能含糊、不能幻想。只有立足于中国，团结中华各民族人民，做好自己的事情，建设好中国，才能为世界和平做出更大的贡献。

参考文献

一　史料

北京大学历史系编《西藏地方历史资料选辑》，三联书店，1963。

程道德等编《中华民国外交史资料选编》第 1 册，北京大学出版社，1988。

秦孝仪主编《中华民国重要史料初编——对日抗战时期》第 3 编《战时外交》，台北，中央文物供应社，1981。

荣孟源主编《中国国民党历次代表大会及中央全会资料》，光明日报出版社，1985。

台北"国史馆"藏国民政府"西藏档"。

台北蒙藏委员会"驻藏办事处档"。

台北中研院近代史研究所馆藏"西藏档"。

吴丰培编辑《清代藏事奏牍》，中国藏学出版社，1994。

西藏社会科学院等编《西藏地方是中国不可分割的一部分》，西藏人民出版社，1986。

西藏自治区党史资料征集委员会编《和平解放西藏》，西藏人民出版社，1995。

西藏自治区党史资料征集委员会编《平息西藏叛乱》，西藏人民出版社，1995。

西藏自治区党史资料征集委员会编《西藏的民主改革》，西藏人民出版社，1995。

西藏自治区党史资料征集委员会编《中共西藏党史大事记（1949 ~ 1994）》，西藏人民出版社，1995。

西藏自治区政协文史资料研究委员会编《西藏文史资料选辑》第 1 ~ 3

辑，民族出版社，2007。

原思明主编《中国共产党西藏工作五十年》，中国藏学研究中心当代研究所，2004。

张羽新主编《民国藏事史料汇编》（全30册），学苑出版社，2005。

中共昌都地委编《昌都战役文献资料选编》，西藏人民出版社，2000。

中共中央文献研究室等编《毛泽东西藏工作文选》，中央文献出版社、中国藏学出版社，2008。

中共中央文献研究室等编《西藏工作文献选编（一九四九～二○○五年）》，中央文献出版社，2005。

中国藏学研究中心等编《元以来西藏地方与中央政府关系档案史料汇编》，中国藏学出版社，1994。

中国第二历史档案馆藏蒙藏委员会档案。

中国第二历史档案馆、中国藏学研究中心编《黄慕松吴忠信赵守钰戴传贤奉使办理藏事报告书》，中国藏学出版社，1993。

中国第二历史档案馆、中国藏学研究中心编《九世班禅内地活动及返藏受阻档案选编》，中国藏学出版社，1992。

中国第二历史档案馆、中国藏学研究中心编《九世班禅圆寂致祭和十世班禅转世坐床档案选编》，中国藏学出版社，1991。

中国第二历史档案馆、中国藏学研究中心编《康藏纠纷档案选编》，中国藏学出版社，2000。

中国第二历史档案馆、中国藏学研究中心编《民国时期西藏及藏区开发建设档案选编》，中国藏学出版社，2005。

中国第二历史档案馆、中国藏学研究中心编《十三世达赖圆寂致祭和十四世达赖转世坐床档案选编》，中国藏学出版社，1991。

二 专著

陈谦平：《抗战前后之中英西藏交涉》，三联书店，2003。

杜玉芳：《毛泽东与西藏和平解放》，中国藏学出版社，2011。

冯明珠：《近代中英西藏交涉与川藏边情——从廓尔喀之役到华盛顿会议》，台北，"故宫博物院"，1996。

贺新元：《西藏和平解放以来民族政策西藏实践绩效研究》，社会科学文献出版社，2015。

蒋介石:《中国之命运》,正中书局,1936。

降边嘉措:《民族区域自治政策在西藏的成功实践》,社会科学文献出版社,2011。

降边嘉措:《周恩来与西藏的和平解放》,社会科学文献出版社,2011。

廖祖桂:《西藏的和平解放》,中国藏学出版社,1991。

刘曼卿:《国民政府女密使赴藏纪实》(《康藏轺征》),民族出版社,1998。

吕昭义:《英帝国与中国西南边疆(1911~1947)》,中国藏学出版社,2001。

吕昭义:《英属与中国西南边疆(1774~1911)》,中国社会科学出版社,1996。

梅·戈尔斯坦:《喇嘛王国的覆灭》,杜永彬译,中国藏学出版社,1994。

内维尔·马克斯韦尔:《印度对华战争》,陆仁译,三联书店,1971。

宋月红:《当代中国的西藏政策与治理》,人民出版社,2011。

宋月红:《中央驻藏代表张经武与西藏》,人民出版社,2007。

谭·戈伦夫:《现代西藏的诞生》,伍昆明、王宝玉译,中国藏学出版社,1990。

王贵、喜饶尼玛、唐家卫:《西藏历史地位辨:评夏格巴〈藏区政治史〉和范普拉赫〈西藏的地位〉》,民族出版社,1995。

王宏纬:《喜马拉雅山情结:中印关系研究》,中国藏学出版社,1998。

王小彬:《经略西藏——新中国西藏工作六十年》,人民出版社,2009。

王小彬:《中国共产党西藏政策的历史考察》,中国藏学研究中心当代所,2004。

王远大:《近代俄国与中国西藏》,三联书店,1993。

西藏自治区党史办公室编《周恩来与西藏》,中国藏学出版社,1998。

喜饶尼玛:《近代藏事研究》,西藏人民出版社、上海书店出版社,2000。

夏格巴:《藏区政治史》,中国藏学研究中心内部发行本。

牙含章:《班禅额尔德尼传》,西藏人民出版社,1987。

牙含章:《达赖喇嘛传》,人民出版社,1984。

杨公素:《中国反对外国侵略干涉西藏地方斗争史》,中国藏学出版社,1992。

袁莎、周爱明:《金钥匙:十七条协议》,鹭江出版社,2004。

张定一：《1954 年达赖、班禅晋京记略——兼记西藏自治区筹备委员会成立》，中国藏学出版社，2005。

赵慎应：《张国华将军在西藏》，中国藏学出版社，2001。

中国西藏杂志社：《西藏民族的新生：民主改革亲历记》，中国藏学出版社，2009。

周伟洲主编《英国、俄国与中国西藏》，中国藏学出版社，2000。

周伟洲主编《西藏通史（民国卷）》，中国藏学出版社，2010。

周源整理《1914 年西姆拉会议资料汇编、拉鲁家族及本人经历》，中国藏学研究中心历史研究所，2003。

祝启源、喜饶尼玛：《中华民国时期中央政府与西藏地方的关系》，中国藏学出版社，1991。

三 论文

曹志为：《毛泽东处理西藏问题的历史启示》，《当代中国史研究》1999年第 5 期。

曹志为：《毛泽东与和平解放西藏》，《中国藏学》2001 年第 2 期。

陈谦平：《英国阻挠九世班禅返回西藏的动因初探》，《民国档案》1998年第 4 期。

陈谦平：《热振事件与战后国民政府的西藏政策》，《民国档案》2006年第 1 期。

程早霞：《50 年代美国的西藏政策及其秘密行动》，《史林》2008 年第 4 期。

郭永虎、李晔：《抗战期间中英围绕中印交通问题之西藏交涉》，《西藏民族学院学报》2007 年第 1 期。

郭永虎：《20 世纪 70 年代美国的西藏政策》，《当代中国史研究》2007年第 3 期。

胡岩：《西藏和平解放前夕美国的西藏政策》，《西藏民族学院学报》2007 年第 2 期。

蒋耘：《西藏地方政府阻挠修筑康印公路与抗战期间的中英关系》，《中国藏学》2006 年第 1 期。

降边嘉措：《周恩来与西藏和平解放》，《中共党史研究》1998 年第1 期。

康欣平：《民国时期康藏贸易中的统制》，《西藏民族学院学报》2011

年第 2 期。

　　郎维伟:《国民政府在第三次康藏纠纷中的治藏之策》,《民族研究》
2004 年第 4 期。

　　李荟芹:《论西藏和平解放时期国际环境与中共的应对策略》,《西北民
族大学学报》2016 年第 4 期。

　　柳陞祺:《回顾西藏和平解放时的几个涉外关系问题》,《民族研究》
1991 年第 4 期。

　　罗布:《试析十三世达赖喇嘛新政改革的措施及其成效》,《西藏大学学
报》2006 年第 6 期。

　　王琛:《论 1947 ~ 1954 年印度对藏政策》,《中国边疆史地研究》1999
年第 1 期。

　　王琛:《试论 1949 ~ 1951 年中国的印度政策与西藏的和平解放》,《当
代中国史研究》2002 年第 2 期。

　　王川:《孔庆宗时期蒙藏委员会驻藏办事处对在藏汉人的管辖及其意
义》,《上海大学学报》(社会科学版) 2010 年第 4 期。

　　徐百永:《试论民国时期英国对中国西藏的武器供应》,《中国边疆史地
研究》2007 年第 3 期。

　　阴法唐:《浅谈毛泽东治藏方略》,《党的文献》2004 年第 1 期。

　　原思明:《第一代中央领导集体反对分裂西藏斗争的理论与政策》,《史
学月刊》2007 年第 6 期。

　　张春燕、张丽:《国民政府成立初期中央政府与西藏地方政府关系刍议——
蒋介石致十三世达赖喇嘛书撰写时间探析》,《中国藏学》2011 年第 1 期。

　　张皓:《1949 ~ 1952 年苏联对中国西藏和平解放的态度》,《当代中国史
研究》2016 年第 2 期。

　　张永攀、杨玲:《吴忠信与古德赴藏:1940 年中国与英国在西藏问题上
的角逐》,《社会科学研究》2006 年第 1 期。

　　张永攀:《中印日玛线、印藏驮运线与英国的干涉活动》,《西藏民族学
院学报》(哲学社会科学版) 2002 年第 3 期。

　　张云:《和平解放西藏与中央治藏政策的理论和实践》,《中国边疆史地
研究》2011 年第 6 期。

　　张植荣、渠怀重:《抗战前后中美英西藏问题的交涉》,《抗日战争研

究》2007 年第 1 期。

朱丽双:《在真实与想象之间:民国政府的西藏特使们 (1912～1949)》,香港中文大学博士学位论文,2006。

图书在版编目(CIP)数据

近现代中国维护西藏主权史鉴 / 张双智著. -- 北京：
社会科学文献出版社，2019.7
（北京师范大学中国近现代史研究丛书）
ISBN 978 - 7 - 5201 - 4766 - 8

Ⅰ.①近…　Ⅱ.①张…　Ⅲ.①西藏问题 - 研究 - 中国
- 近现代　Ⅳ.①D677.5

中国版本图书馆 CIP 数据核字（2019）第 085152 号

·北京师范大学中国近现代史研究丛书·

近现代中国维护西藏主权史鉴

著　　者／张双智

出 版 人／谢寿光
责任编辑／邵璐璐

出　　版／社会科学文献出版社·历史学分社（010）59367256
　　　　　地址：北京市北三环中路甲 29 号院华龙大厦　邮编：100029
　　　　　网址：www. ssap. com. cn
发　　行／市场营销中心（010）59367081　59367083
印　　装／三河市尚艺印装有限公司

规　　格／开　本：787mm × 1092mm　1/16
　　　　　印　张：15.5　字　数：251 千字
版　　次／2019 年 7 月第 1 版　2019 年 7 月第 1 次印刷
书　　号／ISBN 978 - 7 - 5201 - 4766 - 8
定　　价／79.00 元